Nós, filólogos

MNĒMA | Estudos Clássicos

Direção
Alexandre Hasegawa

Conselho editorial
Adriane da Silva Duarte
Eleanora Tola
Jacyntho Lins Brandão
José Marcos Macedo
Maria Celeste Consolin Dezotti
Paulo Sérgio de Vasconcellos
Teodoro Rennó Assunção

Friedrich Nietzsche
NÓS, FILÓLOGOS

Introdução, tradução e notas de
Rafael G. T. da Silva

Apresentação de James I. Porter

Posfácio de Pascale Catherine Hummel-Israel

MNEMA

© Copyright 2024
Todos os direitos desta edição reservados à Editora Mnēma.

Título original: Wir Philologen

Editor	Marcelo Azevedo
Direção da coleção	Alexandre Hasegawa
Edição e produção	Felipe Campos
Direção de arte	Jonas de Azevedo
Projeto gráfico e capa	Caio Geraldes
Preparação	Alex Mazzanti Jr.
Revisão técnica	Alexandre Hasegawa
Revisão final	Felipe Campos
Diagramação	Caio Geraldes
Índice	Caio Geraldes

Capa: The Met Museum. *Wall painting from the west wall of Room L of the Villa of P. Fannius Synistor at Boscoreale*. Roma. ca. 50-40 BCE. AN.: 03.14.4.

Dados Internacionais de Catalogação na Publicação (CIP)
(Câmara Brasileira do Livro, SP, Brasil)

Nietzsche, Friedrich, 1844-1900,
Nós, filólogos / Friedrich Nietzsche ; tradução e comentários por Rafael Guimarães Tavares da Silva; apresentação de James I. Porter ; posfácio de Pascale Catherine Hummel-Israel.
-- Araçoiaba da Serra, SP : Editora Mnēma, 2024. -- (Estudos clássicos; 4)

Título original: Wir Philologen.
ISBN 978-65-85066-13-6
1. Filologia 2. Linguística. I. Silva, Rafael Guimarães Tavares da. II. Porter, de James I. III. Hummel-Israel, Pascale Catherine. IV. Título. V. Série.

23-163019   CD-410.9

Cibele Maria Dias - Bibliotecária - CRB-8/9427
Índice para catálogo sistemático:
1. Filologia : Linguística   410

Editora Mnēma
Alameda Antares, nº 45
Condomínio Lago Azul — Bairro Barreiro
CEP: 18190-000 — Araçoiaba da Serra/SP
www.editoramnema.com.br

Sumário

Apresentação 11
James I. Porter

As bases filológicas da filosofia de Nietzsche 15
Rafael G. T. da Silva

Nota do tradutor 57

Nós, filólogos 61
Friedrich Nietzsche

Posfácio 189
Pascale Catherine Hummel-Israel

Bibliografia 195

Índice 207

Sobre o tradutor 223

À Sara.

Agradecimentos

Agradeço à Coordenação de Aperfeiçoamento de Pessoal de Nível Superior (CAPES) por ter financiado minha pesquisa de doutorado entre os anos de 2018 e 2022, no Programa de Pós-Graduação em Letras: Estudos Literários, da Universidade Federal de Minas Gerais (UFMG). Meu trabalho de pesquisa para a elaboração da tese *O Evangelho de Homero: Por uma outra história dos Estudos Clássicos* (2022) está na base do presente projeto de tradução e comentário das notas que Nietzsche escreve para o que então seria a quarta de suas *Considerações intempestivas*, abandonada precocemente com o título provisório de *Nós, filólogos* (1875).

Agradeço ainda à frutífera interlocução com alguns dos leitores de propensão filológica que se dedicam a Nietzsche, especialmente Camila de Moura, Ernani Chaves, Gabriel Lago Barroso, Jacyntho Lins Brandão, James I. Porter, Jovelina Ramos, Maria Cecília Coelho, Nabil Araújo, Olimar Flores Júnior, Olímpio Pimenta, Pascale Hummel, Rogério Lopes e Teodoro Rennó Assunção.

Por fim, não posso deixar de agradecer à equipe da Editora Mnēma. Ao Felipe Campos, ao Alexandre Hasegawa e ao Marcelo Azevedo pelo entusiasmo e por todo o apoio na publicação da obra. Ao Alex Mazzanti Junior pela preparação criteriosa do texto, salvando-me de perigosas errâncias no labirinto babélico do texto de Nietzsche.

Apresentação[*]

James I. Porter
(University of California)

A oportunidade ensejada pela publicação de uma nova versão das notas de Nietzsche para compor aquela que seria a quarta de suas *Unzeitgemässe Betrachtungen* (em inglês, *Untimely Observations*, em português, *Considerações intempestivas*), sob o título de *Wir Philologen*, ou seja, *Nós, filólogos*, permite-me revisitar o esboço de algumas observações que tenho registrado já há algum tempo sobre esse tema e que aparecem publicadas pela primeira vez em texto intitulado "Nietzsche's Untimely Antiquity" ["A Antiguidade atemporal de Nietzsche"] (Porter 2019). Ao que me consta, a presente tradução é a primeira que se publica desse material para o português, e gostaria de destacar o interesse que uma obra dessa natureza pode ter ainda hoje para quem estuda a Antiguidade (seja ela a de Nietzsche ou qualquer outra).

Quando iniciou sua carreira meteórica como filólogo clássico em 1869, com a tenra idade de vinte e quatro anos, Friedrich Nietzsche ainda não permitia supor aquilo que ele próprio viria a se tornar cerca de uma década depois, ao abandonar sua profissão e aparecer como uma espécie de *enfant terrible* da Modernidade, desafiando sozinho os hábitos intelectuais e culturais de seus conterrâneos — alemães e europeus em geral — enquanto um de seus críticos mais ferrenhos. Naquele momento, ninguém poderia prever que Nietzsche transformaria a Antiguidade clássica numa arma para

---

[*] Texto redigido originalmente em inglês e traduzido por Rafael G. T. da Silva para o português.

confrontar seus contemporâneos, por meio de um deslocamento questionador de seus valores, discursos, práticas e instituições. Mas foi precisamente isso o que ele fez, tanto em sua correspondência privada a partir de 1869, quanto também em suas publicações nos anos seguintes. Considerar, como muitos leitores fazem hoje, que a carreira de Nietzsche como filósofo e crítico cultural começa onde sua carreira como filólogo termina é uma simplificação de uma realidade infinitamente mais complexa.

A relação de Nietzsche com a Antiguidade clássica em qualquer momento de sua vida adulta é um reflexo de seu antagonismo à Modernidade. Ademais, pensar sobre o passado antigo e o presente moderno eram atividades tão interligadas para ele que é virtualmente impossível fazer uma imagem de uma delas à revelia da outra: elas formam uma entidade hifenizada em seu pensamento. Ele não apenas acreditava que buscar o acesso à Antiguidade clássica envolvia admitir o intermédio da Modernidade, mas também reconhecia, como poucos outros antes ou mesmo depois dele, que, para confrontar a atitude moderna perante o conhecimento, a ciência, a arte, a política e mesmo suas temporalidades e ritmos do tempo, era fundamental entender de que modo os antigos influíram na formação do mundo contemporâneo. A Antiguidade não é algo que se limita ao passado, mas sim um elemento ativo do presente. Numa das notas aqui traduzidas, datada do verão de 1875, Nietzsche registrou o seguinte:

> A Antiguidade grega como uma coleção clássica de exemplos para o esclarecimento de toda a nossa cultura e seu desenvolvimento. Trata-se de um meio para *nos compreender*, julgar nosso próprio tempo e, assim, ultrapassá-lo. (Nietzsche 6[2], 6 = U II 8c, grifos no original)

Autocompreensão, contudo, muito facilmente acaba por se converter em autoilusão. Consequentemente, se alguém deseja desafiar a ideia que a Modernidade forja de si para si mesma, como Nietzsche fez, é obrigatório desafiar as imagens da Antiguidade que entraram na formação moderna e que a Modernidade continua a cultivar para seu bel-prazer. Nietzsche acreditava que uma quantidade de opções se encontra sempre à disposição do crítico de tendências antimodernas, mas que todas inevitavelmente envolvem certos níveis de identificação (ou desidentificação) com o passado clássico.

Num primeiro tipo de abordagem, seria possível criticar a falha da Modernidade em alcançar os ideais da Antiguidade. Aqui, o espelho antigo revela-se um material por meio do qual se torna viável refletir severamente sobre os modernos, servindo de modelo ascensional ou repreensor, em vista de uma superação do estado de coisas do presente. Alternativamente, seria possível criticar a dependência que os modernos têm da Antiguidade e seus modelos. Aqui, os antigos passam a figurar como algo a ser "odiado" e "ultrapassado". Com efeito, essas são as duas tendências principais no âmbito de um debate conhecido desde o século XVII como *Querelle des Anciens et des Modernes*. Com o Iluminismo, esse debate foi rearticulado como uma escolha entre o humanismo clássico e uma crença no progresso sem paralelo da ciência moderna e da racionalidade. Contudo, outras possibilidades começaram a se tornar disponíveis no tempo de Nietzsche, e ele é largamente responsável pela descoberta e desenvolvimento delas.

Como ele próprio enxergou, uma terceira opção é criticar as apropriações modernas de elementos antigos a partir da elaboração de uma imagem alternativa da Antiguidade como um todo: uma espécie de contra-Antiguidade — obscura, violenta e irracional — que, independentemente de sua possível verdade ou falsidade, ergue-se em contraste com as imagens de uma Antiguidade clara, pacífica e racional, tal como tradicionalmente idealizada pelo presente. O efeito calculado de uma abordagem assim não é mais promover meios de identificação com a Antiguidade clássica, mas alienar a Modernidade das concepções idealizadas que tem acerca desse passado. Aqui, encara-se de frente uma *Antiguidade indesejada*.

Uma quarta abordagem, menos óbvia, mas ainda mais pertinente no âmbito do projeto nietzschiano, é a que leva adiante a

APRESENTAÇÃO

proposta anterior. Ela envolve detectar linhas de continuidade desses aspectos obscuros da Antiguidade — especialmente o que ela tem de sangrento, brutal e supersticioso — com a tessitura do presente histórico, que propositalmente evita reconhecer esses mesmos aspectos em seu próprio tecido cultural. Os contemporâneos de Nietzsche são então forçados, a partir de seu trabalho genealógico, a encarar e reconhecer que o recalcamento desses aspectos obscuros de sua própria realidade acabou por impossibilitar a identificação dos mesmos como parte do legado clássico. Aqui, passado e presente se encontram numa mesma vereda de trevas e obscurantismo — um prospecto aterrorizador para quem tem no horizonte os acontecimentos traumáticos do século XX e a instrumentalização dos clássicos greco-romanos por regimes autoritários. Nessa abordagem, a Antiguidade passa a produzir *identificações indesejadas com o presente*.

Nietzsche vale-se de cada uma dessas opções ao longo de toda a sua carreira, desde o período precoce de seus escritos filológicos, que jamais deixam de colocar o sentido da Antiguidade como um problema moderno, até a época de seus trabalhos filosóficos maduros, após o fim de suas atividades como professor de filologia clássica na Universidade da Basileia. Seu pensamento é permeado por referências a Grécia e Roma, algumas delas sugerindo associações inesperadas e *insights* preciosos. Nesse sentido, as continuidades de seu emprego estratégico da Antiguidade clássica para pensar e refletir, especialmente no que diz respeito à incômoda promiscuidade entre elementos antigos e modernos, são muito mais salientes do que as eventuais descontinuidades sugeridas por quem tenta contrapor um jovem Nietzsche, filólogo, a um Nietzsche amadurecido e, enfim, filósofo. O que demonstra um texto como o das notas preparatórias de *Nós, filólogos* — tal como aqui traduzidas para o português, numa versão ricamente estudada e comentada — é a complexidade de uma obra que busca refletir criticamente sobre o passado a partir do presente, mas que não se furta à tarefa igualmente importante de criticar o presente a partir do passado.

"PHILOSOPHIA FACTA EST QUAE PHILOLOGIA FUIT"
AS BASES FILOLÓGICAS DA FILOSOFIA DE NIETZSCHE

Rafael G. T. da Silva
(Universidade Estadual do Ceará – UECE)

> Acredita-se que a filologia esteja no fim —
> e eu acredito que ela ainda nem começou.
> Nietzsche, março de 1875, 3[70][1]

Os primeiros passos de um praticante da filologia clássica

Há pouco mais de meio século, um importante classicista estadunidense julgava necessário abrir uma de suas publicações sobre a relevância dos aportes possibilitados pelas reflexões filológicas de Friedrich Nietzsche com duras palavras de denúncia contra sua própria disciplina e profissão:

> Classicistas muitas vezes preferem esquecer que Nietzsche foi ele próprio um classicista durante dez anos. E quando se lembram disso, gostam de pensar que ele se tornou filósofo porque foi um fracasso como filólogo, ou que o ataque de Wilamowitz ao livro *O nascimento da tragédia* esmagou seu adversário a ponto de levá-lo a abandonar sua cátedra em desespero e rancor. Essas são superstições evidentes, destinadas a reduzir Nietzsche a dimensões professorais ou tornar inofensiva, através do ridículo, a crítica mais radical que já foi feita à erudição clássica de dentro da profissão. Mas Nietzsche foi principalmente ignorado – ou, como

---

[1] Todas as traduções de textos citados em língua estrangeira são de minha autoria, a menos que seja especificado algo em contrário. Destaques em itálico ou negrito nas citações são sempre do autor do texto original.

disse um classicista, "seu ataque foi recebido com a recepção que merecia, um digno silêncio". Aqui, em vez de "digno silêncio" deveríamos ler "esquecimento calculado". Assim, a monumental *History of Classical Scholarship* [História da erudição clássica] de Sandys, em três volumes (edição de 1915), nunca menciona Nietzsche ou qualquer de seus escritos. Inclusive, no ano passado, o comitê de imprensa de uma universidade dos EUA rejeitou uma tradução de *Wir Philologen* [Nós, filólogos], de Nietzsche, com o argumento — sem dúvida pertinente — de que sua publicação iria antagonizar a profissão. (Arrowsmith 1963b: 5)

É igualmente sintomático o fato de que o mesmo parágrafo figure num livro que o próprio William Arrowsmith viria a publicar em 1990, com as traduções para o inglês dos principais materiais que Nietzsche compôs e reuniu sob o título de *Unzeitgemässe Betrachtungen* (expressão então traduzida por *Unmodern Observations*, algo como *Observações antimodernas*, em português). Em que pesem eventuais exageros nesse tipo de denúncia de um complô disciplinar e profissional contra aqueles que se mostram dispostos a analisar de forma crítica e honesta seus princípios, meios e fins,[2] não há dúvidas de que esse tipo de autoanálise encontrou e ainda encontra consideráveis resistências no campo dos Estudos Clássicos. Ainda assim, as transformações sociais no público universitário formado desde meados do século XX têm propiciado uma renovação na perspectiva acadêmica tradicional, fomentando o desenvolvimento de novas metodologias e a abertura necessária à compreensão de fenômenos até então encarados com desconfiança, geralmente negligenciados. Dentre esses fenômenos, a inserção dos Estudos Clássicos como um campo discur-

---

2   Se é verdade que Nietzsche não aparece mencionado por Sandys na edição de 1915 (uma versão abreviada) de sua monumental *História da erudição clássica*, cumpre observar que o estudo de Nietzsche sobre as fontes de Diógenes Laércio vinha mencionado numa nota da primeira edição do primeiro volume dessa obra (Sandys 1903: 333). Da mesma forma, a influência de Nietzsche entre classicistas já se faz notar desde o início do século XX, por exemplo, entre os chamados "ritualistas de Cambridge", grupo que inclui nomes de estudiosos tão influentes para os estudos do teatro, da religião e da antropologia na Antiguidade quanto os de Jane Ellen Harrison, Gilbert Murray e Francis Cornford (nem todos professores de Cambridge, ao contrário do que o nome do grupo poderia sugerir).

sivo, disciplinar e profissional comprometido com outros projetos e instituições tipicamente modernos, como o colonialismo e o imperialismo, ambos de base eurocêntrica.

Essa mudança no regime epistemológico sob o qual classicistas têm atuado nas últimas décadas fundamenta um trabalho recente de reavaliação das propostas críticas de Nietzsche para transformar as relações estabelecidas entre o presente e a Antiguidade greco-romana. Sua formação filológica juvenil é hoje cada vez mais reconhecida como um elemento crucial de seu trabalho filosófico posterior. Estudos recentes como *Nietzsche and the Philology of the Future*, de James I. Porter (2000), e *Nietzsche und die historisch-kritisch Philologie*, de Christian Benne (2005), assim como as coletâneas intituladas *Nietzsche and Antiquity*, organizada por Paul Bishop (2004), e *Nietzsche as a Scholar of Antiquity*, organizada por Anthony K. Jensen e Helmut Heit (2014), mostram que a formação como filólogo clássico, especializado no estudo das línguas e textos da cultura greco-romana, ofereceu um ponto de partida para a crítica da cultura moderna que o filósofo viria a empreender em seus trabalhos futuros.[3] Em primeiro lugar, porque Nietzsche teve a possibilidade de estudar a Antiguidade de forma aprofundada e compreender que a visão classicizante da cultura greco-romana correspondia a uma idealização que deixava de lado algumas de suas características mais avessas à Modernidade, a fim de que, assim, pudesse reivindicar seu papel estritamente modelar para a educação do presente; em segundo, e de modo complementar à sua intuição sobre certos aspectos poderosos, mas recalcados da Antiguidade, porque Nietzsche pôde conhecer a disciplina e a profissão de filólogo por dentro, tendo atuado por cerca de uma década como professor na Universidade da Basileia (entre os anos de 1869 e 1879), numa experiência que lhe permitiu compreender as limitações que a formação filológica moderna impunha para aqueles que a seguiam, sobretudo quando esses filólogos vinham

---

3   Outras reflexões importantes a esse respeito podem ser encontradas nas obras de Pascale Hummel (2000) e Giovanni Leghissa (2007: 209-49). Ver ainda os textos pioneiros de Vogt (1962) e Pöschl (1979).

comparados àqueles que constituíam seus objetos de estudo, isto é, os antigos gregos e romanos.

Nietzsche obteve um posto universitário muito cedo e, graças à indicação de seu antigo professor Friedrich Ritschl, assumiu a vaga de filologia clássica da Universidade da Basileia em 1869, aos vinte e quatro anos de idade, antes mesmo de defender uma tese de doutoramento. Até então, ele já tinha apresentado uma série de trabalhos de inegável qualidade filológica, demonstrando uma compreensão precoce de várias questões epistemológicas prementes para a área, em contribuições como: *Zur Geschichte der Theognideischen Spruchsammlung* (1867); *Beiträge zur Kritik der griechischen Lyriker* (1868); *De Laertii Diogenis fontibus* (1868-1869); *Analecta Laertiana* (1870); *Beiträge zur Quellenkunde und Kritik des Laertius Diogenes* (1870); *Der Florentinische Tractat über Homer und Hesiod, ihr Geschlecht und ihren Wettkampf* (1870-1873).[4] Nesses textos, o filólogo demonstra atenção às inúmeras interferências que o processo de transmissão textual inevitavelmente acarreta ao material transmitido, a ponto de tornar impossível a tarefa de quem queira descobrir o estágio original de textos antigos, como os versos atribuídos a Teógnis ou as histórias sobre a disputa entre Homero e Hesíodo. A argúcia das especulações de Nietzsche vem a ser comprovada por achados papirológicos e arqueológicos nas décadas que sucedem sua morte, mas o que cumpre destacar é que, desde o momento em que obtém seu posto como professor na Universidade da Basileia, ele experimenta e expressa certa insatisfação com esse tipo de

---

[4] Em tradução, os títulos desses textos seriam: *Sobre a história da coletânea de ditos de Teógnis* (1867); *Contribuições à crítica dos líricos gregos* (1868); *Sobre as fontes de Diógenes Laércio* (1868-1869); *Analecto de Diógenes Laércio* (1870); *Contribuições à pesquisa de fontes e à crítica de Diógenes Laércio* (1870); *Do Tratado Florentino sobre Homero e Hesíodo, sua linhagem e sua disputa* (1870-1873). Todo esse material e outros mais aparecem reunidos na edição da obra completa de Nietzsche, organizada por Giorgio Colli e Mazzino Montinari, no volume de 1982, publicado sob o título de *Philologische Schriften (1867 - 1873)*. Para uma lista dos trabalhos escolares e acadêmicos de propensão filológica escritos por Nietzsche, ver Latacz (2014: 10-12). Uma apreciação dos méritos filológicos de alguns desses textos de juventude pode ser encontrada em Vogt (1962), Negri (1985), Latacz (2014), Jensen (2014b), Barnes (2014) e Vivarelli (2014).

tarefa "puramente filológica", e seu primeiro pronunciamento público nessa posição delineia a necessidade de um direcionamento filosófico para o tipo de esforço empreendido no trato com textos da Antiguidade clássica.[5]

Proferida publicamente em 28 de maio de 1869, sua primeira conferência como catedrático apresenta claramente sua perspectiva crítica sobre a própria disciplina e profissão desde as palavras de abertura:

> Sobre a filologia clássica, não há em nossos dias uma opinião uniforme e clara que possa ser publicamente reconhecida. Isso se nota tanto nos círculos dos eruditos, como em meio aos mais jovens da própria ciência. A causa disso jaz em seu caráter multifacetado, na falta de unidade conceitual, no estado inorgânico de agregação das diversas atividades científicas que estão coligadas apenas pelo nome "filologia". (Nietzsche [1869] 1982: 249)[6]

Essa conferência tem por título *Homero e a filologia clássica* [*Homer und die klassische Philologie*], e traz uma ênfase não desprezível no papel que a figura poética central do cânone humanista continua a desempenhar na prática filológica de então. Criticando a situação de seu tempo, em que se testemunha um desinteresse generalizado pelos problemas filológicos na sociedade contemporânea, Nietzsche propõe que a culpa por isso não seria estritamente dessa sociedade, mas do tipo de tratamento que a "ciência da Antiguidade" [*Altertumswissenschaft*] teria passado a propor para abordar seu objeto. O alvo principal dessa conferência é a concepção historicista sobre Homero — que, a partir das empreitadas

---

5 Em uma de suas anotações pouco posteriores, ele escreve o seguinte: "Observe-se apenas como uma pessoa erudita mata a própria vida: o que o ensino de partículas gregas tem a ver com o sentido da vida? — Aqui também vemos que incontável número de pessoas vive apenas como preparação para se tornar uma pessoa de verdade: p. ex., os filólogos como preparação para o filósofo que sabe empregar seu trabalho de formiga para expressar uma opinião sobre o *valor da vida*. Obviamente, quando se dá sem *orientação*, a *maior parte* do trabalho de formiga é simplesmente *sem sentido* e supérfluo". (3[63] = Mp XIII 6b, U II 8, 239-200, Março de 1875).
6 Há uma tradução integral desse texto para o português, da autoria de Juan Bonaccini (Nietzsche [1869] 2006b: 179).

analíticas, acaba sendo transformado em assunto estritamente científico e de interesse social limitadíssimo —, mas, ao mesmo tempo, busca denunciar os efeitos paralisantes das abordagens historicistas de modo geral e sua dimensão nociva para a prática dos Estudos Clássicos no presente.

A esse respeito, que se leve em conta o trecho final da conferência:

> Ao filólogo, cabe imprimir a meta de suas aspirações e o caminho para elas na fórmula breve de uma confissão de fé; e, sendo assim, que isto seja feito invertendo uma frase de Sêneca: *"philosophia facta est quae philologia fuit"* [o que era filologia tornou-se filosofia]. Com isso, deve-se anunciar que toda e qualquer atividade filológica precisa ser abarcada e cercada por uma cosmovisão filosófica, na qual tudo o que é particular e isolado seja dissipado, enquanto rejeitável, e apenas subsistam o todo e a uniformidade. (Nietzsche [1869] 1982: 268–269)[7]

Ora, o que Nietzsche formaliza com a publicação da obra *O nascimento da tragédia a partir do espírito da música* [*Die Geburt der Tragödie aus dem Geiste der Musik*], em 1872, é precisamente uma tentativa de deixar sua atividade filológica ser abarcada e cercada por uma "cosmovisão filosófica" [*philosophische Weltanschauung*]: apoiando-se na filosofia de Schopenhauer e nas lições teóricas de Wagner sobre música, o filólogo especula não apenas sobre O nascimento da tragédia entre os gregos antigos, mas propõe uma espécie de crítica da cultura do período clássico, assumindo uma visão negativa sobre o que chama de "socratismo", a partir da qual busca traçar uma série de paralelos com sua própria cultura, a fim de tentar compreender a revolução operística promovida por Wagner. O fato de que a unificação da Alemanha tenha ocorrido em 1871 e fosse um assunto incontornável nos debates dos círculos intelectuais germânicos não é de pouca importância para o tipo de proposta comparativa que está na base dessa obra de Nietzsche: parece haver aí uma tentativa de explorar o caráter paradigmático que a Antiguidade ainda poderia desempenhar no presente, mesmo que

---

7 Para a tradução de Juan Bonaccini, ver Nietzsche ([1869] 2006b: 198–9).

recorrendo a algo bastante diverso dos paradigmas que tradicionalmente apenas confirmam valores já estimados pelos modernos (em geral, a partir da idealização de noções como "razão", "bem" e "beleza").

Sem entrar por ora em detalhes da repercussão complicada que essa obra e sua tentativa de conferir uma orientação filosófica a um empreendimento filológico encontram entre os pares de Nietzsche, cumpre enfatizar que — pouco a pouco — o estudioso sinaliza sua compreensão de que o modelo científico de produção do conhecimento com que a filologia de sua época trabalha simplesmente não comporta aquilo que ele próprio deseja levar a cabo. Isso aparece reiterado em vários trechos de sua correspondência privada nesse período, como a que mantém no início de 1870 com o companheiro de estudos filológicos, Erwin Rohde. O mesmo diagnóstico é compartilhado posteriormente com o público da Basileia numa série de cinco palestras ministradas entre janeiro e março de 1872, e depois reunidas sob o título de *Über die Zukunft unserer Bildungs-Anstalten*, nas quais ele denuncia abertamente a incapacidade demonstrada pela filologia clássica para exercer uma influência positiva *Sobre o futuro de nossos estabelecimentos de ensino* (numa tradução do título desse conjunto de palestras):

> Eu gostaria de tomar pela mão qualquer pessoa, talentosa ou não, que demonstrasse certa inclinação profissional pela Antiguidade e, diante dela, fazer a seguinte peroração: "Acaso sabes que perigos te espreitam, jovem, tu que começas uma jornada para te tornares uma pessoa feita, com um saber escolar tão limitado? Ouviste dizer que, segundo Aristóteles, ser esmagado por uma estátua é uma morte não trágica? Mas essa é a morte que te espreita. Tu te surpreendes? Saibas, portanto, que os filólogos buscam há séculos reerguer a estátua da Antiguidade grega, caída no chão e enterrada, mas até os dias de hoje com forças insuficientes; pois se trata de um colosso ao qual os indivíduos se agarram como anões. Recorre-se, então, à reunião de forças imensas e a todas as alavancas da cultura moderna: mas, a cada vez que é levantada do solo, ela cai novamente e esmaga as pessoas em sua queda. Isso até poderia continuar sendo tolerado, já que inevitavelmente se sucumbe de alguma coisa, mas quem

garante que nessas tentativas a própria estátua não se quebre? Os filólogos sucumbem por causa dos gregos — e isso talvez seja preciso aceitar — mas a própria Antiguidade foi quebrada em pedaços pelos filólogos! Reflete bem sobre isso, jovem leviano, e recua, se acaso não fores um iconoclasta!" (Nietzsche [1872] 1988: 702–703)[8]

Com o objetivo de corroborar suas intuições, Nietzsche empreende análises históricas sobre as diferenças abissais entre a Antiguidade e o presente, em termos de vida, conhecimentos, valores e atuação. Para isso, ele tenta demonstrar que a perspectiva moderna idealiza o passado de modo a encontrar nele uma prefiguração da própria Modernidade, recalcando aspectos que se mostrem alheios aos interesses contemporâneos. Em suas leituras de Homero, Píndaro e Ésquilo, por exemplo, ele enfatiza os contrastes entre a formação abrangente de um homem antigo, apto a agir e falar em público, e a compartimentação educacional do homem moderno, cada vez mais dilacerado entre especialidades impostas pelos interesses do Estado e do mercado. Com esse tipo de estratégia analítica, Nietzsche não está defendendo qualquer tipo de "retorno" à Antiguidade, como se fosse possível encontrar lá modelos aplicáveis aos dias de hoje, mas sim propor maneiras de compreender o potencial transformador do presente, a partir de comparações históricas que ensejem a crítica necessária a aspectos precários da vida contemporânea. Com esse objetivo, um dos pontos fulcrais de sua análise é justamente o que se concentra nos profissionais responsáveis pelo ensino do que haveria de mais valoroso no estudo desse passado. Nietzsche pretende ultrapassar as limitações da abordagem contemporânea, que lhe parece especialmente alarmante pelo enorme descompasso entre os conhecimentos e seus aportes para a vida, por meio de um recuo que contempla a constituição de uma tradição filológica desde a Antiguidade, passando por fases tão diversas quanto o período helenístico, o imperial romano, o cristianismo da Antiguidade tardia, a Idade Média, o Renascimento e a Modernidade, com seus

---

8   Há uma tradução desse texto para o português, por via indireta (francês), da autoria de Noéli Correia de Melo Sobrinho (Nietzsche [1872] 2003).

aportes e modificações ao material transmitido, assim como às práticas de leitura e análise desse material. Exemplos desse tipo de esforço analítico são alguns dos cursos que ele ministra ao longo desse período na Universidade da Basileia, como um de 1871, que se intitula *Enciclopédia da filologia clássica e introdução a seu estudo* [*Encyclopädie der klassischen Philologie und Einleitung in das Studium derselben*],[9] ou um outro de 1874-1876, chamado *História da literatura grega* [*Geschichte der griechischen Litteratur*].[10] Nesse sentido, para possibilitar que sua atividade filológica se posicione de forma crítica face ao presente — deixando-se abarcar e cercar por uma cosmovisão efetivamente filosófica — Nietzsche passa a se dedicar ao estudo aprofundado da história de seu campo disciplinar e profissional.

História da filologia clássica[11]

O campo chamado de "filologia clássica" — e às vezes também por outras variantes, com suas diferentes inflexões, como Estudos Clássicos, *Classical Scholarship* etc. — possui um importante subgênero erudito dedicado especificamente ao estudo de sua história. Esse subgênero tem sido praticado, ainda que de forma a princípio errática e incipiente, desde a instituição moderna desse campo de estudos, com a proposta de Friedrich August Wolf, em sua célebre *Apresentação da ciência da Antiguidade* [*Darstellung der Alterthums-Wissenschaft*], publicada em 1807. Depois disso, muitas foram as tentativas de se escrever a história dos Estudos Clássicos, às vezes desde seus pretensos primórdios na Antiguidade, às vezes se concentrando em períodos específicos do passado europeu e da prática da erudição em nações como a Alemanha, a França e os Países Baixos. A primeira empreitada de escopo geral, contudo, precisou

---

9 Esse material foi traduzido para o francês por Françoise Dastur e Michel Haar (Nietzsche [1871] 1994).
10 Com tradução para o francês por Marc de Launay, a partir do texto estabelecido por Carlotta Santini (Nietzsche [1874-1876] 2021).
11 Uma primeira formulação dessas questões aparece em minha tese de doutorado, *O Evangelho de Homero: Por uma outra história dos Estudos Clássicos* (Silva 2022a: 496-522).

esperar os esforços de John Edwin Sandys, que, entre 1903 e 1908, publicou, em três volumes e mais de 1500 páginas, sua monumental *História da erudição clássica* [*History of Classical Scholarship*]. Depois disso, vieram muitos outros trabalhos, frequentemente apoiados nos apontamentos de Sandys, como os de Wilhelm Kroll (1908), Harry Peck (1911), Ulrich von Wilamowitz-Moellendorff (1921),[12] Gaetano Righi (1962) e Rudolf Pfeiffer (1968-1976). Como se pode notar, o florescimento do subgênero "História da filologia clássica" acontece principalmente no século XX e, com a perspectiva proporcionada pela passagem do tempo, todos os estudiosos dedicados ao tema reconhecem a importância fundamental do trabalho de Friedrich August Wolf.[13]

A depender das definições propostas, a história dos Estudos Clássicos pode ser remontada à própria Antiguidade, e a maioria desses manuais opera com um esquema temporal triádico, em que são reconhecidas as seguintes referências geográfico-políticas e marcos temporais fundamentais para o desenvolvimento do campo: os filólogos de Alexandria, nos séculos III e II AEC; os renascentistas italianos e europeus (incluindo aí figuras do neoclassicismo francês e de outros países do norte da Europa), entre os séculos XIV e XVIII; os filólogos das universidades germânicas do século XIX. Evidentemente, entram em consideração outros contextos a depender da ênfase de cada estudioso — pois

---

12 O texto de Wilamowitz-Moellendorff conta com uma excelente tradução para o português, realizada por Thiago Venturott, acompanhada por notas abundantes, numa publicação de 2023 da Editora Mnema. O livro saiu com o título de *História da Filologia*.
13 Nesse sentido, a meu ver, seria preciso refletir de forma mais detida sobre o que propõe Daniel Kölligan (2023: 15), quando afirma que a *História da filologia* de Wilamowitz "pode ser vista como parte de uma cadeia de esforços semelhantes desde a obra *De criticis veteribus Graecis et Latinis*, de Henri Étienne, de 1587". O próprio Wilamowitz dá a entender em seu texto que o campo moderno, cuja história está contando, não se confunde estritamente com aquele praticado até meados do século XVIII, afinal, ele distingue claramente "o surgimento de uma genuína ciência da Antiguidade" daquilo que até então seria mera "filologia esotérica", fundamentando sua distinção conceitual no aspecto científico do método histórico (Wilamowitz-Moellendorff 2023: 133). Para uma reflexão sobre esse problema, ver Silva (2022a: 549-558).

alguns fazem os Estudos Clássicos remontar ao próprio Homero, outros exploram as conexões possíveis com figuras da Reforma Protestante etc. —, mas as três referências temporais fundamentais são as práticas filológicas de Alexandria no período helenístico, as do Renascimento na Europa e as da *Altertumswissenschaft* na Alemanha do século XIX.

Não se problematizará aqui a constituição de uma imagem de Friedrich August Wolf como "herói e epônimo do clã dos filólogos alemães" em parte de sua própria obra e de seus contemporâneos:[14] há muito de idealização nos encômios tecidos a Wolf, mas — ainda assim — é inegável que sua proposta para uma reconfiguração do campo de estudos da Antiguidade formaliza algumas tendências já vigentes no início do século XIX, enquanto precipita outras. Nesse texto, que abre o número inaugural da revista acadêmica *Museu da ciência da Antiguidade* [*Museum der Alterthums-Wissenschaft*], Wolf propõe um estudo histórico da Antiguidade clássica, capaz de abarcar uma compreensão tanto dos textos (por meio da gramática, da crítica e da hermenêutica) quanto da cultura material (por meio da arqueologia, da numismática, da epigrafia etc.); mas que esse estudo histórico não seja um fim em si mesmo, devendo manter sua dimensão paradigmática para a educação da juventude no presente, é algo que fica muito evidente, quando Wolf elege os gregos antigos como o modelo de sociedade capaz de atingir elevados graus de cultura espiritual [*Geistescultur*], por oposição aos orientais (incluindo persas, hebreus e egípcios), que teriam desenvolvido apenas civilizações capazes de suprir as necessidades materiais mais básicas por meio "de uma regulação urbana ou civilização" [*bürgerlich Policirung oder Civilisation*] (Wolf 1807: 15-16). Nesse arranjo, em que a posição dos próprios romanos só mantém certa centralidade porque eles são importantes no processo de

---

14   A expressão é de Niebuhr, que a emprega no encerramento de um texto de 1827, quando faz o seguinte vaticínio, numa espécie de oração fúnebre: "Que a memória de Wolf possa se ver livre de toda assertividade histórica e anedótica, a fim de que ele, então, a partir da imagem de suas próprias obras-primas, seja celebrado pela posteridade como herói e epônimo do clã dos filólogos alemães". (Niebuhr 1843: 227).

transmissão do "espírito" dos gregos antigos, é preciso que se alie o rigor da pesquisa histórica e o senso prático de uma educação da juventude a partir de modelos de comportamento. Ou seja, alia-se pesquisa e ensino, *Wissenschaft* e *Bildung*.[15]

O plano disciplinar de Wolf é publicado em 1807, na esteira da derrota prussiana para os exércitos de Napoleão na Batalha de Jena. Afastado de sua cátedra na Universidade de Halle devido à ocupação francesa, o estudioso resolve sintetizar suas reflexões de décadas sobre a história e a prática dos estudos da Antiguidade, escrevendo em poucas semanas sua *Darstellung*: a publicação não apenas sai em alemão, mas inclui um longo trecho no qual o estudioso justifica a importância de se recorrer a uma língua vernácula para a disseminação da mensagem dos Estudos Clássicos para além dos círculos aristocráticos aos quais até então tinham se restringido (Wolf 1807: 116-122). Wolf coloca-se em sintonia com o espírito de seu próprio tempo, não há dúvidas, mas é curioso que esse ataque contra o uso do latim em publicações eruditas parta do autor que tinha ficado célebre alguns anos antes com seus *Prolegômenos a Homero* [*Prolegomena ad Homerum*] (1795), compostos num latim julgado delicioso e muito refinado por seus contemporâneos.[16] Essa reivindicação de se mobilizarem os Estudos Clássicos na língua vernácula dos povos germânicos — em trechos em que certa francofobia emerge indisfarçadamente — sugere o projeto de um Estado-Nação germânico nutrido por muitos intelectuais do período e encontra terreno fértil no plano educacional delineado e estabelecido pouco depois por Wilhelm von Humboldt: partindo de uma comissão do governo prussiano, desejoso de se atualizar em termos tecnológicos e científicos para fazer frente às demais potências europeias, Humboldt retoma e aprofunda uma ampla discussão sobre o modelo ideal a ser adotado numa universidade

---

15   Para referências básicas sobre a proposta pedagógica de Wolf nesse contexto: Readings (1996: 62-69); Porter (2000: 69-81); Leghissa (2007: 25-48); Cozzo (2011). Para uma crítica à dimensão eurocêntrica das definições disciplinares de Wolf, ver Silva (2023).
16   Apontamentos sobre a recepção dos *Prolegomena ad Homerum* aparecem na introdução que Anthony Grafton, Glenn Most e James Zetzel (1985) escrevem para sua tradução desse texto para o inglês.

moderna; contando com contribuições de figuras tão ilustres quanto Kant, Fichte e Schelling, esse debate culmina na fundação da Universidade de Berlim em 1810, segundo um modelo de produção do conhecimento capaz de aliar *Wissenschaft* e *Bildung* em prol da futura nação alemã, precisamente na linha do que aparece advogado por Wolf em 1807. Como estudiosos têm sugerido atualmente, a influência de Wolf é enorme sobre a concepção humboldtiana de universidade moderna e precisa ser levada em conta por quem reflita sobre a amplitude de seu legado.[17]

A questão pode não parecer tão relevante, mas a junção entre pesquisa e ensino é uma transformação fundamental no advento da universidade moderna no século XIX e continuamente debatida pelos filólogos das próximas gerações, incluindo nomes tão diversos e prestigiosos quanto os de Creuzer (1807), Boeckh (1877) e Usener (1882). Apesar desse debate, o estabelecimento de um sistema educacional fundamentado na centralidade dos Estudos Clássicos — devido à sua importância para o sucesso de qualquer jovem estudante do *Gymnasium*, sobretudo em vista de sua posterior carreira acadêmica — parece ter naturalizado para muitos filólogos alemães o prestígio de sua posição, assumido às vezes acriticamente como uma situação inquestionável e inalterável, embora uma série de tensões jamais tenha deixado de operar no interior desse sistema. Com o avanço da *Altertumswissenschaft* e uma produção científica cada vez mais massiva e específica, de interesse cada vez mais estritamente historicista e de caráter cada vez mais abstruso para não especialistas, surgem atritos incontornáveis com a dimensão modelar adotada por uma concepção humanista de educação. "Razão", "virtude", "nobreza", "igualdade", "liberdade" e outros ideais são escrutinados, segundo as particularidades da época em que circulam, como noções importantes na Antiguidade, e sua dimensão modelar para o presente frequentemente se dilui, não apenas em meio a uma massa enorme de fontes e detalhamentos, mas também perante as críticas contundentes

---

[17] Outras referências ao tema incluem ainda: Grafton (1981); Hummel (2000); Turner (2014).

a algumas de suas implicações sociais práticas no período em que têm força discursiva.[18]

Com isso, é natural que surgissem questionamentos às prerrogativas pedagógicas dos Estudos Clássicos: afinal, como justificar institucionalmente o enorme esforço para dominar a gramática de duas línguas antigas e conhecer com detalhes cada vez mais numerosos não apenas sua literatura, sua arte e sua filosofia, mas também sua história, seus costumes, sua religião, sua economia, sua arquitetura etc.? Uma vez que o papel modelar do estudo da Antiguidade clássica se torna cada vez mais passível de questionamento pelos avanços da própria *Altertumswissenschaft*, como justificar a manutenção das prerrogativas pedagógicas da área? A tarefa de defender os princípios, meios e fins incorporados pelos estudiosos da Antiguidade torna-se cada vez mais difícil desde meados do século XIX, e apesar de tais complicações só culminarem nas reformas do ensino alemão nas décadas de 1890 e de 1900 — radicalizadas após o fim da Grande Guerra e a instalação da República de Weimar (na década de 1920)[19] — elas já tinham encontrado um de seus mais argutos analistas em ninguém menos que Friedrich Nietzsche.

A polêmica em torno à prática de uma "filologia do futuro"[20]

Em 1872, Nietzsche publica *O nascimento da tragédia a partir do espírito da música*, apresentando pela primeira vez ao grande público sua compreensão sobre o tipo de posicionamento que um intelectual realmente dedicado ao estudo da Antiguidade deveria assumir, a partir de um engajamento com questões contemporâneas. Sem entrar em detalhes dos pressupostos estéticos dessa obra, ou mesmo de suas hipóteses polêmicas sobre a origem e o

---

18 Análises de diferentes aspectos desse processo são oferecidas por Canfora (1980: 11–30), Hartog (2003), Bruhns (2005) e Hübscher (2016: 18–54). Para uma crítica à oposição simples entre abordagens humanistas e historicistas, ver Porter (2000: 248–286).
19 Sobre o processo: Ringer (2001); Hübscher (2016: 44–53).
20 Trechos desta seção aparecem pela primeira vez em artigo publicado por mim em coautoria com Teodoro Rennó Assunção. Ver Silva e Assunção (2022).

declínio da tragédia antiga, gostaria de sugerir que suas idiossincrasias em termos do que era (e, em larga medida, continua sendo) a forma de argumentar e citar as fontes num trabalho acadêmico de Estudos Clássicos, assim como sua abordagem de temas do presente, fazem parte de sua atitude crítica perante alguns dos pressupostos historicistas da área. Na linha do que tem sido sugerido aqui, a polêmica se desdobra a partir do problema que poderia ser colocado nos seguintes termos: de que forma a história pode se revelar útil para a vida? Ou — no que viria a ser o título de um texto pouco posterior, como ainda veremos — qual "a utilidade e a desvantagem da história para a vida"? Por um lado, Nietzsche rechaça o tipo de engajamento ético proposto pela abordagem humanista, que amiúde apenas reforça preconceitos modernos (de base cristã), mas, por outro, critica as pretensões de um frio distanciamento científico preconizado pela abordagem historicista, buscando encontrar uma via alternativa para fazer com que o estudo da Antiguidade se torne consciente daquilo que é: uma dimensão fundamental da Modernidade.

Que essa questão é um dos pontos centrais para o pensamento de Nietzsche nesse período — embora seja possível demonstrar que isso o persegue até suas últimas obras, mesmo muitos anos após abandonar a cátedra de filologia clássica em 1879 — a recepção imediata de *O nascimento da tragédia* não deixa dúvidas. Nesse sentido, cumpre destacar o silêncio ameaçador que paira sobre a obra nos círculos eruditos. Não que isso fosse surpresa para os mais próximos de Nietzsche, como demonstra sua correspondência da época.[21] Tentando confrontar esse incômodo mutismo, Erwin Rohde — seu amigo de juventude, também filólogo — incumbe-se de publicar uma resenha instando estudiosos da área a levarem a sério as propostas da obra. Ele inicia tanto a versão recusada de sua resenha, quanto a versão aceita e depois publicada, aludindo ao distanciamento de abordagens historicistas e fazendo uma defesa da legitimidade de propostas filosóficas em investigações científicas dedicadas a fenômenos históricos de importância esté-

---

21 Referências em Silk & Stern (1981: 38-39).

tica, como é o caso do surgimento da tragédia na Antiguidade: "Não se costuma mais voar assim tão alto; descemos à terra firme da história, e a estética se tornou quase uma disciplina histórica", lamenta-se Rohde (2005b: 45, trad. Pedro Süssekind).

Wilamowitz-Moellendorff, por outro lado, em seu panfleto satírico, ironicamente intitulado *Filologia do futuro* [*Zukunftsphilologie*], ataca não apenas a dimensão "não científica" da obra, mas o anacronismo de seus pressupostos filosóficos schopenhauerianos e de suas preocupações estéticas wagnerianas. Numa passagem longa, mas muito emblemática, fica evidente a importância dessa questão para todo o debate:

> Apoiando-se em dogmas metafísicos, que precisaram do "assentimento de Richard Wagner para a confirmação de sua eterna verdade" (§ 16), o senhor Nietzsche reconhece o que pode ter de insólito a comparação com os fenômenos do presente (§ 15); aliás, essa comparação foi justamente a origem de suas "esplêndidas experiências". É possível confessar ingenuamente um *prôton pseûdos* [engano primordial]? Assim, porque Richard Wagner "atestou como eternamente verdadeira, por meio de seu assentimento", a posição excepcional que Schopenhauer atribui à música em relação a todas as outras artes, era preciso encontrar a mesma concepção na tragédia antiga. Esse caminho é diretamente oposto ao que os heróis de nossa ciência e, enfim, os de toda verdadeira ciência percorreram, sem se deixar afetar por uma presunção a respeito do resultado final, honrando apenas a verdade de avançar de conhecimento em conhecimento, de compreender cada fenômeno histórico somente a partir das condições da época em que eles se desenvolveram e de ver sua justificativa na própria necessidade histórica. De fato, esse método histórico-crítico, pelo menos em princípio um bem comum da ciência, contrapõe-se diretamente a uma maneira de consideração que, ligada a dogmas, tem sempre que buscar a confirmação de tais dogmas. O senhor Nietzsche também não podia escapar a essa contraposição. Sua saída é denegrir o método histórico-crítico (§ 23), injuriar toda concepção estética que se afasta da sua (§ 22), atribuir à época em que a filologia se elevou na Alemanha a uma altura nunca imaginada, sobretudo com Gottfried Hermann e

Karl Lachmann, "um total desconhecimento dos estudos antigos" (§ 20). (Wilamowitz-Moellendorff [1872] 2005: 58, trad. Pedro Süssekind)

A polêmica gira em torno do que poderia ser o tipo de engajamento com o presente por parte de quem pratica a história da Antiguidade, principalmente no contexto específico da Modernidade: definir modelos ideais e atemporais de comportamento (humanismo), produzir conhecimentos sobre o passado como um fim científico em si mesmo (historicismo) ou alguma outra possibilidade? Tal como sugerido pelo estudo de James I. Porter (2000: 265-273), as relações entre humanismo e historicismo são muito mais imbricadas em textos de Winckelmann, Humboldt, Wolf e outros autores desse período do que as sugestões de mera oposição pareceriam indicar. Ainda assim, é inegável que — no âmbito dos escritos de Nietzsche — pressupostos humanistas e historicistas são colocados em contradição e explicitamente explorados para comprometer o tipo de estudo moderno da Antiguidade clássica. Daí a dificuldade de se definir a posição de Nietzsche nos debates dessa época, sendo sintomático disso o processo de marginalização profissional e disciplinar que ele vem a conhecer nos anos subsequentes a esse debate público.

O compositor Richard Wagner, numa carta aberta a seu amigo, Nietzsche, defende a abordagem de fenômenos estéticos do passado a partir de um engajamento filosófico com o presente, aproveitando para criticar acerbamente a esterilidade das práticas da filologia clássica de sua época. Além de denunciar certos procedimentos científicos como expedientes retóricos destinados a esconder a indigência intelectual dos filólogos contemporâneos,[22]

---

22 "[A] comunicação que esperamos, de algo grandioso e apropriado, parece ser muito difícil de expressar: assim, acabamos dominados por um receio singular, quase inquietante, como se temêssemos a necessidade de admitir que, sem todos os atributos misteriosos a que a filologia dá importância, sem todas as citações, notas e trocas de cumprimentos entre os grandes e pequenos especialistas, se quiséssemos expor simplesmente o conteúdo sem todas essas preliminares, descobriríamos a pobreza aflitiva de toda a ciência filológica, uma pobreza que ela tornou sua propriedade" (Wagner 2005: 82-83, trad. Pedro Süssekind). Esse mesmo ponto aparece atualizado de forma mordaz por um artigo de Nimis (1984).

Wagner faz um questionamento que não deixa de soar pertinente ao problema do autotelismo de certas áreas acadêmicas até os dias de hoje:

> [S]ão os próprios filólogos que se instruem uns aos outros, e é de se supor que façam isso unicamente com o objetivo de adestrar apenas novos filólogos, ou seja, apenas professores de ginásio e professores universitários que, por sua vez, formarão novos professores de ginásio e professores universitários. (Wagner [1872] 2005: 81–82, trad. Pedro Süssekind)

O tema volta a aparecer nos desdobramentos da polêmica, que incluem ainda: i) a carta aberta de Rohde a Wagner, na qual rebate as acusações de Wilamowitz (a publicação é intitulada *Afterphilologie*, segundo uma expressão que pode ser traduzida como "Filologia retrógrada", mas que inclui um picaresco jogo de linguagem com o substantivo "After" em alemão, cujo sentido é "ânus"); ii) uma réplica de Wilamowitz, escrita como forma de reiterar o ataque a Wagner, Rohde e Nietzsche, mas que se pretende também uma defesa de um ideal impessoal de *Wissenschaft*. Apesar da baixeza de alguns ataques *ad hominem* durante toda essa polêmica, questões fundamentais são debatidas e gostaria de destacar um último trecho especialmente significativo para quem queira compreender as propostas críticas de Nietzsche para o campo da filologia: trata-se do encerramento da carta aberta de Rohde a Wagner, quando, após mencionar a importância que o estudo do passado pode ter para a Humanidade (desde que baseada na crença em uma "Humanidade una e imortal"), ele menciona explicitamente F. A. Wolf e sua *Apresentações da Ciência da Antiguidade* [*Darstellung der Alterthums-Wissenschaft*], além de Friedrich Schiller, e completa afirmando:

> Nosso amigo [Nietzsche] se associa, com prazer, de todo coração, a esses esforços alemães vivos e atuais, realizados por um grande e célebre artista [Wagner]. Ele tem o direito de acreditar que, com isso, não está abandonando sua ciência histórica da Antiguidade grega, mas a assumiu em sua vitalidade mais profunda. São necessárias coragem e confiança no valor de sua causa para se expor, em plena consciência, por meio da publicação de tal livro,

aos julgamentos voluntária ou involuntariamente injustos dos colegas mais próximos. Nosso amigo adquiriu essa confiança sobretudo, caro mestre [Wagner], a partir da esperança generosa e inabalável do senhor, a partir da sua ação conduzida pela certeza, plena de esperança, que supera a "resistência do mundo obtuso" e se dirige a uma consumação esplêndida. Nessa confiança de que o futuro possa esperar uma vida de prosperidade, a partir dos esforços mais nobres do presente, ele certamente transformará em um presságio afortunado a maldade do difamador que pensou infligir-lhe um verdadeiro sofrimento com o título "Filologia do futuro!". Quem conhece o porvir? Mas podemos desejar e esperar, sem presunção, que nosso amigo siga seu caminho sem se desviar e possa vir a ser, justamente como um autêntico filólogo, "um cidadão dos que estão por vir". (Rohde [1872] 2005a: 127-128, trad. Pedro Süssekind)

Para além da retórica carregada do trecho, temos aí uma das mais claras apreciações do que o jovem Nietzsche propõe em sua abordagem da Antiguidade clássica — incluindo ainda uma sugestão do que viria a desenvolver em suas reflexões filosóficas posteriores — e acredito que já estejam suficientemente definidos os principais posicionamentos no âmbito dessa polêmica em torno à prática de uma "filologia do futuro".[23]

Considerações de um filólogo avesso aos modismos do presente

Embora alguns de seus textos filológicos ainda estivessem por ser publicados nos anos que se seguiram a essa polêmica, Nietzsche concebe o plano de escrever suas *Unzeitgemässe Betrachtungen* — *Considerações intempestivas* (ou ainda *extemporâneas*, *inatuais* ou *antimodernas*, a depender da inflexão que se queira dar ao adjetivo escolhido pelo autor) — como uma forma de transitar mais livremente entre as exigências de um texto dissertativo-argumentativo (de caráter científico) e as liberdades de um ensaio filosófico, a fim de intervir de forma mais direta e eficaz no debate público sobre a cultura contemporânea. Em termos de vendas, o resultado

---

23 Para mais informações sobre o tema: Silk & Stern (1981); Calder (1983); Mansfeld (1986); Porter (2000 e 2011); Machado (2005); Hübscher (2016: 32-44).

talvez não tenha sido o sucesso que ele e seu editor almejavam, mas o projeto constitui um verdadeiro divisor de águas na vida e na produção do jovem professor.[24]

Alguns esclarecimentos sobre o título geral desse conjunto de textos: *Betrachtungen* é um substantivo derivado do verbo *betrachten*, "observar", "considerar", "refletir"; apesar de já ter sido sugerido que sua escolha ecoaria algo da palavra *Meditações* (privilegiada por Descartes), a verdade é que Nietzsche não está propondo uma análise introspectiva, de viés subjetivista, mas muito mais um trabalho de observação de certas manifestações exteriores da cultura contemporânea; seu posicionamento face a esses fenômenos culturais é bem definido pela escolha do adjetivo *unzeitgemäß*, que contém as noções de "tempo" [*Zeit*] e "medida" [*Mass*], ainda que regidas pela negatividade do prefixo *un-*. Nesse sentido, Nietzsche reivindica uma resistência explícita aos juízos e critérios do tempo presente, assumindo-se como uma espécie de antimoderno; suas "considerações", entretanto, não são "inatuais" (no sentido de que seriam desprovidas de atualidade), nem "extemporâneas" (no sentido de que seriam precoces ou tardias demais para o tempo presente), mas sim fundamentalmente avessas às modas e aos modismos, hostis às tendências em voga, desejando intervir de forma direta para transformar esse estado de coisas. Pensando em tudo isso, uma escolha de tradução interessante (ainda que admitidamente limitada) para tentar captar e sugerir algumas dessas nuances seria *Considerações intempestivas*. A meu ver, nessa formulação, o leitor pode escutar algo do caráter combativo ("tempestuoso") de Nietzsche, sem perder de vista a dimensão "temporal" de suas observações.[25]

---

24 Estudiosos de Nietzsche consideram que essa seja a última obra de sua fase de juventude, antes da primeira publicação de seu período intermediário (com *Humano, demasiado humano*, em 1878). Para mais referências sobre as *Unzeitgemässe Betrachtungen*, ver os textos que acompanham suas traduções para o inglês (Arrowsmith 1990; Gray 1995: 395–413), além do comentário de Jeffrey Church (2019).

25 Segundo um dos tradutores dessa obra para o inglês, é provável que Nietzsche tenha formulado seu conceito de "intempestividade" [*Unzeitgemässheit*] a partir de uma analogia e amplificação do termo que Schopenhauer cunhara para

A principal tese dessa obra seriada, portanto, consiste na ideia de que a vida moderna é desumanizadora e precisa ser radicalmente criticada e transformada a partir de parâmetros que ultrapassem os limites do tempo presente (no sentido não apenas de que esses parâmetros sejam "antimodernos", mas também que tenham algo de "intemporais"). Ao que tudo indica, a primeira motivação para a redação e publicação desses escritos deriva da amizade com Wagner. Numa nota de 1875, Nietzsche sugere que a gênese do projeto encontra-se numa conjunção dos seguintes fatores: i) seu desespero quando percebe que os planos de Wagner para fundar um teatro operístico em Bayreuth correm sérios riscos de fracasso; ii) a descoberta, a partir de profundas reflexões, do problema mais fundamental de toda a cultura; iii) por fim, uma conversa com Wagner em Estrasburgo, na qual o compositor critica com veemência uma obra recentemente publicada por David Strauss, um antigo desafeto seu.[26] A conversa entre os dois realmente ocorre, em abril de 1873, e — embora Nietzsche considere Strauss um adversário pequeno demais para si próprio — acaba por ler seu livro, *A antiga e a nova fé. Uma confissão* [*Der alte und der neue Glaube. Ein Bekenntniß*] (orig. 1872), convencendo-se do interesse que haveria em enfrentar o fenômeno de sua enorme popularidade junto ao público leitor da época. Sua diatribe dirige-se, então, ao que julga ser o "filistinismo cultural" da Alemanha dos anos de 1870, tendência que lhe parece exemplarmente representada pelo livro de Strauss e sua recepção favorável. Para se compreender como Nietzsche toma a decisão de levar a cabo essa empreitada, que considere o que propõe na seção sete da "Introdução" de *Ecce homo* (escrito em 1888, mas só publicado postumamente em 1908), quando explicita *a posteriori* os critérios da belicosidade de suas obras:

> Nunca ataco pessoas — sirvo-me da pessoa como uma forte lente de aumento com que se pode tornar visível um estado de miséria

---

depreciar o apelo de atualidade entre seus próprios contemporâneos: "tempo--do-agora" [*Jetztzeit*] (Gray 1995: 397).
26   Ver Nietzsche (5[98], 5 = UII8b. Primavera-Verão 1875).

geral porém dissimulado, pouco palpável. Assim ataquei David Strauss, ou mais precisamente o sucesso de um livro senil junto à "cultura" alemã — apanhei essa cultura em flagrante... (Nietzsche [1888] 2008a: 30, trad. Paulo César de Souza)

Com o intuito de "limpar o terreno", Nietzsche avança a dimensão crítica (negativa) de seu projeto, antes de delinear e defender suas propostas positivas. Ao longo das quatro *Considerações intempestivas*, publicadas entre 1873 e 1876, duas noções que acabam por se revelar fundamentais são as de cultura [*Kultur*] e indivíduo exemplar [*Exemplar*]. No primeiro volume, intitulado *David Strauss, o confessor e o escritor* [*David Strauss, der Bekenner und der Schriftsteller*] (orig. 1873), Nietzsche faz uma crítica radical da cultura germânica contemporânea, demonstrando seu estado de decadência com uma análise do conteúdo esvaziado e da forma defeituosa da obra prestigiosa de um verdadeiro "filisteu da cultura" [*Bildungsphilister*]. Segundo sua análise, o Império Alemão padece de uma autoilusão profunda desde que venceu a França na Guerra Franco-Prussiana (1870-71) e passou a acreditar que essa vitória militar significasse também algum tipo de superioridade cultural. Depois de definir *Kultur* como "unidade do estilo artístico em todas as expressões da vida de um povo" (Nietzsche [1873] 2020a: 9, trad. Antonio Edmilson Paschoal), ele critica duramente alguns fenômenos modernos e sua influência profunda sobre manifestações (pseudo)culturais entre seus compatriotas, especialmente textos jornalísticos e acadêmico-científicos. Sem entrar em maiores detalhes da crítica avançada aí, cumpre apenas ter em vista que o ataque se volta contra a obra de Strauss, mas pretende atingir, assim, a cultura contemporânea de modo geral.[27]

Devido ao aspecto de polêmica contra uma figura da moda, essa obra de Nietzsche encontra algum eco junto ao público especializado e recebe cerca de dezenove resenhas em menos de um ano (Reich 2012: 276–412). Numa carta que ele envia para Wagner em setembro de 1873, Nietzsche se gaba do "efeito indescritível" de

---

27 Há uma tradução desse texto para o português, da autoria de Antonio Edmilson Paschoal (Nietzsche [1873] 2020a).

seu ensaio sobre o público, assim como da reação tremendamente hostil dos meios de comunicação (Reich 2012: 313). Motivado por isso, ele compõe um ensaio que — embora desista de publicar — contém uma série de ideias reaproveitadas em outros trechos de sua coletânea, e cujo valor tem sido reconhecido pelos estudiosos no âmbito das reflexões filosóficas do jovem Nietzsche. Trata-se de *Sobre verdade e mentira no sentido extramoral* [*Ueber Wahrheit und Lüge im aussermoralischen Sinne*] (publicação póstuma, mas originalmente escrita em 1873). Ainda que esse trabalho não venha a público, Nietzsche continua trabalhando na elaboração de suas *Considerações intempestivas*, como comprovam várias de suas anotações dos anos de 1873 e 1874.

Não é possível duvidar da importância desse projeto, afinal, em alguns dos planejamentos esboçados nos cadernos dessa época, há a previsão da necessidade de dedicar-lhe alguns anos de vida, a fim de elaborar doze ou treze ensaios ao todo, abordando criticamente temas tão diversos quanto arte, ciência, filosofia, religião, universidade, filologia, jornalismo, história, militarismo, nacionalismo e linguagem.[28] Por isso, a expectativa é grande com a publicação da segunda de suas *Considerações intempestivas*, intitulada *Sobre a utilidade e a desvantagem da história para a vida* [*Vom Nutzen und Nachteil der Historie für das Leben*] (1874). Infelizmente, contudo, sua recepção é fraca, em termos tanto de público quanto de crítica (por parte de amigos ou adversários igualmente). Ainda que esse ensaio venha a ser depois reconhecido pelos estudiosos de Nietzsche como um de seus escritos importantes, a verdade é que, entre seus contemporâneos, nem mesmo Wagner ou Rohde chegam a reconhecer muitos méritos na proposta.[29]

---

28 Com base em Church (2019: 8), é possível elencar as seguintes entradas das anotações de Nietzsche que registram listas com temas e possíveis ordens de publicação das *Considerações intempestivas* (em referência à edição crítica para estudo de sua obra, chamada *Kritische Studienausgabe*): KSA 7.19[255], 19[274], 19[330], 29[163–4], 30[38], 32[4]; KSA 8.1[3–4], 16[10].
29 Enquanto a primeira das *Considerações intempestivas* vende cerca de 500 exemplares, da tiragem original de 1.000 cópias, a segunda vende apenas cerca de 200 exemplares (Schaberg 1995: 205–206).

Explorando a incompatibilidade no seio de uma mesma sociedade entre o cuidado excessivo com sua memória histórica e a liberdade necessária para criar manifestações culturais vivas, Nietzsche critica abertamente as tendências historicistas da ciência universitária de base germânica. Em seu posicionamento *unzeitgemäss*, ele defende que a história deve estar a serviço da vida humana — o que evidentemente precisa ser entendido em termos culturais — de modo que conhecer as especificidades de cada contexto social se revela fundamental para evitar formas de cultivo da memória perniciosas para a vida. Como Nietzsche anota na abertura da seção dois desse ensaio:

> Que a vida precisa do serviço da história é algo que deve ser entendido com tanta clareza quanto esta sentença, que posteriormente deverá ser provada: que o excesso de história prejudica o vivente. Em três aspectos a história pertence ao vivente: ela lhe pertence enquanto indivíduo atuante e determinado, enquanto conservador e reverente, e enquanto sofredor e carente de libertação. A essa tríade de relações corresponde uma tríade de espécies de história: na medida em que ela permite diferenciar uma espécie de história monumental, uma antiquária e uma crítica. (Nietzsche [1874] 2017b: 47, trad. André Itaparica)

Ao final da mesma seção em que introduz essas categorias, o autor explica ainda o seguinte:

> Cada uma das três espécies de história existentes tem seu lugar em um determinado solo e sob um determinado clima: em outros casos alastram-se como ervas daninhas. Se um homem quiser criar algo grandioso, e precisar do passado, então se apoderará do passado por meio da história monumental; aquele que, ao contrário, quiser preservar o costume e a reverência pelo que é antigo, cultivará o passado como historiador antiquário; e apenas aquele em quem a carência do presente aperta o peito, querendo livrar-se a qualquer preço do seu fardo, tem necessidade da história crítica, isto é, da história que julga e condena. A transposição descuidada de vegetais produz danos: o crítico sem necessidade, o antiquário sem piedade, o conhecedor do grandioso sem a capacidade do grandioso são tais plantas degeneradas, que se

alastram como ervas daninhas quando afastadas de seus solos naturais. (Nietzsche [1874] 2017b: 55, trad. André Itaparica)

Depois de estabelecer essa tipologia, Nietzsche passa a criticar os excessos a que tem conduzido uma prática historiográfica em bases científicas (pretensamente objetivas), na desvinculação cada vez maior entre a vida e seu vasto repertório de conhecimentos. Apesar de reconhecer as vantagens que o método histórico-científico aporta para um estudo mais preciso do passado, ele gostaria de propor que esse estudo acontecesse sob um direcionamento capaz de revitalizar a cultura contemporânea. Para isso, seria preciso incorporar elementos monumentais, antiquários e críticos na forma de se lidar com o passado, a depender das especificidades contextuais, a fim de forjar uma verdadeira *Kultur*, isto é, "uma consonância entre vida, pensamento, aparência e querer" (Nietzsche [1874] 2017b: 146, trad. André Itaparica).

Escrita e publicada alguns meses depois, a terceira de suas *Considerações intempestivas* avança para a dimensão mais propositiva do projeto de Nietzsche. Intitulada *Schopenhauer como educador* [*Schopenhauer als Erzieher*], ela sustenta uma argumentação em prol de uma "formação" [*Bildung*] que seja capaz de promover uma verdadeira *Kultur*, propiciando assim o surgimento de indivíduos exemplares que elevem o nível geral da "humanidade" [*Menschheit*]. Ao contrário do que essa síntese apressada poderia sugerir, contudo, Nietzsche não defende algum tipo de projeto político que dirija a sociedade em prol de alguns poucos indivíduos talentosos e bem-dotados. Justamente nisso entra a exemplaridade de Schopenhauer (ao lado de outros dois modernos também destacados por seus caracteres exemplares: Rousseau e Goethe), pois sua vida e sua obra dão mostras da unidade profunda de sua existência, ainda que à revelia das instituições sociais e políticas de sua época. Apesar da fragmentação no horizonte cultural de seus contemporâneos, Schopenhauer dá uma lição de liberdade e autonomia na forma como encara a vida e persegue as próprias ideias com coragem face aos obstáculos impostos pelos "filisteus da cultura".[30]

No início de 1875, Nietzsche começa o trabalho para o que seria a quarta de suas *Considerações intempestivas*, com um título provisório que aparece registrado apenas como *Wir Philologen*, "Nós, filólogos". Por motivos desconhecidos, contudo, esse trabalho é abandonado em estágio embrionário e não chega a ser concluído nem publicado em vida. Ainda será preciso refletir sobre as razões que levam Nietzsche a desistir dessa publicação, uma vez que essas anotações indicam a permanência de temas que continuam a assombrá-lo até seus últimos dias, sempre a partir de um posicionamento eminentemente crítico à Modernidade. Para levar adiante sua crítica, ele analisa o trabalho da filologia clássica, contrastando seus impactos medíocres no presente, em termos de formação [*Bildung*] e cultura [*Kultur*], com aquilo que era alcançado por gregos antigos e romanos, ou seja, justamente por aqueles cujas vidas e obras constituem objetos de estudo dos filólogos clássicos. A enorme contradição para Nietzsche pode ser colocada nos seguintes termos: quem mais deveria ser capaz de reconhecer os níveis culturais decadentes do presente, a partir de uma convivência prolongada com materiais provindos de sociedades mais bem-sucedidas em suas manifestações culturais, é quem se mostra mais debilitado pelo tipo de formação e cultura que a Modernidade promove. Apesar da força contida naquilo que filólogos clássicos estudam, a forma filológica como esse conteúdo é estudado impede que essa força tenha algum tipo de influência positiva no presente. Abaixo veremos com mais detalhes em que medida as anotações de Nietzsche para a elaboração de *Nós, filólogos* apontam para problemas ainda fundamentais na prática dos Estudos Clássicos em pleno século XXI.[31]

---

30 *Schopenhauer como educador* tem uma tradução para o português da lavra de Clademir Luís Araldi (Nietzsche [1874] 2020b).
31 Como já mencionado, Arrowsmith (1963a, 1963b, 1963c e 1990) traduz e comenta o texto dessas notas para o inglês. Uma primeira versão sai publicada na revista acadêmica *Arion*, enquanto a segunda é publicada em formato de livro, como um adendo às outras quatro *Unmodern Observations* (Nietzsche [1873-1876]

Seja como for, nos meses seguintes, Nietzsche decide retomar a dimensão propositiva de seu projeto, lançando-se à escrita de um texto intitulado *Richard Wagner em Bayreuth*. Sua elaboração leva muito mais tempo do que o previsto, e essa que se consagra como a quarta e última de suas *Considerações intempestivas* só vem a ser publicada em 1876. A provável razão dessa demora é o desgaste de suas próprias relações com Wagner: embora o compositor apareça aí como representante de uma concepção elevada de cultura e formação, capaz de dar o exemplo para uma ação transformadora do presente, é possível notar certa ambiguidade no tratamento que Nietzsche confere à representação de sua vida e obra. Afinal, é atravessado por uma profunda sede de poder e dilacerado pelas imposições disparatadas da sociedade moderna que Wagner triunfa em sua arte, afirmando a liberdade de quem consegue impor e perseguir os próprios valores à revelia dos obstáculos mundanos. Ainda assim, as cicatrizes desses combates são devidamente identificadas e descritas por Nietzsche (pelo menos para quem busca ler seu texto com a devida atenção), pois ele não crê ser possível sair incólume de embates como aqueles em que Wagner se envolve ao longo de sua vida. Mais do que sobre o tempo presente, Nietzsche prevê que ele será capaz de ter uma influência engrandecedora — através de sua obra — sobre o tempo futuro. Inclusive, essa compreensão da importância que certas obras têm na formação de seu próprio público é um prenúncio de contribuições que o filósofo ainda ofereceria aos campos da hermenêutica e dos estudos de recepção.[32] Apesar das hesitações de seu autor, o ensaio é publicado pouco antes da inauguração do Festival de Bayreuth e sua acolhida nos círculos wagnerianos é bastante entusiasmada (Young 2010: 222).

1990). Sobre problemas no que diz respeito à divisão dos conteúdos nos cadernos de Nietzsche onde estão algumas das notas para "Nós, filólogos", ver Cancik & Cancik-Lindemaier (2014: 263-266).
32   Vivarelli (2014) demonstra que Nietzsche, desde seus mais precoces trabalhos filológicos, tem uma clara consciência do papel reservado ao público em estudos que queiram abordar experiências de ordem estética.

Nas semanas seguintes, contudo, Nietzsche desencanta-se definitivamente com Wagner, decepcionando-se com os aspectos vulgares da execução de sua obra em Bayreuth. Ainda que chegue a tomar algumas notas para o que poderia ser uma continuação de suas *Considerações intempestivas*, no momento em que seu editor lhe escreve para solicitar o próximo fascículo da obra, Nietzsche responde com a sugestão de que talvez fosse melhor considerar a publicação definitivamente concluída (Schaberg 1995: 53-54). Ainda que o encerramento abrupto do projeto possa dar a impressão de fracasso, é importante ter em vista o seguinte: a concepção dessa obra desde o início prevê um todo formado por "pedaços" [*Stücke*], como fica evidente na disposição dos elementos da folha de rosto de cada um de seus volumes;[33] ademais, até o final de sua vida, o próprio Nietzsche refere-se a esse conjunto de quatro textos como uma obra única (ainda que plural), como indicam suas principais alusões posteriores às *Considerações Intempestivas* (Church 2019: 11). A esse respeito, é especialmente relevante ter em vista o capítulo que Nietzsche dedica a revisitar a obra e seu contexto de elaboração em *Ecce homo*, sua "autobiografia filosófica" e um de seus últimos escritos (concluído em 1888, pouco antes de seu colapso mental).

Nós, filólogos

Antes de aventar algumas razões que podem ter motivado Nietzsche a abandonar a ideia de publicar *Nós, filólogos* como uma de suas *Considerações intempestivas*, gostaria de expor seus pontos fundamentais, aproveitando para destacar aspectos que permanecem instigantes para uma reflexão crítica sobre a prática dos Estudos Clássicos até os dias de hoje. Um plano aproximado da

---

[33] Na linha do que sugere Church (2019: 11), o título principal das quatro publicações é sempre *Unzeitgemässe Betrachtungen*, demarcado pela tipografia maior no alto da página, enquanto o título específico de cada ensaio aparece em caracteres menores, abaixo, com os fascículos devidamente numerados, especificados como partes [*Stücke*] de um todo.

forma como Nietzsche pretendia organizar seu texto dá uma ideia do caminho que sua argumentação seguiria:

> *Nós, filólogos.*
> Plano aproximado.
> 1. Gênese do filólogo de hoje.
> 2. O filólogo de hoje e os gregos.
> 3. Efeitos sobre não filólogos.
> 4. Apontamentos sobre os gregos.
> 5. A futura educação do filólogo.
> 6. Gregos e romanos – e a Cristandade. A dissociação de Wolf.
> Melhor:
> a. A preferência pelos gregos.
> b. Gênese do filólogo de hoje.
> c. Seu efeito sobre não filólogos.
> d. A posição deles perante os verdadeiros gregos.
> e. Futuro.
> (Nietzsche, 2[3], 2 = UII8a. Até o início de março de 1875)

O ponto de partida de Nietzsche é uma tentativa de compreender os motivos por que sua época demonstra tamanha preferência pelos gregos e de que maneira a profissão responsável por cultivar esse conhecimento se forma. Na sequência, avalia o efeito da apresentação social desses profissionais sobre quem não faz parte do *métier*, valendo-se da oportunidade para aumentar o contraste por meio de uma comparação entre eles e seus objetos de estudo, isto é, os gregos antigos (de uma perspectiva despida da idealização que séculos de classicismo impingiram em suas abordagens).[34] Do choque entre a imagem de um filólogo moderno e a de um grego antigo, surge a oportunidade para refletir sobre uma filologia do futuro.

Ainda que suas observações demonstrem uma série de engajamentos que Nietzsche ainda viria a romper — como na afirmação de uma cosmovisão de base schopenhauer-wagneriana[35] —, é ine-

---

34 "A história grega sempre foi escrita, até hoje, de modo otimista". (Nietzsche, 5[12], 5 = UII8b. Primavera-verão 1875).
35 "Eu *deploro* uma *educação* por meio da qual não se compreenda Wagner, por meio da qual Schopenhauer soe cru e dissonante. Essa educação é um erro". (Nietzsche, 5[37], 5 = UII8b. Primavera-verão 1875).

gável que muitos posicionamentos elaborados mais detidamente em livros posteriores aparecem prenunciados a partir desse esforço de refletir sobre si mesmo, sua formação e sua profissão, em contraste com aqueles que aprendeu a admirar por causa da visão privilegiada por seus estudos pessoais. A esse respeito, vejamos a seguinte anotação (traduzida aqui de forma diversa da que será adotada adiante, na tradução desse mesmo trecho):

> É tão difícil compreender a Antiguidade: é preciso sermos capazes de esperar até que possamos ouvir algo. O *elemento antropológico* [*Das Menschliche*] que a Antiguidade nos indica não deveria ser confundido com *humanidade* [*dem Humanen*]. A oposição deveria ser reforçada: o que adoece a filologia é que ela tenta se meter com a humanidade [*das Humane*]; só por causa disso a juventude é apresentada a ela, a fim de que se torne humana [*human*]. Creio que, para alcançar isso, basta um tanto de História: a brutal-arrogância é despedaçada quando se vê o quanto mudam as coisas e as valorações. — O elemento antropológico [*Das Menschliche*] dos helenos encontra-se numa certa ingenuidade, por meio da qual o ser humano [*der Mensch*] se mostra: estado, arte, sociedade, leis militares e civis, relações sexuais, educação, partidos. É precisamente o elemento antropológico [*das Menschliche*] que se mostra sempre em todos os povos, mas que no caso deles o faz com tanto descaramento e desumanidade [*Inhumanität*] que não pode ser descartado em termos de ensino. Além disso, eles criaram o maior número de tipos individuais — e é nesse sentido que são tão instrutivos sobre o *ser humano* [*den Menschen*]: um cozinheiro grego é mais cozinheiro do que qualquer outro. (Nietzsche, 3[12], 3 = MpXIII6b. (UII8, 239–200). Março de 1875)

A contraposição entre *Menschliche* e *Human* parece apontar para a diferença entre trabalhar com uma dimensão idealizada de "humanidade" (ligada à empreitada *humanista* europeia) e uma dimensão propriamente realista de descrição do "ser humano" (a partir de um interesse que poderíamos chamar de *antropológico*). Na linha do que foi demonstrado por James I. Porter, em seu texto "Nietzsche's Untimely Antiquity" (2019), vários argumentos de obras do período reconhecido como o da maturidade filosófica de Nietzsche, como *Genealogia da Moral* (1887), estão contidos em germe em algumas dessas observações. Para além da idealização de uma empreitada humanística por parte de filólogos no presente, Nietzsche pretende fazer uma crítica radical da situação desses mesmos filólogos e da cultura contemporânea, valendo-se de um contraste com uma visão diferenciada de aspectos recalcados da cultura antiga (e, para todos os propósitos, recalcados também da cultura contemporânea).[36] As linhas gerais de seu contraste são esboçadas nos seguintes termos:

Gregos e filólogos.
Os gregos honram a beleza	/ Filólogos são fofoqueiros e levianos.
desenvolvem o corpo	/ detestáveis currais.
falam bem	/ gagos.
religiosos iluminadores do cotidiano	/ pedantes sujos.
ouvintes e espectadores	/ pirracentos e corujas noturnas.
em prol do simbólico	/ incapacidade para o simbólico
virilidade livre	/ fervorosos escravos do Estado
uma visão pura do mundo	/ cristãos complicados
pensadores pessimistas	/ filisteus

(Nietzsche, 5[59], 5 = UII8b. Primavera-verão 1875)

A alusão frequente ao filistinismo dos praticantes de sua profissão pode ser entendida de várias formas, mas Nietzsche sempre destaca que — como os filólogos são os únicos capazes de ver por dentro sua prática e compreender a decadência do tipo de formação que oferecem — falta-lhes a coragem intelectual para fazer uma crítica aos rumos daquilo que inevitavelmente deveriam perceber como problemático, uma vez que são os maiores beneficiários de sua manutenção.[37] Como já mencionado, a expressão *Bildungsphilister*, que costuma ser traduzida em português por "filisteu da cultura", aparece empregada por Nietzsche desde a pri-

---

36 "Há coisas sobre as quais a Antiguidade pode ensinar e sobre as quais não seria fácil eu me expressar em público". (Nietzsche, 5[50], 5 = UII8b. Primavera-verão 1875).
37 A esse respeito, ver a anotação de número 5[31], 5 = UII8b. Primavera-Verão 1875.

meira das *Considerações intempestivas*, aplicada a David Strauss. Ela volta a surgir aqui para caracterizar toda uma classe de profissionais modernos: os filólogos clássicos.

Dentre os temas que serão longamente desenvolvidos nos futuros livros de Nietzsche está a crítica à influência que a sombra do Cristianismo continua a exercer na cultura moderna. Esse *insight* faz parte dessas anotações.[38] Haveria muitas outras ideias e imagens da futura filosofia de Nietzsche que aparecem nessa forma extemporânea, mas, para concluir essas observações, gostaria de me direcionar para a pergunta esboçada acima: por que Nietzsche desiste de organizar e publicar suas anotações na forma de um texto intitulado *Nós, filólogos* como a quarta de suas *Considerações intempestivas*?

Certamente existem motivações de ordem pessoal que não pretendo contemplar. Contudo, a meu ver, a decisão de Nietzsche pode ser compreendida com base em alguns pontos principais. Em primeiro lugar, porque ele parece ter chegado à conclusão de que nada de bom poderia vir da filologia tal como praticada pela maioria de seus colegas. Mais de uma vez ele se refere à mediocridade de 99% dos filólogos contemporâneos, destacando as consequências negativas dessa hegemonia para os poucos restantes que poderiam executar um trabalho de relevo.[39] Numa das últimas anotações dedicadas ao tema, ele escreve o seguinte:

> Num enquadramento da história da filologia, impressiona quão poucas pessoas realmente bem-dotadas participaram dela. Entre os mais famosos, estão alguns que arruinaram seu entendimento por causa do excesso de saber e, entre os mais entendidos deles, alguns que não sabiam empregar seu entendimento para

---

38 "O que para sempre *nos separa* da *cultura antiga* é que seus *fundamentos* se tornaram para nós completamente *arruinados*. Uma crítica dos gregos é, ao mesmo tempo, uma crítica da Cristandade, já que têm os mesmos fundamentos com crenças em fantasmas, cultos religiosos, encantamento da natureza. — Ainda há uma quantidade de estágios *sobreviventes*; mas estão na iminência de *arruinar-se*. Essa seria **uma verdadeira tarefa**: *descrever a perda irreparável da Grecidade, e da Cristandade com ela, bem como das fundações de nossa sociedade e política até hoje*". (Nietzsche, 5[156], 5 = UII8b. Primavera-Verão 1875).

39 Ver aqui: Nietzsche, 3[20], 3 = MpXIII6b. UII8, 239–200. Março de 1875.

algo diverso de minúcias. É uma história triste, creio, porque nenhuma ciência é tão pobre de talentos. São os aleijados de espírito que encontram seu passatempo nessas picuinhas verbais.

Prefiro escrever algo que será digno de ser lido como os filólogos leem seus autores, em vez de ficar agachado em cima de um autor. E principalmente — mesmo a mais limitada criação é superior a um discurso sobre a criatividade. (Nietzsche, 7[5], 7 = MpXIII6a. 1875)

Ao que tudo indica, a decisão de desistir da publicação de *Nós, filólogos* consiste numa despedida definitiva de Nietzsche da filologia praticada por seus contemporâneos. Mas isso não significa que ele estivesse renegando sua formação e suas convicções filológicas mais profundas. Muitas citações podem corroborar justamente o contrário desse entendimento, como aquela que figura na epígrafe do presente texto, na qual proclama sua crença numa filologia futura, que sequer teria começado a ser praticada ainda, ou quando alude ao longo período de preparação necessário para se alçar a seu verdadeiro trabalho intelectual,[40] ou ainda quando se refere a esse "filólogo do futuro" como alguém "cético com relação a toda a nossa cultura e, com isso, também destruidor da profissão de filólogo" (Nietzsche, 5[55] 5 = UII8b. Primavera-Verão 1875). Ou seja, ele não nega que exista uma filologia por vir, apenas quer levar a cabo a aniquilação da filologia moribunda praticada por seus pares, a fim de abrir o espaço necessário para sua prática vindoura. Isso fica evidenciado numa outra citação, a última que farei desse extraordinário conjunto de notas e que contém *in nuce* tanto o programa filosófico de Nietzsche quanto os prenúncios do campo atualmente chamado de Recepção Clássica. Trata-se de uma concepção muito arejada do que poderia ser descrito como

---

[40] "Se eu fosse livre de fato, não teria necessidade de todas essas disputas, mas poderia me voltar para um trabalho ou ato em que testasse toda a minha força. — Atualmente posso apenas esperar me tornar gradualmente livre; e até agora sinto que me torno cada vez mais. Assim, há de vir o dia de meu verdadeiro *trabalho*, e a *preparação* para os Jogos Olímpicos estará *terminada*". (Nietzsche, 5[189], 5 = UII8b. Primavera-Verão 1875).

uma espécie de crítica cultural do tempo presente, a partir de um contraste antropológico com as culturas da Antiguidade:

> A filologia como ciência da Antiguidade, naturalmente, não tem uma duração eterna; seu material há de se exaurir. O que não há de se exaurir é a sempre nova acomodação de cada tempo à Antiguidade, medindo-se com ela. Se a tarefa dos filólogos fosse a de compreender melhor *seu próprio* tempo por meio da Antiguidade, sua tarefa seria eterna. (Nietzsche, 3[62], 3 = MpXIII6b. UII8, 239–200. Março de 1875)

As bases filológicas de uma filosofia do futuro[41]

A importância da filologia para o desenvolvimento da filosofia de Nietzsche aparece reconhecida em diversos pontos de seus escritos tardios, não apenas em termos de forma e conteúdo, como sugere a seção "O que devo aos antigos" de *Crepúsculo dos ídolos* (1989), mas também em termos de método, na linha do que propõem as seções 47 e 52 de *O Anticristo* (1888). Nesse sentido, talvez nenhum outro trecho de seu *corpus* tenha a força intempestiva das palavras que encerram o prólogo da reedição de *Aurora*, cuja primeira publicação havia saído em 1881, mas que tem uma versão definitiva apenas em 1887. É com este trecho autorreflexivo que Nietzsche conclui sua proposta de reavaliação — pretensamente mais amadurecida — dos méritos filosóficos de *Aurora*:

> E finalmente: por que deveríamos dizer tão alto e com tal fervor aquilo que somos, que queremos ou não queremos? Vamos observá-lo de modo mais frio, mais distante, com mais prudência, de uma maior altura; vamos dizê-lo, como pode ser dito entre nós, tão discretamente que o mundo não o ouça, que o mundo não *nos* ouça! Sobretudo, digamo-lo *lentamente*... Este prólogo chega tarde, mas não tarde demais; que importam, no fundo, cinco ou seis anos? Um tal livro, um tal problema não tem pressa; além do que, ambos somos amigos do *lento*, tanto eu como meu livro. Não fui filólogo em vão, talvez o seja ainda, isto é, um professor da

---

41   Trechos desta seção aparecem pela primeira vez na tese *O Evangelho de Homero* (Silva 2022a: 570–573).

lenta leitura: — afinal, também escrevemos lentamente. Agora não faz parte apenas de meus hábitos, é também de meu gosto — um gosto maldoso, talvez? — nada mais escrever que não leve ao desespero todo tipo de gente que "tem pressa". Pois filologia é a arte venerável que exige de seus cultores uma coisa acima de tudo: pôr-se de lado, dar-se tempo, ficar silencioso, ficar lento — como uma ourivesaria e saber da *palavra*, que tem trabalho sutil e cuidadoso a realizar, e nada consegue se não for *lento*. Justamente por isso ela é hoje mais necessária do que nunca, justamente por isso ela nos atrai e encanta mais, em meio a uma época de "trabalho", isto é, de pressa, de indecorosa e suada sofreguidão, que tudo quer logo "terminar", também todo livro antigo ou novo: — ela própria não termina facilmente com algo, ela ensina a ler *bem*, ou seja, lenta e profundamente, olhando para trás e para diante, com segundas intenções, com as portas abertas, com dedos e olhos delicados... Meus pacientes amigos, este livro deseja apenas leitores e filólogos perfeitos: *aprendam* a ler-me bem! (Nietzsche [1887] 2016a: 13-14, trad. Paulo César de Souza)

Devido ao aprofundamento vertiginoso de certas fissuras cujos primeiros sinais são detectados por Nietzsche em sua própria época, mas que só se tornam verdadeiramente abissais entre o final do século XIX e o início do XXI, algumas das reflexões intempestivas sobre o estudo da Antiguidade revelam-se ainda mais significativas para o contexto contemporâneo do que para o período em que foram originalmente escritas: não apenas os Estudos Clássicos se encontram destituídos de prestígio social e institucional, mas parecem estar na mira das mais diversas pressões administrativas de viés econômico, precisando enfrentar críticas tanto de quem denuncia seu elitismo tradicional quanto de quem coloca em questão sua utilidade para tempos de globalização e informática. Classicistas contemporâneos precisam saber posicionar-se de forma estratégica para enfrentar também os perigos de um fogo cruzado entre progressistas (com suas lutas identitárias e reivindicações por justiça social) e conservadores (com suas demandas reacionárias e leituras frequentemente a-históricas), enquanto levam adiante sua tarefa de estudo, interpretação e ensino de diferentes facetas das culturas legadas pela Antiguidade. A fim de concluir aqui indicando a pertinência das reflexões de Nietzsche a esse respeito, certos desdobramentos de sua polêmica com Wilamowitz-Moellendorff podem ser analisados com proveito. Ainda que tenha se colocado como aguerrido defensor do "método histórico-crítico" durante toda a polêmica — e em muitos outros momentos de sua brilhante carreira como um dos mais influentes classicistas na passagem do século XIX para o XX —, Wilamowitz parece ter se dado conta rapidamente das limitações e contrassensos de abordagens estritamente historicistas. Essa percepção decerto fica muito aguda com os debates de 1890 sobre a reforma do ensino no Império Alemão e, ainda que outros trechos de seus discursos pudessem ser mencionados para demonstrar isso, a conclusão de sua conferência ministrada no ano de 1907 em Oxford (e traduzida para o inglês por Gilbert Murray), "On Greek historical writing" ["Sobre a historiografia grega"], é um trecho emblemático da ambiguidade que caracteriza a atitude geral do estudioso com relação ao tema. Depois de elogiar o trabalho de historiadores tradicionais como Posidônio e Tácito (entre os antigos), Gibbon e Mommsen (entre os modernos), ele afirma:

> A tradição oferece-nos apenas ruínas. Quanto mais nos aproximamos para testá-las e examiná-las, tanto mais claramente notamos quão arruinadas estão; e, a partir de ruínas, não é possível construir um todo. A tradição está morta; nossa tarefa é revivificar a vida que findou. Sabemos que fantasmas não podem falar até que tenham bebido sangue; e os espíritos que invocamos demandam o sangue de nossos corações. Oferecemo-lo de bom grado; mas se eles então passam a habitar nossa questão, algo de nós entrou neles; algo alheio, que precisa ser extraído, extraído em nome da verdade! Pois a Verdade é uma deusa exigente; ela não conhece o respeito por nomes, enquanto sua aia, a Ciência, continua sempre adiante, para além de Posidônio e Tácito, para além de Gibbon e Mommsen, embora, tanto quanto sua arte os tenha enobrecido, as obras desses homens devam perdurar. Uma vez que temos sobre os gregos a vantagem de possuir a ciência da história, mesmo o maior dentre nós não pode mais reclamar o tipo de autoridade que pertenceu por séculos até a um homem como Lívio. Mas quem quer que seja digno de ser-

vir a deusa imortal se resigna alegremente à vida transitória de suas obras. E ele tem também o conforto de que na Ciência não há derrota, desde que a tocha seja passada ainda acesa para um sucessor. (Wilamowitz-Moellendorff 1908: 25-26)

O trecho é interessantíssimo não apenas pela ambiguidade com que explora o que deve haver de presente em toda e qualquer investigação do passado, mas também porque recorre a algumas imagens dignas de nota para a presente argumentação. Em primeiro lugar, a dos fantasmas do passado que precisam receber sangue para conseguir falar no presente. Embora tenha *pedigree* homérico (*Odisseia* 11.140-149), essa imagem parece ter sido empregada e formulada nesse sentido pela primeira vez por ninguém menos que o próprio Nietzsche: no aforismo 126 de *Opiniões e sentenças diversas* (1879), retomadas depois em *Humano, demasiado humano II* (1886), o filósofo fala da necessidade de oferecer o próprio sangue para animar — conforme a alma de cada um — as obras do passado, fazendo com que sejam capazes de voltar a se comunicar com os vivos.[42] A imagem é retomada no aforismo 408, que encerra a coletânea e se intitula "Descida ao Hades", tendo uma dimensão programática evidente desde suas palavras iniciais: "Também eu estive no mundo inferior, como Odisseu, e frequentemente para lá voltarei; e não somente carneiros sacrifiquei, para poder falar com alguns mortos: para isso não poupei meu próprio sangue". (Nietzsche [1879] 2017a: 126, trad. Paulo César de Souza). Wilamowitz certamente está a par do emprego dessa imagem por Nietzsche no momento em que se apresenta em Oxford, não sendo irrelevante que, enquanto o título de sua primeira conferência é "On Greek historical writing", o da segunda (proferida no dia seguinte) seja "Apollo" e seu conteúdo envolva a história da constituição gradual desse deus (segundo uma interpretação em franca oposição àquela que é defendida por Nietzsche em *O*

---

42   O trecho mais significativo do aforismo é o seguinte: "[D]evemos negar aos que vêm depois o direito de animar conforme sua alma as obras do passado? Não, pois somente ao lhes darmos nossa alma elas continuam vivendo: apenas *nosso* sangue faz com que *nos* falem. A execução realmente 'histórica' falaria de modo espectral para espectros". (Nietzsche [1879] 2017a: 51, trad. Paulo César de Souza).

nascimento da tragédia). Em todo caso, é possível que Wilamowitz já conhecesse o emprego nietzschiano dessa imagem homérica há muito mais tempo,[43] sendo de se destacar aí a existência de um elemento comum à proposta de Nietzsche, uma vez que ambos vislumbram uma relação não idealizada, mas vivificante, com a tradição cultural do chamado Ocidente. As curiosas "coincidências" entre certos posicionamentos maduros de Wilamowitz e aqueles que assumira Nietzsche, enquanto ainda jovem professor de filologia clássica, têm chamado atenção de alguns estudiosos.[44] Mas aqui cumpre destacar ainda a imagem da tocha da Ciência como símbolo da transmissão do conhecimento desde a Antiguidade até os dias de hoje, porque ela aparece empregada como uma espécie de *leitmotiv* ao longo de toda a sua *História da filologia* [*Geschichte der Philologie*] (1921).[45]

Se com o passar do tempo a atitude de Wilamowitz torna-se mais ambígua quanto à pretensa dicotomia entre o historicismo (em sua proposta de leitura científica do passado, em chave descritiva) e, por outro lado, o humanismo (em sua abordagem idealizadora, segundo interesses prescritivos), é possível dizer que Nietzsche busca — e encontra — uma via alternativa às aporias dos discursos sobre a Antiguidade no presente. Beneficiando-se das investigações sobre esse tema em suas *Considerações intempestivas*, principalmente no que reflete "sobre a utilidade e a desvantagem da história (antiga) para a vida (moderna)", ele empreende esforços notáveis para se posicionar criativamente perante a questão.

---

43 A esse respeito, a frase de uma carta que Wilamowitz envia em 1883 a seu professor, Hermann Usener, parece aludir à ideia: "A poesia antiga (e, naturalmente, a lei, a crença e a história) está morta: nossa tarefa é vivificá-la" (Wilamowitz *apud* Norton 2008: 78). Uma breve retrospectiva do emprego de imagens espectrais e mortuárias para se tematizar a relação entre o presente e o passado, no campo de estudos da Antiguidade desde o século XVIII, é oferecida por Porter (2000: 411 n. 209).
44 Ver Porter (2000: 269–271) e Vivarelli (2014: 188–189).
45 Para uma exposição dos posicionamentos de Wilamowitz a partir de uma interpretação das conferências proferidas na Universidade de Oxford em 1907, ver Fowler (2009). Como já mencionado, há uma tradução para o português da *História da Filologia* de Wilamowitz-Moellendorff (2023), realizada por Thiago Venturott e publicada também pela Editora Mnēma.

A meu ver, é possível escutar os ecos dessa discussão sobre humanismo e *Altertumswissenschaft* mesmo na formulação de títulos como *Humano, demasiado humano* [*Menschliches, Allzumenschliches*] (1878) e *A gaia ciência* [*Die fröhliche Wissenschaft*] (1882), como se Nietzsche estivesse procurando, nessas obras, alternativas tanto às tendências humanistas quanto às historicistas, tão características de seu campo de formação.[46]

O que emerge do tratamento disperso e fragmentário que o filósofo dedica ao tema é o seguinte: uma abordagem *intempestiva* dos gregos antigos oferece subsídios para que — compreendendo a profunda estranheza desses que foram e talvez continuem sendo exemplares para nós — sejamos capazes de contemplar a estranheza daquilo que nos constitui; assim, podemos colocar em questão nossas certezas, a fim de alçarmos a patamares mais elevados nossos modos de vida. Nesse sentido, os gregos antigos surgem para Nietzsche como uma espécie de "nós outros". Pelo menos é o que fica sugerido em parte do aforismo 452 de *Humano, demasiado humano* (1878):

> O passado inteiro da cultura antiga foi construído sobre a violência, a escravidão, o embuste, o erro; mas nós, herdeiros de todas essas situações, e mesmo concreções de todo esse passado, não podemos abolir a nós mesmos, nem nos é permitido querer extrair algum pedaço dele. (Nietzsche [1878] 2005: 220, trad. Paulo César de Souza)[47]

---

46 O aforismo 337 de *A gaia ciência* (1882), intitulado "A futura 'humanidade'", sintetiza essa questão, corroborando a presente leitura sobre a importância desses temas para a reflexão nietzschiana. Isso aparece de forma ainda mais concentrada no aforismo 178 de *O andarilho e sua sombra* (1880), retomado depois em *Humano, demasiado humano II* (1886): "*Acessórios de toda veneração.* — Onde quer que se venere o passado, não se deve permitir a entrada dos que limpam esmeradamente. A piedade não fica à vontade sem um pouco de poeira, sujeira e porcaria". (Nietzsche [1880] 2017a: 196, trad. Paulo César de Souza). Para uma leitura da obra filosófica de Nietzsche nessa linha, ver Babich (2009).

47 O potencial pedagógico do estranhamento aparece explicitamente explorado ainda no aforismo 616 de *Humano, demasiado humano* (1878): "*Alienado do presente.* — Há grandes vantagens em alguma vez alienar-se muito de seu tempo e ser como que arrastado de suas margens, de volta para o oceano das antigas concepções do mundo. Olhando para a costa a partir de lá, abarcamos pela primeira vez sua configuração total, e ao nos reaproximarmos dela teremos a vantagem

Ou ainda no aforismo 218 de "Opiniões e sentenças diversas" (1879), seção incorporada ao livro *Humano, demasiado humano II* (1886):

> *Os gregos como intérpretes.* — Ao falarmos dos gregos, involuntariamente falamos de hoje e de ontem ao mesmo tempo: sua história, por todos conhecida, é um reluzente espelho, que sempre reflete o que não se acha nele próprio. Usamos a liberdade de falar deles para poder silenciar a respeito de outros — a fim de que eles mesmos falem algo no ouvido do leitor meditativo. Assim os gregos facilitam ao homem moderno a comunicação de várias coisas dificilmente comunicáveis e que fazem refletir. (Nietzsche [1879] 2017a: 80, trad. Paulo César de Souza)

Nietzsche inaugura assim uma forma de abordagem da Antiguidade clássica que, enquanto questiona sua dimensão modelar para o presente (ao modo humanista), mantém sua importância como meio de reflexão engajada com ele, na medida em que oferece um material dotado, a um só tempo, de "alteridade" e "ipseidade", "estranheza" e "familiaridade". Um estudo da Antiguidade nesses moldes tem o potencial de suscitar, para o presente, tanto uma estranha familiaridade quanto um estranhamento familiar. Algo comparável àquilo que Freud viria a chamar *das Unheimliche* em seu célebre texto de 1919.[48] Precisamente essa via será explorada por alguns dos mais instigantes estudos da Antiguidade propostos durante o século XX: dos ritualistas de Cambridge (Gilbert Murray, Jane Ellen Harrison e Francis Cornford), passando por figuras como E. R. Dodds, Jean-Pierre Vernant, Nicole Loraux, Marcel Detienne

---

de, no seu conjunto, entendê-la melhor do que aqueles que nunca a deixaram". (Nietzsche [1878] 2005: 260, trad. Paulo César de Souza).

48 No início de sua exposição, Freud propõe o seguinte: "[P]odemos trilhar dois caminhos: investigar o que significou, durante o desenvolvimento da língua, a palavra infamiliar [*unheimlich*] ou compilar o que em pessoas e coisas, impressões sensíveis, vivências e situações desperta em nós o sentimento do infamiliar [*Unheimlichen*], e desbravar seu caráter infamiliar [*Unheimlichen*] encoberto a partir do que há de comum em todos os casos. Quero logo anunciar que ambos os caminhos conduzem, de fato, a um mesmo resultado, o de que o infamiliar [*das Unheimliche*] é uma espécie do que é aterrorizante, que remete ao velho conhecido, há muito íntimo". (Freud [1919] 2019: 33, trad. Ernani Chaves e Pedro Heliodoro Tavares, alterada).

e Walter Burkert, até Anne Carson, os gregos antigos surgem provocativamente como uma espécie de *strangers within* para essa vertente contemporânea de Estudos Clássicos.

Nesse sentido, a profecia de Rohde para Nietzsche parece ter se concretizado. Afinal, dos filólogos envolvidos na querela em torno à publicação de *O nascimento da tragédia*, ele é o que continua a desempenhar um papel de destaque como "cidadão dos que estão por vir". Mesmo que Wilamowitz e Rohde ainda sejam reconhecidos pela contribuição histórica de suas obras filológicas,[49] não restam dúvidas de que somente Nietzsche ocupa uma posição relevante em discussões sobre cultura e pensamento na contemporaneidade. Assim se cumpre a previsão de seu caráter fatídico para os vindouros.[50] A autorreferida intempestividade de seu pensamento talvez já indicasse algo nessa linha, como poderiam sugerir os aforismos 337 e 377 de *A gaia ciência* (1882), mas não acredito que essa autoprojeção dê inteiramente conta do problema. Qualquer classicista nos dias de hoje — e mesmo qualquer pessoa engajada seriamente com o estudo da história — precisa refletir e se posicionar sobre a forma como seu estudo participa do presente. Ao fim e ao cabo, a pertinência com que cada um de nós enfrenta esse desafio só se revela naquilo que permanece, enquanto promessa, sempre por vir...

---

49 Para um classicista tão representativo do século xx quanto Martin L. West, o modelo máximo de prática filológica aparece encarnado por Wilamowitz-Moellendorff (Fries 2015: 152), enquanto outra figura igualmente importante para a área na contemporaneidade, Gregory Nagy, afirma retornar com frequência ao livro monumental de Rohde, *Psyche* (1890–1894).

50 Nas palavras de abertura do capítulo final de *Ecce homo*, intitulado "Por que sou um destino", Nietzsche propõe: "Conheço a minha sina. Um dia, meu nome será ligado à lembrança de algo tremendo — de uma crise como jamais houve sobre a Terra, da mais profunda colisão de consciências, de uma decisão conjurada contra tudo o que até então foi acreditado, santificado, requerido. Eu não sou um homem, sou dinamite". (Nietzsche [1908] 2008a: 102, trad. Paulo César de Souza).

NOTA DO TRADUTOR

A presente tradução das notas que Nietzsche elabora por volta de 1875 para compor aquela que seria a quarta de suas *Considerações intempestivas*, intitulada *Nós, filólogos*, é feita diretamente do alemão para o português. Almeja-se uma relativa constância nas opções lexicais adotadas para a tradução de termos-chave e redes conceituais do pensamento nietzschiano. A edição crítica em que a tradução se baseia é a dos *Nachgelassene Fragmente* [fragmentos póstumos], relativa a alguns dos cadernos de Nietzsche de 1875, na versão disponibilizada gratuitamente — como *Digitale Kritische Gesamtausgabe - Werke und Briefe* [*Edição crítica digital de todas as obras e cartas*] — pelo site *Nietzsche Source*, a partir da edição organizada originalmente por Giorgio Colli e Mazzino Montinari. Os cadernos que mencionam de forma explícita temas possíveis do texto "Nós, filólogos" são integralmente traduzidos, evitando-se supressões e remanejamentos em vista do que podem ter sido as intenções originais de Nietzsche. Como sugere o estudo de Cancik & Cancik-Lindemaier (2014: 263–266), estabelecer a ordem e a divisão dos conteúdos abordados por Nietzsche em seus cadernos é uma questão complexa e pode levar a um grau considerável de arbitrariedade por parte dos responsáveis pela organização e tradução desse material. Aqui, mantém-se a ordenação e a numeração adotadas por Colli e Montinari.

À guisa de cotejo da versão brasileira, foram consultadas ainda as versões para o inglês que William Arrowsmith publicou desse mesmo material (com algumas diferenças em termos de seleção e organização): numa primeira publicação, que saiu em 1963 no periódico acadêmico *Arion*, o tradutor justapôs várias dessas notas a trechos de outras obras de Nietzsche, segundo um princípio organizacional pouco claro (que parece ter sido o de recompor um panorama geral da visão nietzschiana sobre o tema); em 1990, contudo, saiu uma segunda publicação desse material, como acompanhamento à tradução das outras quatro *Unmodern Observations*, com as notas de Nietzsche dispostas na ordem em que seu autor as registrou em seus esboços para *Nós, filólogos*. O material incluído na presente tradução para o português coincide em larga medida com aquele selecionado por Arrowsmith para sua versão de 1990.

O objetivo aqui é o de apresentar ao público brasileiro, mas também lusófono em geral, uma faceta pouco conhecida do trabalho de Nietzsche: suas reflexões críticas sobre a filologia clássica. Assim sendo, seu público-alvo é o leitor de língua portuguesa que tenha algum interesse pela obra nietzschiana ou pela história dos Estudos Clássicos. Levando isso em conta, optou-se por evitar o emprego de formas abreviadas para se referir a outros textos de Nietzsche ou de quaisquer outros autores (como as célebres *KSA, Kritische Studienausgabe* [Edição crítica de estudo], ou *KGB, Kritische Gesamtausgabe Briefwechsel* [*Edição crítica completa da correspondência*]): todas as referências a uma obra de Nietzsche mencionam seu título, sua data original de publicação e a localização específica da passagem citada, incluindo também o ano de publicação e a página de sua tradução para o português (como exemplificado abaixo). Dessa forma, o leitor especializado pode encontrar sem dificuldade a passagem em questão nas edições críticas de referência, enquanto o leigo — falante de português (mas não necessariamente de alemão) — tem seu acesso facilitado às outras obras de Nietzsche já traduzidas. Em vista de um cuidado especial com a cronologia, busca-se sempre mencionar textualmente a data de publicação original das obras (sejam elas da autoria de Nietzsche ou não), ainda que sua referenciação aconteça por meio da data de publicação da edição consultada, incluindo explicitamente o nome de seu tradutor quando for o caso de uma tradução (a fim de render-lhe os devidos créditos). Assim sendo, uma referência ao aforismo 108 de *A gaia ciência* (1882), por exemplo, também trará a seguinte especificação bibliográfica: "Nietzsche [1882] 2012: 126, trad. Paulo César de Souza". Outro detalhe é o seguinte: no caso de obras publicadas com mais de um volume no mesmo ano, indica-se o número do volume citado com uma demarcação numérica acima e à direita de seu ano de publicação. Por exemplo, a página 20 do volume 1 da obra de Lichtenberg, na edição publicada em 1844, vem indicada da seguinte forma: "Lichtenberg 1844[1]: 20".

Todos os grifos que aparecem em itálico ou negrito são sempre de Nietzsche. Ele usa duas formas de destaque ao longo de suas notas, e isso é bem observado pelas edições críticas. Optou-se pela preservação dessa forma dupla de demarcação da importância de certos trechos: ao que tudo indica, o itálico é um pouco menos enfático do que o negrito, mas ambos são usados para destacar expressões e trechos como especialmente dignos de atenção. Além disso, Nietzsche às vezes grafa palavras em grego antigo e em latim. Nesses casos, a tradução mantém os termos tal como grafados por seu autor, colocando sua tradução para o português (e, eventualmente, sua transliteração para caracteres latinos) entre chaves.

Seguindo uma prática editorial acadêmica, foram elaboradas notas elucidativas para a presente tradução. Todas as notas são de autoria do tradutor. A maioria delas diz respeito a informações biográficas na primeira ocorrência textual do nome de uma determinada personalidade citada por Nietzsche. Essas informações visam a situar o leitor com relação ao que se encontra em questão na referência àquela personalidade. Algumas dessas notas são breves, outras são mais longas e incluem alusões a outras passagens do *corpus* nietzschiano, sempre com o objetivo de apresentar a complexidade que seu pensamento já demonstra em 1875. Nas ocorrências posteriores de um nome que tenha aparecido, evita-se a repetição de informações já registradas antes. Dessa forma, sugere-se ao leitor que recorra ao índice remissivo para descobrir a página em que se encontra a nota biográfica sobre uma personalidade sempre que precisar. Há também notas com esclarecimentos de ordem filosófica, linguística e histórica.

NÓS, FILÓLOGOS
Friedrich Nietzsche

[2 = U II 8a. Até o começo de março de 1875]

Notas para "Nós, filólogos"

2 [1] A concha é recurva por dentro, rugosa por fora; então, quando pelo sopro ressoa, começa-se a ter o devido respeito diante dela (*Provérbios indianos*, ed. Böhtlingk. I 335).[1]
   Um instrumento de sopro de aparência terrível: precisa primeiro ser soprado.

2 [2] *Temas.*
   Teoria do ridículo. Com exemplos.
   Teoria do terrível. Com exemplos.
   Descrição de minha experiência musical com relação a Wagner.
   A questão na música.
   É preciso manter um grande caderno para as ideias cotidianas, experiências, planos etc.: onde também poderão ser brevemente inseridas ideias eruditas. Colocar todos os planos literários de lado. *Mihi scribere* [Escrever a mim].[2]

---

[1] Segundo Arrowsmith (1990: 323), a citação vem na caligrafia de Carl von Gersdorff (1844–1904), filólogo e amigo íntimo de Nietzsche. A fonte da referência é uma coleção de textos indianos, com organização de Otto Böhtlingk, intitulada *Ditos indianos: Sânscrito e alemão* [*Indische Sprüche: Sanskrit und Deutsch*] (orig. 1870–1873). Curiosamente, no aforismo 302 de *A gaia ciência* (orig. 1882), ideia análoga é retomada e desenvolvida na caracterização de Homero como "a mais preciosa concha que até hoje as vagas da existência lançaram à praia" (Nietzsche [1882] 2012: 182, trad. Paulo César de Souza).
[2] A frase latina é uma máxima central do projeto literário-filosófico de Nietzsche. Sua possível origem é uma passagem recolhida na obra *Aristoteles Pseudepigraphus*, por Valentin Rose (1863: 717), na qual se lê a formulação *sibi quis-*

2 [3] *Nós, filólogos.*
Plano aproximado.
1. Gênese do filólogo de hoje.
2. O filólogo de hoje e os gregos.
3. Efeitos sobre não filólogos.
4. Apontamentos sobre os gregos.
5. A futura educação do filólogo.
6. Gregos e romanos – e a Cristandade. A dissociação de Wolf.[3]

---

que scribit [cada um escreve a si]. Outra fonte provável da proposição é o seguinte trecho do ensaio "Spiritual Laws", de Emerson (1883: 145): "Quem escreve para si mesmo, escreve para um público imortal". Variações da fórmula aparecem em outras passagens do *corpus* nietzschiano, como no título do aforismo 167 da coletânea "Opiniões e sentenças diversas" (orig. 1879), depois incorporada a *Humano, demasiado humano II* (orig. 1886): "*Sibi scribere* [Escrever a si]. — O autor sensato não escreve para outra posteridade que não a sua própria, ou seja, para sua velhice, a fim de poder, ainda então, ter prazer consigo". (Nietzsche [1879] 2017a: 61, trad. Paulo César de Souza).
3 Friedrich August Wolf (1759–1824), nascido em Hainrode, costuma aparecer destacado como um dos nomes mais prestigiosos da história dos Estudos Clássicos na Modernidade. Prussiano educado na Universidade de Göttingen, onde pratica o método filológico com Christian Gottlob Heyne (1729–1812) e a crítica textual bíblica com Johann David Michaelis (1717–1791), seu prestígio fundamenta-se sobretudo em três importantes contribuições para a história do campo: em primeiro lugar, pela publicação de seus *Prolegomena ad Homerum* (1795), nos quais apresenta uma investigação histórico-filológica sobre as fontes antigas dos poemas homéricos (com base em publicações recentes de escólios desse material), estabelecendo em parâmetros modernos não apenas aquilo que se configuraria como a "questão homérica", mas também a importância de se estudar a história da transmissão de um texto antes de buscar estabelecê-lo e interpretá-lo; em segundo lugar, por delinear estratégias para avançar a autonomia da filologia perante a teologia no final do século XVIII; em terceiro, por formalizar seus posicionamentos sobre a prática filológica em termos disciplinares e profissionais com a proposta de criação de um campo de conhecimento moderno, chamado de "ciência da Antiguidade" [*Alterthums-Wissenschaft*], cujo plano aparece definido em 1807, com a publicação de seu texto *Apresentação da ciência da Antiguidade* [*Darstellung der Alterthums-Wissenschaft*].
Aquilo que Nietzsche chama aqui de "a dissociação de Wolf" provavelmente é uma alusão à insistência com que o estudioso defende a autonomia da filologia (entendida como estudo do legado cultural greco-romano pagão) por oposição à teologia (dedicada ao material antigo propriamente cristão, ou mesmo judaico-cristão). Wolf tem consciência de que o processo de transmissão dos textos greco-romanos mais antigos foi radicalmente influenciado pela perspectiva

Melhor:
a. A preferência pelos gregos.
b. Gênese do filólogo de hoje.
c. Seu efeito sobre não filólogos.
d. A posição deles perante os verdadeiros gregos.
e. Futuro.

2 [4] Talvez, contra os inimigos da Antiguidade, com Cícero (*Contra Pisão* 30): *Quid te, asine, litteras doceam? Non opus est verbis, sed fustibus* ["Por que ensinarei o beabá para ti, asno? Tu não precisas de palavras, mas de açoites"].[4]

2 [5] Resta uma grande *dúvida* sobre a possibilidade de se inferir a partir da *língua* algo da nacionalidade e da *associação* com outras *nações*; uma língua vitoriosa frequentemente (embora isso não seja necessário) nada mais é do que um sinal de uma bem-sucedida dominação. Onde é que já houve povos autóctones? Falar de gregos que ainda não viviam na Grécia é uma noção totalmente imprecisa. O que é propriamente grego é muito menos o resultado de uma pré-disposição do que o de instituições adaptadas, e o mesmo vale para sua suposta língua.

2 [6] Quero fazer para meus alunos breves catecismos, p. ex.
— sobre a leitura e a escrita.
— sobre a literatura grega.
— sobre as características principais dos gregos.
Gregos e romanos.
O que se pode aprender dos gregos.

2 [7] a. Preferência pela Antiguidade, seus fundamentos e sua refutação.
b. Gênese do filólogo até os dias de hoje, também sua *práxis*.

---

cristã que escribas, copistas e comentadores inevitavelmente impuseram à leitura, interpretação e reescrita desses textos durante os séculos de Cristianismo. Seus esforços filológicos, com os quais Nietzsche demonstra afinidade, voltam-se amiúde para o estabelecimento de um método crítico que possibilite um retorno às versões mais recuadas desse material, livrando-o de elementos espúrios.
4 A passagem aparece citada por Wolf (1869: 1046) e talvez seja essa a fonte de Nietzsche.

2 [8] *Klinger* diz: "a civilização é um fruto de sentimentos mais livres e destemidos".[5]

[3 = Mp XIII 6b. (U II 8, 239-200). Março de 1875]

3 [1] Avança e esconde tuas boas
obras e confessa diante do povo
os pecados que cometeste.
— Buda

3 [2] O dia 8 de abril de 1777, quando F. A. Wolf inventou para si o nome de *studiosus philologiae*, é o aniversário da filologia.[6]

1.

3 [3] Contra a ciência da filologia não haveria nada a dizer, mas os filólogos são também educadores. O problema encontra-se no fato de que essa ciência também está submetida a um tribunal supe-

---

5   Friedrich Maximilian von Klinger (1752-1831), amigo íntimo do jovem Goethe, com quem propõe o movimento chamado Tempestade e Ímpeto [*Sturm und Drang*], expressão que aliás figura como título de um drama de Klinger de 1776. A passagem citada por Nietzsche vem de uma coletânea tardia de textos do autor, *Observações e pensamentos* [*Betrachtungen und Gedanken*] (Klinger 1809: 581).
6   A anedota biográfica segundo a qual Wolf teria inaugurado a prática universitária de se matricular como estudioso de filologia [*studiosus philologiae*], em seus anos de formação na Universidade de Göttingen, dando início, assim, ao reconhecimento formal desse campo disciplinar em bases autônomas na Modernidade, é reconhecida há mais de um século como produto deliberado de (auto)mistificação: matrículas de estudantes sob a égide dessa expressão remontam a um período anterior ao dele (Schröder 1913) e nada indica que, tão precocemente, ele já pudesse ter o plano de inaugurar um novo modelo de estudo da Antiguidade (Pfeiffer 1976: 173). A anedota (auto)biográfica remonta às memórias pessoais de Wolf, compartilhadas posteriormente com seu genro, Wilhelm Körte, que as imortaliza numa biografia publicada em 1833, poucos anos após a morte do sogro. Ainda assim, o fato de que Nietzsche registre aqui a informação como digna de relevo indica o sucesso disciplinar e profissional alcançado por Wolf entre aqueles que o sucedem na prática filológica alemã (e europeia) do século XIX, incluindo o próprio Nietzsche. Sua admiração está registrada em vários trechos de sua obra publicada, como no final da última seção da terceira de suas *Considerações intempestivas*, dedicada a *Schopenhauer como educador* (orig. 1874).

rior. — E a filologia ainda existiria se os filólogos não fossem um corpo docente?[7]

3 [4] É difícil justificar a *preferência* em que se encontra a Antiguidade, pois ela vem de preconceitos:
1) da ignorância de uma outra Antiguidade;
2) de uma falsa idealização da Humanidade[8] em geral; enquanto indianos e chineses em todo caso são mais humanos;
3) da arrogância de mestre-escola;
4) da admiração tradicional que emanou da Romanidade;
5) da oposição contra a Igreja Cristã, ou como suporte seu;
6) da impressão que o trabalho de séculos dos filólogos provocou, bem como o tipo de seu trabalho: deve se tratar de uma mineração de ouro, pensa o espectador.
7) habilidades e conhecimento, aprendidos de lá. Pré-escola da ciência.

Em suma: parte por *ignorância, falsos juízos* e *conclusões enganosas*, bem como pelo *interesse de um grupo,* os filólogos.

Preferência pela Antiguidade, então, através dos artistas, que involuntariamente fazem da medida reconhecida e da *sōphrosýnē* [temperança] uma propriedade de toda a Antiguidade. A forma pura. Igualmente através dos escritores.

---

7 O problema da educação é um dos temas centrais nas *Considerações intempestivas*, e Nietzsche busca desenvolvê-lo com base numa terminologia cuja espessura conceitual remonta a importantes autores de língua alemã do século XVIII, como Kant, Herder, Goethe e Schiller, ainda que ela adquira uma inflexão pessoal em sua própria obra. Para fins de tradução, tentar-se-á manter a distinção entre *Erziehung* [educação], *Bildung* [formação] e *Kultur* [cultura], assim como derivados desses mesmos étimos. Cumpre notar, contudo, que certos contextos impossibilitam um posicionamento inflexível por parte do tradutor. Sempre que necessário, o termo original alemão será explicitado entre chaves.
8 Nietzsche emprega aqui um par conceitual alemão para se referir a dois sentidos possíveis de "humanidade": *Humanitäts-Menschheit*. Ao longo de suas notas, ele busca diferenciar a idealização humanista de valores pretensamente universais da humanidade (*Humanität*) daquilo que seria próprio do ser humano enquanto espécie animal, no sentido da palavra grega *ánthrōpos*, e que viria a ser estudado por uma disciplina como a antropologia (*Menschheit*). Ver o aforismo 115 de *A gaia ciência* (orig. 1882).

Preferência pela Antiguidade como um resumo da história da humanidade [*Menschheit*], como se aí houvesse uma estrutura autóctone na qual todo o devir pudesse ser estudado.

Efetivamente, agora, de forma gradual, *as razões para essa preferência estão sendo deixadas de lado umas após as outras* e, se tal não veio a ser notado pelos filólogos, isso é o que se nota fora de seu círculo com tanta força quanto possível. O estudo da história teve seu efeito; então, a linguística provocou a maior dispersão, e mesmo evasão, entre os próprios filólogos. Agora eles só têm a escola: mas por quanto tempo? Na forma que existiu *até hoje*, a filologia está *morrendo*: ficou sem chão. Acima de tudo, é muito duvidoso que os filólogos sobrevivam como *profissão*: em todo caso, trata-se de uma raça moribunda.

3 [5] Mesmo nossa *terminologia* indica quão inclinados estamos a medir os antigos de forma errada; o sentido exagerado de *literatura*, por exemplo, ou como Wolf, ao falar da "história interna da erudição antiga", chama isso de "história do iluminismo instruído [*gelehrten Aufklärung*]".[9]

3 [6] Que ridículo para o estudo das "Humanidades" [„*Humanitäts*"-*Studien*] é o fato de que elas também fossem chamadas *belles lettres* (*bellas litteras*)![10]

---

[9] A crítica de Nietzsche dirige-se contra a naturalização com que conceitos modernos, como "literatura" e "iluminismo", aparecem aplicados a outros contextos, promovendo uma espécie de domesticação do que haveria de estranho nessas outras realidades históricas, como faz em certas passagens o próprio Wolf (1869: 844). Uma longa reflexão sobre o problema de se falar de "literatura" para o caso da produção poética e em prosa dos gregos antigos está na base do curso que Nietzsche ministra entre os anos de 1874 e 1876 na Universidade da Basileia com o título de *História da literatura grega* [*Geschichte der griechischen Literatur*]. Suas anotações estão registradas nos cadernos P II 13a, P II 13b e P II 13c do catálogo de H. J. Mette, podendo ser consultadas na versão fac-similar publicada por Paolo D'Iorio (Nietzsche [1874-1876] 2009a). Existe uma tradução recente desse material para o francês (Nietzsche [1874-1876] 2021). Para apontamentos sobre a abordagem nietzschiana desse problema, ver Santini (2014).

[10] Referindo-se ao nome que franceses davam ao campo responsável pelo estudo dos textos greco-romanos, Wolf (1807: 11) comenta que "se algum erudito usasse a expressão [*belles-lettres*] em latim e escrevesse *litteras bellas*, seu intuito certamente seria jocoso".

3 [7] As razões de Wolf para que não se devam colocar egípcios, hebreus, persas e outras nações do Oriente num mesmo nível que gregos e romanos: "Eles não desenvolveram de todo, ou apenas muito pouco, um tipo de formação, limitando-se a algo que poderia ser chamado de *regulação urbana* ou *civilização*, por oposição à *cultura espiritual verdadeiramente superior*". Ele a esclarece então como espiritual e *literária*, [dizendo que] "num povo organizado com sucesso, ela pode muito bem começar antes que a ordem e a tranquilidade da vida externa" ("civilização"). Ele então contrasta os mais orientais dentre os da Ásia ("semelhantes a esses indivíduos que não carecem em nada em termos de limpeza, decoro e conforto do lar, da vestimenta e de todos os entornos, mas que jamais sentem a necessidade de um esclarecimento mais elevado") com relação aos *gregos* ("entre os gregos, mesmo entre os mais refinados áticos, ocorre frequentemente o contrário num grau admirável e eles menosprezam como insignificante o que nós, graças a nosso amor da ordem, viemos a considerar como o fundamento do requinte intelectual").[11]

3 [8] "No final de sua vida, Markland,[12] como muitos de seus pares antes dele, sentiu tamanha repulsa pela fama de erudito, que ele em parte rasgou, em parte queimou, muitos de seus trabalhos longamente elaborados".

3 [9] "No tempo da juventude de Winckelmann,[13] não havia qualquer estudo próprio da Antiguidade para além do ganha-pão ordi-

---

11 Os trechos citados são do início da *Apresentação da ciência da Antiguidade* [*Darstellung der Alterthums-Wissenschaft*] (Wolf 1807: 15-19).
12 Jeremiah Markland (1693-1776), filólogo inglês e amigo de Richard Bentley (1662-1742), editor de algumas tragédias de Eurípides e das *Silvae* de Estácio. Recusa duas vezes a cátedra de grego em Cambridge. A citação é da autoria de Wolf (1869: 1110). Como sugere Arrowsmith (1990: 327), o fato de que Nietzsche tenha registrado essa passagem denota seu crescente desconforto com sua profissão e seus próprios trabalhos filológicos.
13 Johann Joachim Winckelmann (1717-1768), nascido em Stendal (na Saxônia), é um dos estudiosos responsáveis pelo desenvolvimento moderno da história da arte. Em seus estudos de obras de arte da Antiguidade greco-romana, ele propõe uma periodização com base na análise de suas diferenças estilísticas, oferecendo importantes contribuições para uma abordagem mais atenta aos contextos históricos de produção e reprodução dessas obras. Apesar disso, sua

nário das disciplinas existentes — nesse tempo, liam-se e explicavam-se os antigos, a fim de se fornecer uma preparação melhor para a interpretação da Bíblia e do *Corpus Iuris*".[14]

3 [10] F. A. Wolf lembra-nos quão temerosos e fracos foram os primeiros passos que nossos ancestrais deram para a formação do conhecimento, como mesmo os clássicos latinos tinham que ser contrabandeados para o mercado universitário sob diversos pretextos, feito mercadorias suspeitas; num catálogo de vendas de 1737 de Göttingen, J. M. Gesner anunciava as *Odes de Horácio* assim: "ut in primis, quid prodesse *in severioribus studiis* possint, ostendat" ["a fim de que revele, em primeiro lugar, o que se possa aproveitar *em estudos mais severos*"].[15]

3 [11] Newton admirou-se que homens como Bentley e Hare pudessem se bater por um livro de comédias (pois ambos eram dignitários teológicos).[16]

3 [12] É tão difícil compreender a Antiguidade: é preciso sermos capazes de esperar até que possamos ouvir algo. O *elemento humano*

---

visão é atravessada por uma profunda idealização da Antiguidade, em especial, da beleza mediterrânica dos gregos: em sua análise das estátuas de Laocoonte e seus filhos, por exemplo, ele avança suas influentes considerações sobre a "nobre simplicidade" [*edle Einfalt*] e a "calma grandeza" [*stille Größe*] como distintivas do ideal dos gregos antigos (Winckelmann 1756: 24). Esse aspecto de sua obra impulsiona o chamado *Neu-Humanismus* [neo-humanismo] na cultura germânica e, pouco depois, certo filo-helenismo em toda a Europa.

14   Uma paráfrase de Wolf (1869: 735 ss.).

15   A fonte da anedota é Wolf (1869: 1175). Johann Mathias Gesner (1691–1761), filólogo e professor de filosofia na Universidade de Göttingen. Seus principais trabalhos são edições críticas de Quintiliano, Horácio e Plínio, o jovem, além dos poemas órficos e dos chamados *scriptores rei rusticae* [autores de escritos agrários].

16   Segundo Wolf (1869: 1005). Richard Bentley (1662–1742) é considerado um dos maiores filólogos ingleses, com enormes contribuições para o campo da crítica textual em chave histórica, em trabalhos que vão desde os estudos homéricos (envolvendo inclusive a descoberta do digama) até os estudos bíblicos. Com base em argumentos sólidos de crítica textual, demonstra que as *Cartas de Falaris* não são autênticas, mas sim documentos forjados no século II AEC. Publica edições críticas de Horácio, Terêncio e do Novo Testamento. Isaac Newton (1643–1727), matemático, físico, astrônomo, teólogo e autor inglês, amplamente reconhecido como um dos nomes mais influentes na história da ciência. Francis Hare (1671–1740), eclesiástico inglês e estudioso da Antiguidade clássica.

que a Antiguidade nos indica não deveria ser confundido com *humanidade*. A oposição deveria ser reforçada: o que adoece a filologia é que ela tenta se meter com a humanidade; só por causa disso a juventude é apresentada a ela, a fim de que se torne humana. Creio que, para alcançar isso, basta um tanto de História: a brutal-arrogância é despedaçada quando se vê o quanto mudam as coisas e as valorações. — O elemento humano dos helenos encontra-se numa certa ingenuidade, por meio da qual o ser humano se mostra: estado, arte, sociedade, leis militares e civis, relações sexuais, educação, partidos. É precisamente o elemento humano que se mostra sempre em todos os povos, mas nos helenos isso acontece com tanto descaramento e desumanidade que não pode ser descartado em termos de ensino. Além disso, eles criaram o maior número de tipos individuais — e é nesse sentido que são tão instrutivos sobre o *ser humano*: um cozinheiro grego é mais cozinheiro do que qualquer outro.[17]

3 [13] A Cristandade superou a Antiguidade — isso se fala com alguma leviandade. Primeiro, é um pedaço da Antiguidade; segundo, conservou a Antiguidade; terceiro, jamais disputou contra os períodos puros da Antiguidade. Ou antes: a fim de que a Cristandade se mantivesse, precisou se submeter ao espírito da Antiguidade, por exemplo, com a ideia de *Imperium*, a comunidade etc. Sofremos com a impureza incomum e a indefinição dos *elementos humanos*, com a engenhosa *mendacidade* que a Cristandade impôs aos seres humanos.

3 [14] A Antiguidade grega ainda não foi avaliada como um todo; estou convencido de que se não tivesse esse brilho tradicional em torno de si, as pessoas modernas a rejeitariam com horror: o brilho é espúrio, de uma embalagem brilhante.

---

17 Como já mencionado, a contraposição entre *Menschliche* e *Human* aponta para a diferença entre trabalhar com uma dimensão idealizada de "humanidade" (ligada à empreitada humanista europeia) e uma dimensão propriamente realista de descrição do "ser humano" (a partir de um interesse antropológico). Que se compare a presente proposta de tradução com a versão mais livre que aparece no início da seção "Nós, filólogos" do texto de abertura deste volume "*Philosophia facta est quae philologia fuit*: As bases filológicas da filosofia de Nietzsche".

3 [15] Uma enorme vantagem para um filólogo é a seguinte: tanto de sua ciência já foi preparado que, se ele *for capaz*, pode tomar possessão de sua herança — isto é, empreender a *avaliação* de toda a cosmovisão helênica. Enquanto se trabalhou apenas com detalhes, isso levou à *incompreensão* dos gregos; *os estágios dessa incompreensão* a serem notados: sofistas do século segundo; os poetas filólogos do Renascimento; o filólogo como professor das classes elevadas; Goethe, Schiller.[18]

3 [16] *Imitação* da Antiguidade: não se trata afinal de um princípio refutado?

Fuga da realidade para os antigos: não se falsificou assim a concepção da Antiguidade?

3 [17] Um tipo de consideração é de novo possível: *compreender* de que modo os maiores testemunhos do espírito têm um pano de fundo terrível e mau; a consideração *cética*: experimentar a Grecidade como o mais belo exemplo de vida.

Um juízo correto é difícil.[19]

---

18 Johann Wolfgang von Goethe (1749-1832), nascido em Frankfurt, um dos maiores escritores de língua alemã. Polímata, administrador público, poeta e prosador, ele aparece em várias referências positivas ao longo da obra de Nietzsche, destacado como a figura genial do artista que potencializa as capacidades de expressão de uma língua. Algumas de suas obras mais conhecidas são *Os sofrimentos do jovem Werther*, *Fausto I* e *Fausto II*, mas muitos outros de seus escritos são inspiradores de reflexões nietzschianas sobre arte, poesia e ciência. Johann Christoph Friedrich von Schiller (1759-1805), nascido em Marbach am Neckar, um dos maiores escritores de língua alemã do final do século XVIII e início do XIX. Tem inúmeras obras de poesia, filosofia e história. Desempenha papel de destaque, ao lado de Goethe, Wieland e Herder, nas letras germânicas do período, influenciando de maneira determinante os primeiros românticos alemães [*Frühromantiker*]. Suas reflexões sobre a educação estética, escritas em resposta ao criticismo kantiano, é um dos grandes referenciais para o trabalho que o próprio Nietzsche desenvolve em torno às noções de *Bildung*, *Erziehung* e *Kultur*. Sobre as relações de Nietzsche com Schiller e Goethe, ver Martin (1996) e Church (2019: 12-25).

19 Nietzsche diferencia Grecidade [*Griechenthum*] de Helenidade [*Hellenenthum*]. Embora não faça um uso tão estrito da diferenciação entre esses campos semânticos, ao que tudo indica, ele usa palavras derivadas do radical *greg-* para fazer referência aos gregos a partir de sua mediação romana (uma vez que os romanos se referiam a eles como *graeci*), enquanto emprega derivados do radical *helen-*

3 [18] Não é verdadeiro que *só* seja possível adquirir uma formação por meio da Antiguidade. Mas *pode-se* adquiri-la aí. O que atualmente se chama formação, contudo, não. Nossa formação só pode construir-se sobre um estudo da Antiguidade completamente castrado e mentiroso.[20]

Para ver quão inefetivo é esse estudo, que se encarem os filólogos: eles são os que *mais precisariam ser educados pela Antiguidade*.

2.

3 [19] Quão pouco há de razão, quando se considera com que frequência o acaso domina as pessoas, é algo que se indica com a quase regular discrepância entre a assim chamada vocação e a disposição para ela: os casos bem-sucedidos são exceções, como casamentos bem-sucedidos, e mesmo esses não são conduzidos por meio da razão. A pessoa *escolhe* sua profissão quando ainda não está pronta para a escolha; não conhece as diversas profissões nem a si mesmo; desperdiça seus anos mais ativos nessa profissão, dedica toda a sua reflexão a isso, torna-se experiente; seu juízo alcança o ápice, então já é tarde demais para começar algo novo, e a sabedoria, na terra, quase sempre tem algo de decrepitude e falta de força muscular.[21]

A tarefa é principalmente a de recuperar, corrigir tanto quanto possível, o que se perdeu no começo; muitos reconhecerão que uma parte tardia da vida ganha um objetivo que se formou a par-

---

para remontar à forma como esses povos se referiam a si mesmos, aludindo assim à ideia de uma condição primordial dos helenos.
20 O termo *Bildung* é fundamental para Nietzsche e para toda a tradição germânica de pensamento moderno, incluindo os já mencionados Kant, Goethe e Schiller. Às vezes, seu melhor equivalente em português é "formação", mas às vezes também "educação" ou "cultura".
21 Argumento análogo é desenvolvido por Luciano de Samósata (século II EC), num diálogo intitulado *Hermótimo*. Na obra, Licino tenta convencer Hermótimo do contrassenso existente na decisão de quem resolve seguir uma determinada escola filosófica em detrimento das outras sem que antes tenha adquirido um conhecimento aprofundado de *todas*, incluindo suas doutrinas e seus desdobramentos práticos para a vida. Como no caso de Nietzsche, trata-se de argumentar em prol de uma atitude antidogmática, favorável às possibilidades de experimentação da vida antes de qualquer comprometimento intelectual mais definitivo.

tir de uma desarmonia originária; e isso torna a vida difícil. No final da vida, acostuma-se com isso — então é possível enganar-se acerca da própria vida e louvar sua própria estupidez: *bene navigavi cum naufragium feci* [naveguei bem, tendo naufragado] e até cantar um hino de louvor à "Providência".[22]

3 [20] Pergunto então sobre o desenvolvimento do filólogo e defendo:

1) um jovem não pode de fato saber o que gregos e romanos são;
2) não sabe se ele é apropriado ao estudo deles;
3) e, acima de tudo, não sabe até que ponto com esse conhecimento ele é apropriado como *professor*. O que se mostra decisivo aqui não é a própria consciência e seu conhecimento, mas:

a) Imitação;
b) Preguiça, já que ele continua a fazer aquilo a que se acostumou na escola;
c) Eventualmente também o objetivo de obter o ganha-pão.

Na minha opinião, de 100 filólogos, 99 não *deveriam* ser um.

3 [21] As mais estritas religiões exigem que a pessoa compreenda sua atividade apenas como um meio para um plano metafísico: uma escolha enganada de profissão deixa-se perceber como uma provação do indivíduo. Religiões têm em vista apenas a salvação do indivíduo: se escravo ou livre, comerciante ou erudito, seu objetivo de vida não está em sua profissão e, por isso, uma escolha errada não é uma grande infelicidade. Isso deve confortar os filólogos; mas, para os verdadeiros filólogos, a verdade nua é: o que se pode esperar de uma ciência praticada por tais 99? Essa maioria verda-

---

[22] O sentido tradicional do provérbio parece próximo, mas a ironia da frase assim citada é que ela pode ser lida sem que haja uma relação lógica entre ter naufragado antes e só então ter passado a navegar bem. Interpretada dessa forma, a frase oferece um raciocínio espúrio de quem se vê movido a compreender, no final de uma vida baseada no erro, seu insucesso como uma espécie de êxito relativo. Tal é o sentido que a mesma expressão ganha, em sua aplicação à vida de Wagner, na seção quatro do texto *O caso Wagner* (orig. 1888). Na linha do que sugere Arrowsmith (1990: 330), todo o trecho 3[19] parece uma retomada irônica das palavras de Schopenhauer no texto "Especulação transcendente sobre a aparente deliberação no destino do indivíduo", em *Parerga e paralipômena* (Schopenhauer 1862: 215).

deiramente inapropriada legisla a ciência e coloca sua demanda segundo as capacidades e inclinações da maioria: com isso, *tiraniza* o único verdadeiramente competente, o centésimo. Como tem a educação em suas mãos, assim ela *educa* consciente ou inconscientemente segundo sua *própria* imagem: o que acontece então com a *classicidade* de gregos e romanos?
A demonstrar:
A) A discrepância entre filólogos e os antigos;
B) A incapacidade do filólogo para, com a ajuda dos antigos, *educar*.
C) *A falsificação da ciência por meio da incapacidade da maioria, as falsas reivindicações, negação dos verdadeiros objetivos dessa ciência.*

3 [22] Como alguém é preparado da forma *mais apropriada* para essa *avaliação?* — De todo modo, não quando é treinado para ser filólogo como agora. Isto é: até que ponto esse meio torna impossível alcançar o fim último. — O próprio filólogo *não* é o objetivo da filologia.

3 [23] *Leopardi* é o ideal moderno de filólogo; filólogos alemães não conseguem *fazer* nada. (Voss precisa ser estudado em conexão com isso!)[23]

3 [24] *Vaidade* é a tendência inconsciente de se dar por indivíduo, enquanto não se é um; ou seja, como independente, enquanto

---

[23] Giacomo Leopardi (1798–1837), nascido em Recanati (uma comuna na Península Itálica), é ensaísta, filólogo e um dos maiores expoentes da poesia italiana. A admiração de Nietzsche por sua produção poética está registrada em diversos momentos de sua obra, como nas referências elogiosas dos aforismos 92 e 95 de *A gaia ciência* (orig. 1882), por exemplo.
Johann Heinrich Voss (1751–1826), nascido na pequena comunidade germânica de Sommerstorf, é um poeta e filólogo de língua alemã, reconhecido por seus trabalhos de tradução, principalmente por suas versões poéticas da *Ilíada* e da *Odisseia* (tidas até hoje como grandes realizações literárias). Ele também traduz a obra completa de Virgílio e as *Metamorfoses* de Ovídio, além de obras de Horácio e Shakespeare. Apesar dessa vasta produção e de seu reconhecimento público, Nietzsche demonstra certa reserva quanto aos méritos do trabalho de Voss. Ver Arrowsmith (1990: 332). Um posicionamento de Nietzsche sobre a questão da tradução, face ao problema do sentido histórico, aparece no aforismo 83 de *A gaia ciência* (orig. 1882).

se tem certa dependência. A sabedoria é o contrário: dar-se por dependente, enquanto se é independente.

3 [25] Um grande valor da Antiguidade jaz no fato de que seus *escritos* são os únicos que as pessoas modernas ainda *leem direito*.[24]

3 [26] *Superexcitação* da *memória* — muito comum entre filólogos; desenvolvimento atrofiado do juízo.

3 [27] Na educação do filólogo atual, a influência da linguística precisa ser reconhecida e avaliada; preferencialmente, é preciso que um filólogo a evite: as perguntas pelas origens primordiais dos gregos e romanos não deveriam ser de seu interesse. Como é possível arruinar seu próprio assunto assim?

3 [28] Em filólogos, eu noto:
1) Falta de respeito pela Antiguidade;
2) Feminilidade e embelezamento retórico, talvez mesmo apologia;
3) Historicização simplista;
4) Presunção acerca de si próprio;
5) Subestimação de filólogos bem-dotados.

3 [29] A *História da Literatura* de Bergk: nem uma fagulha de fogo grego ou sentido grego.[25]

---

24 Tema central da filosofia de Nietzsche, como indicam várias passagens de sua obra, incluindo o discurso intitulado "Do ler e escrever", da primeira parte de *Assim falou Zaratustra* (orig. 1883). Apesar do desprezo que Nietzsche demonstra por filólogos (especialmente por seus contemporâneos), ele sempre valorizará a prática filológica da leitura cerrada e lenta, baseada na consulta a uma longa fortuna crítica de comentadores e intérpretes, entendendo esse procedimento como fundamentalmente *unzeitgemässe*, ou seja, intempestivo (extemporâneo, inatual ou mesmo antimoderno). A esse respeito, é exemplar o parágrafo final do prefácio que Nietzsche escreve em 1887 para a reedição de *Aurora*, assim como as seções 47 e 52 de *O Anticristo* (orig. 1888).

25 Theodor Bergk (1812-1881), nascido em Leipzig, filólogo germânico, formado sob a direção de Gottfried Hermann (1772-1848), trabalha em diversas universidades alemãs e tem importantes trabalhos de edição crítica de poetas gregos, como Anacreonte, Aristófanes e Sófocles. Notabiliza-se como autor de uma *História da literatura grega* [*Griechische Literaturgeschichte*] (orig. 1872-1887). Segundo Arrowsmith (1990: 333), há registros de que Nietzsche fez o empréstimo do primeiro volume dessa obra na biblioteca da Universidade da Basileia em abril de 1873. Em sua correspondência com Rohde, em novembro de 1867, ele já tinha

3 [30] Alegro-me ao ler o seguinte de Bentley: *non tam grande pretium emendatiunculis meis statuere soleo, ut singularem aliquam gratiam inde sperem aut exigam* [não costumo dar tanto valor a minhas correçõezinhas a ponto de esperar ou exigir por elas algum tipo de favor singular].[26]

3 [31] Horácio foi convocado por Bentley perante um tribunal que ele teria repudiado. A admiração que um homem de pensamento agudo angaria como filólogo é proporcional à raridade de agudeza de pensamento entre filólogos.[27] — O processo contra Horácio tem algo de escolar, só que não se deveria censurar o próprio Horácio, mas sim seus transmissores; contudo, na verdade e no todo, acusa-se Horácio. Estou firmemente convencido de que ter escrito uma única linha que se mostre digna de ser comentada por estudiosos posteriores supera o mérito do maior crítico. Uma profunda humildade jaz com o filólogo. Melhorar os textos é um trabalho de entretenimento para um erudito, como uma charada; mas não deveria ser encarado como uma coisa importante. Seria uma pena se a Antiguidade falasse conosco de forma menos clara por causa de um milhão de palavras colocadas no caminho![28]

3 [32] Um professor disse para Bentley: "Mestre, farei de vosso neto um erudito tão grande quanto vós mesmo sois". "Como?, disse Bentley. Quando eu já me esqueci de mais coisas do que você jamais soube?".[29]

3 [33] Wolf diz que Bentley, tanto como literato quanto como pessoa, ao longo da maior parte de sua vida, foi incompreendido e perseguido, ou mesmo louvado com malícia.[30]

---

registrado certo desprezo pelo filólogo: "Bergk entediou-nos com uma palestra incompreensível que durou três horas". A leitura dessa obra de Bergk pode ser entendida à luz do curso ministrado por Nietzsche entre 1874 e 1876 sobre o mesmo tema, como indica a nota à entrada 3[5].
26 A fonte da citação parece ser Wolf (1869: 1043).
27 Ver Wolf (1869: 1051).
28 Horácio (65-27 AEC), poeta lírico e satírico romano, de propensões filosóficas. Destaca-se como um dos mais influentes escritores em língua latina.
29 Ver Wolf (1869: 1071).
30 Ver Wolf (1869: 1087).

3 [34] Wolf considera que o ápice de toda a pesquisa histórica é se alçar a uma grande e compreensiva perspectiva do todo e a uma profunda e sintética diferenciação dos avanços na arte e nos vários estilos. Mas Wolf admite que Winckelmann não tinha, ou não veio a efetivar, este talento mais comum, o da crítica filológica: "uma rara mistura de frieza de espírito e preocupação mesquinha, inquieta com cem coisas irrelevantes, combinada com um fogo que anima tudo e devora cada detalhe, e um dom de adivinhação que ofende os não iniciados".[31]

3 [35] "A crítica frequentemente dá sua melhor exibição de força onde indica, com boas razões, até que ponto a plausibilidade pertence a ambos os lados e por que uma expressão, uma passagem, não pode ser corrigida. Parece-nos que os médicos, com os quais os críticos às vezes se comparam, conhecem triunfos bem similares em sua arte".[32]

3 [36] Tão profunda e frequentemente opressiva é a *incerteza* da *adivinhação* que, de tempos em tempos, ela se torna uma mórbida *obsessão* em *acreditar* e um desejo de estar *certo*, a qualquer preço: p. ex., no que diz respeito a Aristóteles ou na descoberta de necessidades numéricas — em Lachmann, quase uma doença.[33]

---

31 Ver Wolf (1869: 739).
32 Citação de Wolf (1869: 833).
33 Ver Wolf (1807: 40–41). Karl Lachmann (1793–1851), nascido em Brunswick, professor de filologia clássica na Universidade de Berlim, reconhecido por sua célebre edição crítica de Lucrécio (1850), assim como por seus trabalhos com Horácio, Catulo e Tibulo. Extremamente cioso da própria objetividade, ele é um dos nomes responsáveis pelo desenvolvimento de um método moderno de crítica textual, com base numa análise detalhada do processo de transmissão do texto pela via manuscrita. Segundo Arrowsmith (1990: 334), seu rigor metodológico às vezes descamba para certo misticismo numerológico, como em suas tentativas de remontar o número de versos de certas passagens da tragédia grega a múltiplos de sete ou de dividir a composição integral da *Ilíada* em dezoito camadas primitivas etc. Nietzsche critica justamente o abandono de um dos mais importantes pressupostos da filologia, que encontra formulação precisa no adágio latino *de omnibus dubitandum* [é preciso duvidar de tudo], em prol de um positivismo que se pretende objetivo, mas que é apenas ingênuo.

3.

3 [37] Agora já não mais será de se espantar que a formação [*Bildung*] de nosso tempo, com tais professores, não tenha qualquer valor. Jamais me impeço de fazer um retrato dessa deformação [*Unbildung*].³⁴ E precisamente com relação àquelas coisas nas quais *seria preciso* aprender com a Antiguidade, se é que seria possível aprendê-las (p. ex., escrever, falar etc.).

3 [38] Além do grande número de filólogos incompetentes, há também o contrário: um número de filólogos natos que devido a certas circunstâncias são impedidos de se tornarem tais. O mais importante obstáculo que se coloca a esses filólogos natos é a terrível representação da filologia pelos filólogos sem vocação.

3 [39] O *inautêntico entusiasmo* pela Antiguidade, no qual muitos filólogos vivem. Quando somos jovens, a Antiguidade efetivamente nos domina com um monte de trivialidades; especialmente, acreditamos estar acima da ética. Homero e Walter Scott — a quem pertence o prêmio? Sejamos honestos! Se o entusiasmo fosse grande, dificilmente alguém precisaria buscar isso como seu meio de vida. Quero dizer: o que podemos ter dos gregos começa a alvorecer apenas bem *tarde*; apenas depois que vivemos muito, e muito refletimos.³⁵

3 [40] Onde se mostra o efeito da Antiguidade? Definitivamente, não na linguagem, não na imitação de qualquer coisa; definitivamente, não na perversidade, como os franceses a mostraram. Nossos museus estão cheios; eu sempre sinto náuseas quando vejo

---

34 Tentativa de manter na tradução o jogo proposto por Nietzsche entre *Bildung* e *Unbildung*. Outra alternativa seria "cultura" e "incultura".

35 Sir Walter Scott (1771–1832), romancista, poeta, dramaturgo e historiador escocês, muito reconhecido pela popularidade de seus romances históricos. A comparação com Homero busca justamente sugerir que a pretensa centralidade da *Ilíada* e da *Odisseia* na formação clássica moderna acaba por se revelar bastante limitada em vista de fenômenos populares da cultura de massa como os romances de Scott. Para a visão do jovem Nietzsche sobre Homero, recomenda-se sua palestra inaugural na Universidade da Basileia em 1869: "Homero e a filologia clássica" (Nietzsche [1869] 2006b). Ver ainda Zhavoronkov (2014).

figuras nuas de estilo grego: diante desse filistinismo impensado que quer devorar tudo.[36]

3 [41] Em programas escolares, há quem compare nosso tempo com o de Péricles:[37] parabeniza-se com isso pelo novo despertar do nacionalismo, e eu me lembro de uma paródia da Oração Fúnebre de Péricles, feita por G. Freitag,[38] na qual esse poeta metido a besta retrata a felicidade experimentada atualmente por homens sexagenários. — Tudo pura *caricatura*! Tal é o efeito! Profunda tristeza e escárnio e isolamento é o que resta a quem *viu* mais do que isso.

3 [42] Esqueceram-se de como conversar com outras pessoas e, porque não conseguem mais conversar com gente mais velha, também já não conseguem com os jovens.

3 [43] Falta-lhes um prazer verdadeiro nos traços rigorosos e poderosos da Antiguidade. Tornam-se lisonjeiros e, por isso, ridículos.

---

36 A menção à perversidade [*Verkehrtheit*] demonstrada pelos franceses pode ser uma alusão ao tipo de releitura de materiais da Antiguidade nas obras de autores como o abade de Mably, em *Observações sobre os gregos* (1749) e *Observações sobre os romanos* (1751), e Jean-Jacques Rousseau, em *Contrato social* (1762) e *História da Lacedemônia* (esboço), que ensejaram ideais políticos radicais — inspiradores da Revolução Francesa (1789), incluindo a fase do Terror —, a partir de interpretações simplistas de instituições antigas como a República romana, a democracia ateniense e a igualdade espartana.
37 Péricles (ca. 495–429 AEC), nascido em Atenas, célebre e influente estadista, orador e estratego (general). Reconhecido como um dos maiores líderes políticos da Grécia durante o período clássico, a ponto de poder ser referido de forma metonímica para se referir às grandezas culturais da Atenas clássica.
38 Gustav Freytag (1816–1895), nascido em Kreuzburg (na Prússia), prosador e dramaturgo alemão, reconhecido como um dos maiores autores de então pelos contemporâneos de Nietzsche (que grafa seu nome como Freitag). Segundo Arrowsmith (1990: 335), Freytag alcança vasta popularidade com a novela *Débito e crédito* [*Soll und Haben*] (orig. 1835), na qual louva a classe média germânica como bastião da moralidade e do espírito nacional. Destaca-se também por sua atuação na cena pública em prol da hegemonia prussiana, cantando sua vitória contra os franceses em 1870 como "a poesia do processo histórico". Como sugerem os posicionamentos críticos de Nietzsche diante desses mesmos temas em vários trechos de suas *Considerações intempestivas*, não é de se espantar que um autor cuja obra consiste num satisfeito louvor ao presente personifique um dos aspectos ridículos que precisariam ser combatidos na cultura contemporânea.

3 [44] Wolf diz: "É sempre bem pequena a seiva intelectual que se extrai de uma erudição bem digerida".[39]

3 [45] "Apenas a capacidade de escrever ao modo dos antigos, apenas um talento produtivo pessoal, habilita-nos a compreender produções estrangeiras de tipo similar e a sintetizar daí mais do que certas virtudes subordinadas".[40]

3 [46] Wolf faz notar que a Antiguidade conhecia apenas teorias da arte retórica e poética, que suscitavam a produção (τέχναι e *artes*), isto é, que efetivamente formavam orador e poeta: "Enquanto nós temos apenas teorias que propiciam tão pouco a escrita de um discurso ou um poema, quanto a meteorologia propicia a criação de uma tempestade".[41]

3 [47] "No final das contas, o conhecimento verdadeiramente finalizado deveria ser restrito aos poucos que nascem com talento artístico, equipados com erudição e atentos às melhores oportunidades para adquirir o conhecimento técnico necessário, tanto prático quanto teórico". Wolf. Verdade![42]

3 [48] Os antigos são, segundo *Goethe*, "o desespero dos imitadores".[43]

Voltaire disse: "Se os admiradores de Homero fossem honestos, eles admitiriam o tédio que seu querido lhes provoca".[44]

---

39 Wolf (1869: 1117).
40 Wolf (1807: 42).
41 Wolf (1807: 44).
42 Wolf (1807: 69).
43 Citação do texto de Goethe para a coletânea organizada por ele com o título de *Winckelmann e seu século* [*Winckelmann und sein Jahrhundert*] (Goethe 1805: 12–14).
44 Voltaire é o nome mais conhecido de François-Marie Arouet (1694–1778), um dos mais influentes escritores franceses do Iluminismo. Tem uma vasta obra filosófica, literária e historiográfica, na qual se mostra um crítico veemente do Cristianismo católico e de certas tendências controladoras do absolutismo político. Apesar de Nietzsche eventualmente se mostrar avesso à cultura francesa, sua admiração por Voltaire fica registrada em alguns momentos de sua obra, como quando dedica a primeira edição de *Humano, demasiado humano* (orig. 1878) à memória de Voltaire, por ocasião do centenário de sua morte (ocorrida em 30 de maio de 1778).
Segundo Arrowsmith (1990: 337), essa citação de Voltaire deve ter sido extraída do livro supracitado de Klinger (1809: 94). O tema envolve o difícil "retorno" de Homero à cultura europeia ocidental desde o Renascimento — após um conside-

4.

3 [49] Quando digo que os gregos eram, no geral, *mais morais* do que pessoas modernas: o que isso quer dizer? A visibilidade total do espírito na ação indica bem que eles não conheciam a vergonha; não tinham má consciência. Eram mais abertos, mais apaixonados, como são os artistas; um tipo de ingenuidade infantil pertence-lhes; em tudo de mau que eles fazem há um traço de pureza, algo próximo do sagrado. Notavelmente, muito de indivíduo: não haveria aí uma moralidade superior? Pensando-se que o caráter se desenvolve lentamente, o que é isso que produz enfim tanta individualidade? Talvez *vaidade* entre si, emulação? Possível. Pouco gosto pelo convencional.[45]

3 [50] Note-se quão diferentemente se transmite uma ciência daquilo que é um dom especial de uma família. Uma transmissão física de uma ciência particular é algo completamente raro. Acaso filhos de filólogos se tornam facilmente filólogos? *Dubito.* Então não há qualquer acumulação de talentos filológicos, como, por exemplo, na família de Beethoven, de talentos musicais. A maioria começa do começo e, sem dúvida, são auxiliados por *livros*, não por meio de viagens etc. Certamente por educação.[46]

---

rável "esquecimento" do grego antigo e de parte de seu legado intelectual nas regiões em que predominara a cultura do Império Romano do Ocidente durante a Antiguidade tardia e todo o Medievo —, incluindo a resistência dos leitores em reconhecer o valor literário dos poemas homéricos, sobretudo em vista da pretensa superioridade poética da obra de Virgílio. O tema aparece aludido no aforismo 224 de *Além do bem e do mal* (orig. 1886). Acerca dessa complexa questão, ver Silva (2022a: 428-496).
45 Segundo essa intuição — desenvolvida e aprofundada posteriormente num livro como *Genealogia da moral* (orig. 1887) — certos valores da Antiguidade se fundamentam numa cultura da vergonha exposta publicamente, por oposição a uma cultura da culpa, ensejada por uma cosmovisão platônico-judaico-cristã que se baseia numa internalização gradual dos valores sociais. Uma interpretação dessa problemática no âmbito dos Estudos Clássicos é o célebre estudo de E. R. Dodds, *The Greeks and the Irrational* (1951). Sobre o tema, ver Zhavoronkov (2014: 144-149)
46 Ludwig van Beethoven (1770-1827), nascido em Bonn, compositor alemão de música clássica cuja obra é muito admirada por Nietzsche. Nessa passagem, ele trabalha com uma idealização romântica do artista a fim de contrapô-la a uma imagem do filólogo como homem de ciência. Essa abordagem faz com que ele

3 [51] As *sombras do Hades* de Homero — em que tipo de existência elas são efetivamente modeladas? Na minha opinião, trata-se do retrato do filólogo; é melhor ser um assalariado do que uma lembrança inanimada do passado — de coisas grandes e pequenas. (Sacrificar muitas ovelhas).⁴⁷

3 [52] O posicionamento do filólogo perante a Antiguidade é *apologético* ou inspirado pelo propósito de demonstrar que nosso tempo valoriza algo que já era estimado pela Antiguidade. O ponto de partida correto é o contrário: isto é, partir da perspectiva da perversão moderna e regressar — muito do que há de chocante na Antiguidade surge então como algo da mais profunda necessidade.

Deve-se ter claro que *nós* nos mostramos totalmente *absurdos* quando justificamos e embelezamos a Antiguidade: o que somos nós?⁴⁸

3 [53] Cada religião tem para suas mais elevadas imagens um análogo de um estado da alma. O deus de *Maomé* é a solidão do deserto,

---

ignore algo que qualquer manual de história da filologia costuma apontar, isto é, o fato curioso de que, desde o Renascimento, "a erudição clássica se tornou um dom hereditário" (Pfeiffer 1976: 128). No caso da citação de Pfeiffer, a referência explícita é a Janus e Franciscus Dousa, aos dois Heinsii, aos dois Vossii, aos dois ou três Gronovii e aos dois Burmanni. Contudo, ainda seria preciso incluir em sua lista os dois Manúzios, os dois Estéfanos, os dois Escalígeros e provavelmente muitos outros "herdeiros" menos célebres dos "dons filológicos".

47 A referência direta é ao que a *psykhḗ* de Aquiles afirma para Odisseu, durante sua viagem ao mundo dos mortos (*Odisseia* 11.488-491). Cumpre notar que essa imagem das sombras do Hades de Homero aparece revalorizada nos aforismos 126 e 408 de *Opiniões e sentenças diversas* (orig. 1879), coletânea incorporada depois ao material publicado como *Humano, demasiado humano II* (orig. 1886).

48 Nietzsche defende o estudo da Antiguidade como um caminho de resistência às tendências hegemônicas da Modernidade, reconhecendo aí sua potência para um projeto como o das *Considerações intempestivas*. Apesar disso, ele mostra-se atento ao fato de que a filologia clássica é um campo disciplinar e profissional moderno que frequentemente reforça essas tendências contemporâneas com o argumento de que elas já estariam presentes entre gregos e romanos antigos. Exemplar desse problema é a forma como a história da filologia é contada nos principais manuais dedicados ao tema (desde os de Sandys e Wilamowitz até os de Righi e Pfeiffer), retroprojetando na Antiguidade apenas as práticas que "prefiguram" aquilo que o próprio campo executará na Modernidade, à revelia do conjunto de práticas "estranhas" e "absurdas" que faziam parte do repertório epistemológico dos estudiosos antigos.

o rugir distante do leão, a visão de um terrível guerreiro. O deus dos *cristãos* — tudo o que homens e mulheres pensam com a palavra "amor". O deus dos *gregos*: uma bela figura de sonho.[49]

3 [54] Quem não percebe o sentido do *simbólico* também não o percebe na Antiguidade: aplique-se essa sentença a filólogos mundanos.

3 [55] É coisa de *homem livre* viver por si próprio e não em vista de outros. Por isso os gregos defendiam que o trabalho manual era indecente.

3 [56] Não muita coisa se conquista apenas com esforço, quando a cabeça é obtusa. Filólogos debruçados sobre Homero acreditam que seja possível tirar algo dele à força. A Antiguidade conversa conosco quando quer, não quando nós queremos.

3 [57] Joanna, a filha notável de Bentley, lamentou que ele tivesse desperdiçado tanto tempo e talento na crítica a trabalhos alheios, em vez de gastá-lo com suas próprias composições. "Bentley ficou em silêncio por um tempo, como se refletisse; finalmente, ele falou que o comentário dela era bem correto; ele próprio sentia que talvez devesse ter empregado seus dons naturais para outras coisas; ainda assim, na juventude, havia feito algo para a glória de Deus e a melhoria de seus companheiros (quer dizer, com sua *Confutation of Atheism* [*Refutação do ateísmo*]); depois, contudo, o gênio dos pagãos antigos o seduziu e, *desesperançado de alcançar sua altura de qualquer outra forma*, subiu sobre seus ombros a fim de olhar para além de suas cabeças.[50]

---

49 Para uma reflexão sobre o que há de "crítica da religião" nessas notas de Nietzsche, ver Cancik & Cancik-Lindemaier (2014: 272–273).
50 Wolf (1869: 1077). A expressão empregada por Bentley — cuja formulação latina seria: *pigmaei gigantum humeris impositi plusquam ipsi gigantes vident* — tem uma longa carreira no âmbito da história da filologia clássica, remontando a Bernard de Chartres (ca. 1130–1160), citado e corroborado por John de Salisbury (ca. 1120–1180): "Bernard de Chartres dizia que somos como anões, sentados nos ombros de gigantes, de modo a podermos ver coisas mais numerosas e distantes do que eles, mas não por termos uma visão mais aguda ou uma altura mais elevada, e sim por estarmos alçados ao alto e carregados em cima de sua gigante grandeza. E eu concordo de bom grado com isso: professores de Artes, mesmo em suas introduções, explicam os elementos preparatórios da arte e muitas de

3 [58] "Os modernos têm uma dívida enorme para com os gregos, porque entre eles, que sempre buscaram o belo depois do útil, nem todo o conhecimento era restrito a uma casta; porque a melhor cultura não era inteiramente posta a serviço da civilização; porque mesmo vários estudos que deveriam permanecer sem recompensa, como uma espécie de luxo, jamais foram proibidos a quem renunciasse a ajudar o Estado".[51]

3 [59] Notável é o juízo de Wolf sobre amadores nos conhecimentos filológicos: "Eles parecem ter recebido da natureza um tipo de espírito afim ao dos antigos e disposições que os tornam suscetíveis a se transportar facilmente para formas de pensar alheias e para outros contextos, de tal modo que, através dos conhecimentos parciais obtidos com a leitura dos melhores autores, fortalecem suas próprias naturezas e fazem deles seus maiores modelos de pensamento e conduta, mais do que a maioria daqueles que consagram toda a sua vida a serem seus intérpretes".[52]

5.

3 [60] Como uma pessoa encara a própria profissão, de forma cética e melancólica, assim deveríamos encarar a mais elevada profissão de um povo: *compreender* o que é a *vida*.

3 [61] Meu consolo aplica-se sobretudo aos indivíduos tiranizados: que esses tratem simplesmente todas essas maiorias como seus assistentes e, da mesma forma, encontrem utilidade para a propensão pelos estudos clássicos que ainda prevalece; eles precisam de *muitos* trabalhadores. Mas têm necessidade de uma absoluta *compreensão de seus objetivos*.[53]

---

suas verdades, tão bem quanto os antigos, talvez até com mais comodidade". (*Metalogicon* 3.4 Migne). Segundo Arrowsmith (1990: 339), a expressão é reaproveitada por Diego de Estella, Robert Burton, Issac Newton e muitos outros autores posteriores.
51 Wolf (1807: 21–22).
52 Wolf (1807: 47).
53 A valorização do indivíduo excepcional é um dos temas românticos da filosofia de Nietzsche, aparecendo desde suas publicações de juventude (incluindo

3 [62] A filologia como ciência da Antiguidade, naturalmente, não tem uma duração eterna; seu material há de se exaurir. O que não há de se exaurir é a sempre nova acomodação de cada tempo à Antiguidade, medindo-se com ela. Se a tarefa dos filólogos fosse a de compreender melhor *seu próprio* tempo por meio da Antiguidade, sua tarefa seria eterna. — Esta é a antinomia da filologia: sempre se compreendeu *a Antiguidade* efetivamente apenas *nos termos do presente* — ora, não é preciso compreender o *presente nos termos da Antiguidade*?[54] Mais precisamente: buscou-se esclarecer a Antiguidade a partir da experiência e, a partir do que se obteve assim da Antiguidade, *avaliou-se* e estimou-se a própria experiência. Então *experiência* é claramente um absoluto pré-requisito para um filólogo — isto é: primeiro ser uma pessoa, só então tornar-se um filólogo produtivo. Segue-se disso que homens mais velhos dão bons filólogos apenas quando, durante o tempo de sua vida mais rico em experiências, *não* tenham sido filólogos.

Mas em geral: apenas através do conhecimento do presente é possível adquirir-se *a inclinação* pela Antiguidade *clássica*.[55] Sem esse conhecimento, de onde viria tal inclinação? Se observarmos quão poucos filólogos há — afora aqueles que vivem disso —, será possível entender como as coisas fundamentalmente se encontram no que diz respeito a essa inclinação pela Antiguidade. Ela já *quase não* existe, pois não existem filólogos desinteressados.

---

passagens das *Considerações intempestivas*, como quando fala do artista, do santo e do filósofo como tipos geniais, na seção cinco de *Schopenhauer como educador*) até suas obras de maturidade, especialmente em suas proposições para o sobre-humano [*Übermensch*], como, por exemplo, em *Assim falou Zaratustra* (orig. 1883–1885). A importância que os filólogos ainda podem ter no cultivo dessa humanidade por vir é aludida aqui e retomada nos aforismos 102 e 337 de *A gaia ciência* (orig. 1882).

54 Formulação lapidar da intempestividade (ou inatualidade) que Nietzsche defende como o maior potencial apresentado pelo estudo da Antiguidade para o presente.

55 Nessa formulação de Nietzsche, o adjetivo "clássico" aplicado ao período da Antiguidade parece fazer referência a um elemento "atemporal" desse contexto histórico, ou seja, àquilo que deve permitir um diálogo efetivo entre presente e passado, à revelia de suas especificidades históricas.

Então essa é a *tarefa* a cumprir: sobrepujar a influência educativa geral da filologia. *Meio:* redução da profissão de filólogo; é duvidoso que a juventude precise se familiarizar com ela. Crítica do filólogo. A grandeza da Antiguidade: ela afunda com vocês. Quão profundamente deve ter afundado, já que sua grandeza atualmente é tão pequena!

3 [63] A maioria das pessoas obviamente não se tem por *verdadeiros indivíduos*; isso é indicado por suas vidas. A demanda cristã de que *cada um* tenha em vista *apenas* sua própria salvação está em oposição à vida humana em geral, em que cada um vive apenas como um ponto entre pontos, não apenas totalmente condicionados por gerações anteriores, mas também vivendo somente em vista da posteridade. Apenas em três formas de existência uma pessoa permanece um indivíduo: como filósofo, santo e artista. Observe-se apenas como uma pessoa erudita mata a própria vida: o que o ensino de partículas gregas tem a ver com o sentido da vida? — Aqui também vemos que incontável número de pessoas vive apenas como preparação para se tornar uma pessoa de verdade: p. ex., os filólogos como preparação para o filósofo que sabe empregar seu trabalho de formiga para expressar uma opinião sobre o *valor da vida*. Obviamente, quando se dá sem *orientação*, a *maior parte* do trabalho de formiga é simplesmente *sem sentido* e supérfluo.[56]

3 [64] É claro que a maioria das pessoas está *acidentalmente* no mundo: nada indica haver alguma forma superior de necessidade nelas. Lançam-se a isso e aquilo, seu talento é medíocre. Que estranho! Sua forma de viver indica que elas não defendem nada por si mesmas, traem-se ao se entregar a ocupações baixas (sejam elas paixões mesquinhas ou minúcias da profissão). Nas chamadas "vocações", que todo mundo precisa escolher, há uma comovente *modéstia* nas pessoas. Falam que "nós somos convocados a servir e ajudar nossos companheiros, o mesmo se dando com nosso

---

56 Como já mencionado, a valorização do indivíduo excepcional é característica do pensamento de Nietzsche. Na seção cinco de *Schopenhauer como educador* (orig. 1874), ele destaca justamente os tipos geniais representados pelo filósofo, pelo santo e pelo artista.

vizinho e o vizinho dele também". Então cada um serve ao outro; ninguém tem sua profissão para ser por si próprio, mas sempre em prol de outros. Então temos uma tartaruga, que fica em cima de outra, que fica em cima de outra e assim por diante. Quando cada pessoa tem seu próprio fim em outra, então *ninguém tem em si mesmo um fim para existir.* E esse *"existir uns pelos outros"* é a mais cômica comédia.[57]

3 [65] Uma organização das condições político-sociais em vista da alegria e do conforto é o que menos se encontra entre os gregos. Mas esse objetivo flutua diante de nossos visionários do futuro. Horrível! Então é preciso julgar a partir desta medida: quanto maior o espírito, maior o sofrimento (como os gregos demonstram). Também isto: quanto maior a estupidez, maior o conforto. O filisteu da formação é a criatura mais confortável que o sol já viu; e tem uma estupidez equivalente.[58]

---

57 A referência às tartarugas pode conter uma alusão a seu emprego no problema da regressão infinita. A provável origem da imagem tem relação com a ideia mitológica de uma "tartaruga cósmica" que sustentaria nas costas uma Terra plana. Segundo um raciocínio desdobrado a partir disso, essa tartaruga repousaria nas costas de uma tartaruga ainda maior, que faria parte de uma coluna de tartarugas cada vez maiores numa progressão sem fim.

58 A expressão *Bildungsphilister*, que costuma ser traduzida em português como "filisteu da cultura", é empregada por Nietzsche desde a primeira das *Considerações intempestivas*, dedicada a uma crítica de *David Strauss, o confessor e o escritor* (orig. 1873). Na seção dois desse texto, Nietzsche oferece a seguinte definição: "A palavra 'filisteu' é conhecidamente tomada da vida estudantil e utilizada no seu sentido mais amplo e completamente popular, em contraposição aos filhos das musas, aos artistas, aos autênticos homens da cultura. No entanto, os filisteus da formação — agora se tornou um dever enfadonho estudar esse tipo e escutar suas confissões, quando ele as faz — diferenciam-se da ideia geral da espécie 'filisteu' em função de uma crendice: ele presume ser o próprio filho das musas e homem de cultura; uma ilusão inconcebível, da qual se desprende que ele nem sequer sabe o que é um filisteu e o que é seu contrário: motivo pelo qual não devemos nos admirar se ele, na maioria das vezes, nega solenemente ser um filisteu. Em função dessa total falta de autoconhecimento, ele se sente firmemente convencido de que a sua 'formação' seria a expressão mais completa da verdadeira cultura alemã: e como ele se depara em todos os lugares com pessoas cultivadas ao seu tipo, e como todas as instituições públicas, estabelecimentos de ensino, instituições culturais e artísticas estão organizadas para sua formação e dispostos para suas necessidades, então ele carrega também consigo

3 [66] É uma falsa concepção dizer: "sempre houve uma casta que se ocupou da formação de um povo e, consequentemente, os *eruditos* são necessários". Pois os eruditos têm apenas o conhecimento sobre a formação (e isso apenas nos melhores dos casos). É bem possível que exista entre nós pessoas bem formadas, dificilmente uma casta; na verdade, tais pessoas só podem ser *muito poucas*.[59]

3 [67] A preocupação com épocas culturais passadas é gratidão? Olhe-se para trás com o propósito de se esclarecerem as circunstâncias culturais presentes; certamente não para tecer panegíricos a nossas circunstâncias; talvez se deva fazer isso, contudo, para não sermos *duros* demais contra nós próprios.

3 [68] Meu objetivo é: produzir completa inimizade entre nossa "cultura" atual e a Antiguidade. Quem queira servir aquela precisa *detestar* essa última.

3 [69] Uma reflexão muito precisa conduz à visão de que somos uma multiplicação de muitos passados: como poderíamos então ser também um fim último? — Mas por que não? A maioria de nós, contudo, não quer ser um fim último, mas sim voltar para a fileira, trabalhar num canto e esperar não ser totalmente perdido

---

para onde vai o sentimento triunfalista de ser o digno representante da cultura alemã atual e, em conformidade com tais convicções, faz suas exigências e reivindicações. Mas, se a verdadeira cultura pressupõe, em todo caso, unidade de estilo, e se nem mesmo uma cultura ruim e degenerada poderia ser pensada sem que suas várias manifestações fossem confluentes para a harmonia de um estilo, então é bem possível que a confusão produzida naquele delírio do filisteu da formação tenha origem no fato de ele encontrar características semelhantes às suas em toda parte e, em especial, em todo 'homem instruído' e, assim, infere da característica homogênea de todas as pessoas cultivadas uma unidade de estilo da formação alemã, numa palavra, que se trate de uma cultura". (Nietzsche [1873] 2020a: 12-13, trad. Antonio Edmilson Paschoal, alterada). Na sequência da passagem, Nietzsche vai negar que o filistinismo disseminado de forma sistemática e hegemônica em termos de formação [*Bildung*] possa alcançar o *status* de cultura [*Kultur*] por lhe faltar "unidade de estilo" [*Einheit des Stiles*], ainda que promova uma espécie de "barbárie estilizada" [*stilisirten Barbarei*].
59 A valorização do indivíduo excepcional (entendido como "gênio") fundamenta certo elitismo antidemocrático de algumas proposições de Nietzsche. A formulação mais cristalina de sua crítica à democracia moderna encontra-se no aforismo 202 de *Além do bem e do mal* (orig. 1886).

os vindouros. Mas isso é de fato o jarro das Danaides: não serve de nada.[60] Precisamos fazer tudo de novo por nós e apenas por nós, p. ex., medir o conhecimento por nós com a pergunta: o que é *para nós* o conhecimento? E não: o que somos nós para o conhecimento? A vida fica de fato muito leviana quando a gente se toma simplesmente por histórico e se coloca a seu serviço. "Tua própria salvação importa mais do que tudo", deve-se dizer e que "não há qualquer instituição a ser tida em mais alta conta do que tua própria alma".

— Atualmente, contudo, a pessoa aprende a se conhecer de modo a descobrir-se miserável e a depreciar-se, alegrando-se quando encontra algo fora de si que seja digno de seu respeito. E então se lança para certa região, começa a colocá-la em ordem, esforçando-se para cumprir seu dever e redimir sua existência. Sabe que não trabalha para si próprio; gostaria de ajudar aqueles que ousam existir por si próprios, como Sócrates.[61] Como um monte de balões, a maioria das pessoas flutua ao sabor do vento, virando-se com cada sopro. — **A consequência:** *o erudito precisa ser erudito por meio de autoconhecimento, isto é, por meio de autodepreciação; ou seja, precisa se saber servidor de alguém superior que vem depois dele. Em resumo: é uma ovelha.*[62]

---

60 Na mitologia grega antiga, as Danaides são as cinquenta filhas de Dânao. Segundo o mito, quarenta e nove delas assassinaram seus maridos na noite de núpcias e foram condenadas a um castigo no Hades: carregar perpetuamente ânforas de água até um enorme recipiente sem fundo, tentando em vão preenchê-lo até o fim.
61 Sócrates (ca. 470–399 AEC), nascido em Atenas, é considerado um dos maiores filósofos da Antiguidade. Embora não tenha deixado uma obra escrita, sua atividade exerce tamanha influência sobre seus contemporâneos, principalmente sobre Platão (em cuja obra figura amiúde como protagonista), que a história da filosofia grega costuma usar a curiosa noção de "pré-socráticos" para se referir àqueles cujas reflexões seriam de alguma forma anteriores às contribuições de Sócrates. Para uma crítica à nomeclatura, ver Laks (2013). As relações de Nietzsche com Sócrates são extremamente ambivalentes e atravessam toda a sua produção.
62 A contraposição explorada por Nietzsche é entre o estudioso que trabalha em prol de si mesmo (o filósofo) e aquele que aceita fins impostos de fora, pela sociedade (o erudito). Nesse sentido, a imagem do erudito que acompanha o rebanho e acaba se transformando em ovelha é retomada no capítulo "Dos eruditos", na parte dois de *Assim falou Zaratustra* (orig. 1883): "Enquanto eu dormia, uma

3 [70] Acredita-se que a filologia esteja no fim — e eu acredito que ela ainda nem começou. Os maiores acontecimentos que afetaram a filologia foram os aparecimentos de Goethe, Schopenhauer e Wagner: com eles é possível lançar um olhar que alcança mais longe. Os séculos V e VI podem agora ser descobertos.[63]

---

ovelha comeu da coroa de hera em minha cabeça — comeu e disse: 'Zaratustra não é mais um douto'. Falou e foi-se embora, empertigada e orgulhosa. Uma criança me contou isso". (Nietzsche [1883] 2018: 119-120, trad. Paulo César de Souza). A alusão autobiográfica desse trecho parece ser a Wilamowitz-Moellendorff e sua participação na querela em torno ao valor filológico de O nascimento da tragédia (orig. 1872).

63 O viés nacionalista assumido pela ciência da Antiguidade [Alterthums-Wissenschaft], tal como inaugurada por Wolf no início do século XIX, revela aqui sua influência sobre a filologia clássica alemã: ele emerge mesmo na obra de um filólogo que, em meados da década de 1870, já começava a esboçar um posicionamento crítico ao nacionalismo germânico (como demonstram vários trechos das Considerações intempestivas). Afinal, em que medida Goethe, Schopenhauer e Wagner poderiam ser encarados como acontecimentos relevantes para a filologia? Apenas na medida em que se revelariam gênios artísticos responsáveis por afirmar uma cultura germânica no presente, capacitando, assim, filólogos alemães contemporâneos a sentir e a reproduzir em sua prática filológica a grandeza da cultura antiga. A importância de Schopenhauer e Wagner para a compreensão de Nietzsche sobre um tema filológico tradicional, como a tragédia grega antiga (a partir de sua conexão com o fenômeno musical), é evidente na estruturação argumentativa de O nascimento da tragédia (orig. 1872).

Arthur Schopenhauer (1788-1860), nascido em Danzig (na Prússia), importante filósofo pessimista, conhecido principalmente pela obra O mundo como vontade e representação (orig. 1819). Exerce enorme influência sobre o pensamento do jovem Nietzsche, principalmente sobre sua noção de Vontade [Wille] e sua valorização da música como a mais elevada manifestação do espírito humano, na linha do que sugere a terceira das Considerações intempestivas, intitulada Schopenhauer como educador (orig. 1874). Apesar disso, em suas obras de maturidade, Nietzsche afasta-se dos pressupostos metafísicos da filosofia de Schopenhauer, buscando superar os aspectos negativos de seu pessimismo. Ver Janaway (1999).

Wilhelm Richard Wagner (1813-1883), maestro, compositor, diretor de teatro e ensaísta, nascido em Leipzig (na Saxônia). Grande entusiasta da causa nacionalista germânica. Responsável pela concepção da ópera moderna como obra de arte total [Gesamtkunstwerk], a partir da reunião da música com a poesia, a montagem, o figurino e a atuação, ideia que ele busca implementar em trabalhos como Tannhaüser (1843-1845), Lohengrin (1846-1848), Der Ring des Nibelungen (1853-1874), Tristan und Isolde (1857-1859) e Parsifal (1877-1882). Certa ambivalência atravessa sua relação de amizade com Nietzsche, que, apesar de admirar a

3 [71] Recomendo substituir o latim pelo cultivo do estilo grego, sobretudo Demóstenes: simplicidade.[64] Referir-se a Leopardi, talvez o maior estilista do século.[65]

3 [72] "*Graiis — praeter laudem nullius avaris*" [Aos gregos ... de nada avaros, à exceção de louvor], diz Horácio [*Arte poética* 323-324]. Ele chama suas maiores ocupações de *nugari* [ninharias] (*Ep.* II 93) [*Epístolas* 2.1.93], o que é característico de um romano.[66]

3 [73] Wolf: "De qualquer modo é um preconceito acreditar que a história mundana se torna tanto mais crível quanto mais se aproxima de nossos dias".[67]

3 [74] *Pontos de vista principais* com relação ao futuro valor da Antiguidade.

1) Não é para gente jovem, pois mostra a pessoa de forma livre de vergonha.

2) Não é para imitação direta, mas ensina de que modo foi possível alcançar a mais elevada forma de arte até hoje.

---

radicalidade da concepção artística de Wagner, afasta-se cada vez mais de seus posicionamentos filosófico-estéticos e sociopolíticos, principalmente de seu nacionalismo e antissemitismo, terminando por romper relações com ele por volta de 1876. Contudo, essa ambivalência continua a assombrar Nietzsche pelo resto de sua vida, como indicam algumas de suas obras: desde o título da quarta de suas *Considerações intempestivas*, que é *Richard Wagner em Bayreuth* (orig. 1876), até alguns de seus últimos escritos, como *O caso Wagner* (orig. 1888) e *Nietzsche contra Wagner* (orig. 1889).

64 Demóstenes (384-322 AEC), eminente orador e político de Atenas. Destaca-se pelo estilo enfático de seus discursos, principalmente naqueles que escreve contra Filipe II da Macedônia (382-336 AEC) e contra outro orador ateniense, Ésquines (389-322 AEC).

65 Em dois de janeiro de 1875, Nietzsche escreveu para Hans von Bülow: "Eu conheço os trabalhos em prosa de Leopardi apenas superficialmente; um de meus amigos que vive comigo na Basileia traduziu e leu várias passagens, sempre para minha grande surpresa e admiração". Segundo Arrowsmith (1990: 342), esses trabalhos em prosa de Leopardi seriam os *Pensieri* e o *Zibaldone*, nos quais seu conhecimento filológico transparece com frequência. Nessa época, Nietzsche também possuía uma cópia da tradução que Hamerling publicou da poesia de Leopardi para o alemão.

66 Citação de Horácio provavelmente extraída de Wolf (1807: 21).

67 Wolf (1807: 32).

3) É acessível apenas a poucos e deveria haver para isso uma polícia dos costumes, como para maus pianistas que tocam Beethoven.

4) Esses poucos, como críticos do presente, medem-no contra a Antiguidade e medem essa última em termos de seus próprios ideais; são, então, críticos da Antiguidade.

5) Cumpre estudar o contraste entre helênico e romano e ainda entre helênico antigo e helênico tardio. — Esclarecimento sobre diferentes formas de cultura.[68]

3 [75] Quero dizer de uma vez tudo aquilo em que já não acredito mais — também aquilo em que acredito.

O ser humano encontra-se no redemoinho de forças e imagina que esse redemoinho seja racional e tenha um fim racional: erro!

A única coisa racional que conhecemos é o pouco de razão do ser humano: ele precisa trabalhá-la muito e, se acaso quiser entregar-se à "Providência", isso será sempre para sua ruína.

A única alegria jaz na razão; todo o resto do mundo é miserável. Mas vejo a mais elevada razão na obra do artista e ele pode experimentá-la enquanto tal. Talvez haja algo que, se pudesse ser produzido com consciência, ofereceria um sentimento maior de razão e alegria; p. ex., o movimento do sistema solar, a educação e formação de uma pessoa.

A alegria jaz na velocidade do sentir e do pensar; todo o resto do mundo é lento, gradual e estúpido. Quem pudesse sentir o movimento da luz seria muito alegrado, pois é muito veloz.

Pensar em si mesmo dá pouca alegria. Se alguém sente muita alegria com isso, a razão é que pensa não em si mesmo, mas em seu ideal. Esse é longínquo e apenas o veloz o alcança e se rejubila.

Organizar um grande centro de pessoas para a produção de pessoas melhores é a tarefa do futuro. O indivíduo precisa acostumar-se com demandas em que ele, ao afirmar-se, afirma a vontade do

---

68 Essa periodização é explorada em outros trechos das notas de Nietzsche, operando com os seguintes marcos temporais: os helênicos antigos situam-se da primeira realização dos Jogos Olímpicos (em 776 AEC) até o fim das Guerras Pérsicas (ca. 448 AEC), enquanto os helênicos tardios são todos aqueles nascidos depois disso. Para uma elaboração desse esquema, ver Cancik & Cancik-Lindemaier (2014: 268).

próprio centro; p. ex., em relação à escolha da mulher e de que forma seu filho será educado. Até agora nenhum indivíduo, ou só os mais raros, foram livres; e eles foram condicionados também por essas concepções, embora de forma precária e contraditória. Organização dos propósitos individuais.

3 [76] Caso se volte o olhar do caráter e comportamento da *Idade Média católica* para os *gregos*, eles brilham abertamente no esplendor de uma *Humanidade* superior. Pois tudo o que se reprova neles é preciso que seja reprovado em muito mais alta medida na Idade Média. Então a reverência aos antigos no período do Renascimento é inteiramente honrada e justa. Apenas avançamos numa única coisa, isto é, no que diz respeito a esse alvorejante raio de luz. Superamos os gregos no *esclarecimento* do mundo, por meio da história natural e humana, e nossos conhecimentos são muito maiores, nossos juízos mais ponderados e justos. Além disso, graças ao período do Iluminismo, dissemina-se uma humanidade mais amena, que *enfraqueceu* o ser humano — mas essa fraqueza, transformada em moralidade, tem muito boa aparência e nos honra. O ser humano atualmente tem muita liberdade e é da sua conta que ele a utilize tão pouco. O fanatismo da opinião tornou-se bem ameno. Finalmente, o fato de que gostaríamos de viver mais neste tempo do que em qualquer outro é essencialmente devido ao serviço da ciência e decerto não houve em nenhuma outra geração um conjunto de prazeres tão honrados quanto para nós — mesmo se nossa geração não tem estômago e paladar para experimentar muitos prazeres. — Mas só se vive bem no meio dessa "liberdade", caso se queira compreendê-la, não participar dela — tal é o dilema moderno. Os participantes parecem menos atraentes do que nunca; quão estúpidos devem ser!

Então surge o perigo de que o conhecimento se vingue de nós, como a ignorância durante a Idade Média de nós se vingou. Passou o tempo das religiões que acreditam em deuses, providências, ordens cósmicas racionais, maravilhas e sacramentos; bem como certas formas de vida sagrada, de ascetismo, porque facilmente as relacionamos a um cérebro danificado e doença. Não há dúvida de que a oposição entre uma alma pura incorpórea e um corpo está quase posta de lado. Quem ainda acredita numa alma imortal? Tudo o que é relacionado à salvação e à danação — com base em certos pressupostos fisiológicos errados — tornou-se insustentável assim que esses pressupostos foram reconhecidos como erros. O que são os modernos pressupostos científicos, contudo, pode ter sentido e emprego em prol de um filistinismo estupidificante — na verdade, algo bestial — na mesma medida que um sentido no reino da graça e do espírito. Em comparação com todos os tempos anteriores, nosso fundamento é novo e, por isso, ainda é possível esperar algo da espécie humana. — *No que diz respeito à cultura*, isso quer dizer: conhecemos até hoje apenas *uma* forma perfeita, que é a cultura da cidade-Estado dos gregos, cujos fundamentos são míticos e sociais; e *uma* imperfeita, a romana, como decoração da vida, dependente dos gregos. Atualmente, todos os fundamentos, tanto os míticos quanto os político-sociais, mudaram; nossa pretensa cultura não tem qualquer estabilidade, porque foi construída sobre instáveis, quase arruinadas, circunstâncias e opiniões. — Compreendendo a cultura grega de forma completa, constatamos que seu tempo passou. Então o filólogo é *o grande cético* nas nossas circunstâncias de formação e educação: essa é sua missão. — Feliz daquele que, como Wagner e Schopenhauer, pressente os auspiciosos poderes em que uma nova cultura se ergue.

[4 = N I 3b. Primavera 1875]

4 [1] *Tarefas:*
Livros a serem comprados e intercambiados.
Historiadores, p. ex., todo o Ranke.[69]
Geógrafos, p. ex., o Atlas de Peschel.[70]

---

69 Leopold von Ranke (1795-1886), nascido em Wiehe (Turíngia), um dos maiores historiadores do século XIX de língua alemã. É especialmente conhecido por suas contribuições para o desenvolvimento de um método científico no emprego das fontes primárias para a pesquisa histórica. Um de seus motes é o de apresentar o passado "como realmente ocorreu" [*wie es eigentlich gewesen ist*].
70 Oscar Ferdinand Peschel (1826-1875), nascido em Dresden, geógrafo e antropólogo de língua alemã.

Biógrafos, p. ex., Cardano.[71]
Autores *eclesiásticos* em tradução.
A Bíblia em tradução recente.
Clássicos greco-romanos, p. ex., Aristóteles.[72]
Schopenhauer.
Uma biblioteca de *ciências naturais*.

4 [2] A ser extraído: "O povoamento dos Alpes", de Rütimeyer, no *Jahrbuch des Schweizerischen Alpenclubs* [*Anuário do clube alpino suíço*], primeiro ano, 1864.[73]
Depois: *Vom Meer bis nach den Alpen* [*Do mar até os Alpes*], de L. Rütimeyer, Bern, 1854. Livraria Dalpsche.[74]

4 [3] *Até o outono de 1876.*
Verão, 1875. "Filologia".
Do outono até o Natal. Estudos preparatórios para "Wagner".
Verão, 1875. História da literatura.

---

71 Girolamo Cardano (1501–1576), nascido em Pávia, polímata com obras escritas em latim sobre assuntos diversos, incluindo biografias.
72 Aristóteles (384–322 AEC), nascido em Estagira, discípulo de Platão e preceptor de Alexandre da Macedônia, consagra-se como um dos mais influentes filósofos da Antiguidade. No âmbito das reflexões de Nietzsche, Aristóteles é um herdeiro do recorte inaugurado por Sócrates e aprofundado por Platão, entre uma vida ativa (em termos políticos) e uma vida contemplativa (em termos filosóficos), mostrando-se por isso incapaz de compreender integralmente as propostas dos chamados "pré-socráticos". A esse respeito, é instrutivo o que Nietzsche escreve na entrada 6[17] de suas anotações aqui traduzidas, e que explora no aforismo 261 de *Humano, demasiado humano* (orig. 1878).
73 Karl Ludwig Rütimeyer (1825–1895), nascido em Bern (Suíça), importante zoólogo, anatomista e paleontólogo.
74 Essas referências de leitura podem parecer estranhas, mas um trecho da primeira seção da segunda das *Considerações intempestivas*, intitulada *Sobre a utilidade e a desvantagem da história para a vida* (orig. 1874), indica o interesse de Nietzsche pelo tema: "O saber e o sentido histórico de um homem podem ser bastante limitados; seu horizonte, estreito como o de um habitante de um vale alpino; ele pode julgar injustamente e cometer o erro de considerar-se o primeiro a ter cada experiência e, apesar de toda injustiça e de todo erro, permanecer com energia e saúde insuperáveis, tirando proveito dessa visão; enquanto ao seu lado alguém mais justo e instruído adoece e sucumbe, porque as linhas de seu horizonte se expandem constante e incessantemente, porque ele não pode livrar-se da rede suave de sua justiça e de sua verdade em direção ao firme querer e desejar". (Nietzsche 2017b: 37–38, trad. André Itaparica).

Inverno, 1875 — 76. *Coéforas*, com texto crítico e interpretação.
Verão, 1876 — — —
A trabalhar no caderno de Burckhardt.[75]

4 [4] *Dificuldade da gênese do artista.*[76]
1) Falta de ingenuidade na educação — um conceito restrito de natureza.
2) Onde o artista deve se colocar? A música é uma linguagem que só pode ser entendida em sua inimizade contra o restante da cultura. Desassossego do artista em cargos oficiais.
3) Como ele se protege contra a incompreensão? Se ele escrever, quem é seu público?
4) Ele entra no jogo com seriedade (Cervantes, os romances de cavalaria; Wagner, o teatro); o *páthos* parece desperdiçado, se ele não vale como convocação e símbolo de forças comparáveis.
5) Ele adere à existência com mais gosto do que outras pessoas.
6) Um artista atual precisa ter *proposições.*

4 [5] *Escola dos educadores.*
Onde está
o médico
o cientista natural

---

[75] Jacob Christoph Burckhardt (1818-1897), nascido na Basileia, historiador da arte e da cultura. Desenvolve uma relação de amizade cortês com Nietzsche, sobretudo durante os primeiros anos da atuação deste na cátedra de filologia clássica na Universidade da Basileia, onde Burckhardt também atua, como professor de história da arte. A admiração de Nietzsche está registrada em várias passagens de sua obra, especialmente no que diz respeito ao livro *A cultura do Renascimento na Itália* (orig. 1860). Conforme indicação de Arrowsmith (1990: 436), Nietzsche tem acesso a duas diferentes transcrições manuscritas de um curso de Burckhardt — elaboradas separadamente por dois de seus estudantes, Adolf Baumgartner e Louis Kelterborn — cujo conteúdo só seria objeto de publicação muitos anos mais tarde. O livro que sai com o título de *História da cultura grega* é publicado de forma póstuma, originalmente entre 1898 e 1902. Sobre o acesso de Nietzsche a esse material em versão manuscrita, ver sua carta para Overbeck em 30 de maio de 1875, e, para Gersdorff, em 21 de julho do mesmo ano (Cancik & Cancik-Lindemaier 2014: 267).

[76] As linhas gerais desse argumento são desenvolvidas e publicadas depois na quarta de suas *Considerações intempestivas*, com o título de *Richard Wagner em Bayreuth* (orig. 1876).

o economista
o historiador cultural
o conhecedor da história eclesiástica
o conhecedor dos gregos
o conhecedor do Estado.

[5 = U II 8b. Primavera—Verão 1875]

5 [1] O começo do início é sempre uma ilusão: mesmo isso que nos impulsiona a esse pretenso "começo" é efeito e resultado de algo anterior. Mas uma ruptura tão forte e decisiva é sinal de um forte e violento ímpeto anterior. O radicalismo de nossas opiniões e nossas verdades é consequência do radicalismo de nossos erros e falhas. A grande lei da *transformação* — aqui jaz todo o assim chamado "progresso". O julgamento moral precisa, fundamentalmente, sempre ser o mesmo. Mas enquanto o entendimento e a experiência crescem, a qualidade moral sempre se transforma. Finalmente, estimamos uma teoria a partir de seus *efeitos*, p. ex., se ela mata ou perverte muitas pessoas; isso não está certo. —

5 [2] Reconstruir a Antiguidade em escritos — uma tarefa ainda totalmente irresolvida.

5 [3] A crença na individualidade — se fosse possível prescindir dela! Em todo caso, aproximamo-nos de tempos em que opiniões humanas hão de se tornar muito uniformes; mas à medida que os indivíduos se tornarem mais semelhantes, ainda mais separados estarão. A hostilidade se mostrará, então, em pequenas diferenças, cada vez mais agudas.

5 [4] É preciso comparar com exatidão gregos e filólogos para que se veja por que eles *necessariamente* têm tanta dificuldade em se entender: donde a necessidade de se oferecer a caracterização dos gregos.

5 [5] Em última instância, todas as religiões apoiam-se em certos pressupostos físicos, que existem *antes* e adaptam a religião para si. P. ex., na Cristandade, o contraste entre corpo e alma, a absoluta importância da Terra como o "mundo", acontecimentos mira-

culosos na natureza. Assim que concepções contrárias adquirem prevalência, p. ex., lei natural estrita, impotência e irrelevância de todos os deuses, estreita concepção do espiritual como um processo corporal — *então, tudo está perdido. Mas o todo da Grecidade se apoia atualmente em tais concepções.*

5 [6] Em Tucídides, o sentimento agradável de quem coloca uma chave na fechadura: uma entrega gradual e difícil, mas ordenada e cada vez mais próxima de seu fim.[77]

Em Aristóteles, é possível ver os ossos brancos.[78]

5 [7] Também os tiranos do espírito quase sempre foram mortos e têm uma posteridade bastante frágil.[79]

5 [8] *A transmissão da comoção é hereditária: fala-se isso acerca do efeito dos gregos sobre filólogos.*

5 [9] Como se pode venerar e estimar um povo inteiro? O que conta são os indivíduos, mesmo entre os gregos.

5 [10] Há muito de *caricatura* também entre os gregos, p. ex., a preocupação com a própria felicidade entre os cínicos.

5 [11] A mim interessa apenas a relação entre um povo e a educação do indivíduo; e nisso há certas coisas entre os gregos muito favoráveis ao desenvolvimento do indivíduo, advindas não da *excelência* do povo, mas da luta de maus impulsos.

Graças a felizes descobertas, é possível educar o grande indivíduo de forma totalmente diversa e superior àquela maneira acidental com que até hoje se educou. Aqui jazem minhas esperanças: treinamento de pessoas significativas.[80]

---

77 Tucídides (ca. 460–400 AEC), nascido em Atenas, general e historiador. A tradição clássica prestigia sua abordagem analítica de acontecimentos políticos da atualidade grega, assim como o estilo preciso e austero por meio do qual os narra em sua *História da guerra do Peloponeso*.
78 Alusão ao estilo seco e direto dos escritos supérstites de Aristóteles.
79 O tema dos "tiranos do espírito" é desenvolvido no aforismo 261 de *A gaia ciência* (orig. 1882).
80 Esse é um dos temas centrais do conjunto das *Considerações intempestivas* (orig. 1873–1876). Nietzsche prevê o progresso da cultura a partir de uma associação benfazeja entre uma formação voltada para a prática da liberdade e o surgimento de grandes indivíduos criativos e livres. Que esse arranjo tenha

5 [12] A história grega sempre foi escrita, até hoje, de modo otimista.

5 [13] O desejo de ter algum tipo de certeza em Estética seduziu para a adoração de Aristóteles; em minha opinião, será gradualmente demonstrado que ele não entende nada de arte e que admiramos nele apenas o eco das conversas perspicazes dos atenienses.

5 [14] Os gregos são interessantes e extravagantemente importantes porque têm uma tal quantidade de grandes indivíduos. Como isso foi possível? É preciso estudá-lo.

5 [15] Com a desaparição da Cristandade, uma boa parte da Antiguidade tornou-se incompreensível, particularmente toda a base religiosa da vida. Por causa disso, uma imitação da Antiguidade é uma tendência errada; os filólogos que pensam dessa forma são traidores ou traídos. Vivemos no período em que diferentes formas de vida se colocam umas ao lado das outras: por isso, o tempo é tão instrutivo, como raramente costuma ser, e, também por isso, doente, já que sofre dos males de todas as direções ao mesmo tempo. O ser humano do futuro: o ser humano europeu.[81]

5 [16] Conhecer história hoje quer dizer: reconhecer que todas as pessoas simplificaram as coisas para si acreditando numa Providência. Não há nenhuma. Se as coisas humanas têm andado violentas e caóticas, não acredite que um deus intenta algo com isso ou que ele o permite. Podemos geralmente observar que a história da Cristandade na terra é uma das mais terríveis partes da história e que *precisa* acabar. É claro que através da Cristandade também a Antiguidade despontou em nosso tempo; e, se aquela declina, a compreensão da Antiguidade declina ainda mais. Agora é o melhor tempo para reconhecer: nenhum preconceito em favor da Cristandade nos guia mais; contudo, ainda a compreendemos

---

efeitos benéficos também para a sociedade de modo geral, uma vez que envolve o público, é algo que fica explícito na parte final do texto publicado como a quarta das *Considerações Intempestivas: Richard Wagner em Bayreuth* (orig. 1876).

81 Por trás da expressão "o ser humano europeu", que tem um fundamento evidentemente etnocêntrico (quiçá colonialista), há o desejo de Nietzsche por uma cultura moderna capaz de ultrapassar as fronteiras nacionais e as desavenças nacionalistas.

e, nela, também a Antiguidade, na medida em que permanecem numa mesma linha.

5 [17] O declínio dos filólogos-poetas deve-se em boa parte à sua depravação pessoal; seu tipo desenvolve-se depois ainda mais, como, p. ex., Goethe e Leopardi são suas manifestações. Antes deles lavraram os filólogos-eruditos puros. Todo esse tipo alçou-se com a Sofística do século segundo.[82]

5 [18] No fim da Antiguidade surgem figuras ainda totalmente não cristãs, que são mais belas, puras e harmônicas do que todos os cristãos, p. ex., Proclo. Seu misticismo, seu sincretismo, são coisas que mesmo a Cristandade não pôde repreender nele. Em todo caso, meu desejo seria conviver com *esses*. Em contraste com *esses*, a Cristandade parece apenas a mais bruta vulgarização formada para a gentalha e os profanos.[83]

5 [19] Todas as abordagens da história [*Historie*] já foram tentadas para a Antiguidade; a única que ainda resta é a consideração **crítica**. Mas que não se compreenda com isso crítica textual e literário-histórica.[84]

---

82 A expressão *Philologen-Poeten* é uma referência à interpretação que Burckhardt propõe do tipo de poesia composta por autores do Renascimento italiano (Burckhardt 1860: 194 ss.). Já a expressão "Sofística do século segundo" refere-se ao movimento cultural que no Império Romano, durante o século II EC, valorizou a produção da Atenas clássica. Recebeu o nome de "Segunda Sofística" porque buscou estabelecer uma retomada das primeiras manifestações de sofistas do período clássico, como Górgias, Protágoras etc. Seus principais praticantes estão repertoriados por Filóstrato, em sua obra *Vidas dos sofistas*, e incluem Élio Aristides, Dio Crisóstomo, Herodes Ático, Favorino, além do próprio Filóstrato, Luciano e mesmo Plutarco.

83 Proclo (410–485 EC), nascido em Constantinopla, filósofo, talvez o mais importante representante do neoplatonismo tardio. Destaca-se pela defesa da antiga religião pagã, nos estertores de sua luta contra o Cristianismo. A maior parte de sua obra supérstite consiste em comentários à obra de Platão, incluindo os diálogos *Parmênides*, *República*, *Timeu* e *Crátilo*. Contudo, os escritos de Proclo mais admirados por Nietzsche são sete hinos, em honra a Hélio, aos deuses, a Afrodite, às Musas, a Hécate, a Jano e a Atena, respectivamente (Arrowsmith 1990: 349).

84 A língua alemã diferencia duas formas de se referir à "história": *Historie*, palavra de origem latina (e, em última instância, grega), tem um uso acadêmico e designa a historiografia, entendida como ciência dedicada ao conhecimento e

5 [20] *Trazer à luz o irracional nas coisas humanas*, sem qualquer *vergonha* — tal é o propósito de *nossos irmãos e colegas*. Então será preciso distinguir entre o que é fundamental para isso e o que ainda pode ser melhorado. Mas toda "Providência" precisa ser mantida à distância: pois esse é um conceito com que se simplificam demais as coisas. Gostaria de inspirar o sopro *desse* propósito na ciência. *Fazer avançar o conhecimento do ser humano!* O bom e racional no ser humano é acidental ou aparente ou o oposto de algo muito irracional. Algum dia simplesmente não haverá nenhum pensamento que não seja para a *educação*.

5 [21] Eu não ensino submissão à *necessidade* — pois para isso seria preciso conhecê-la como necessária. Talvez haja uma variedade de necessidades; mas, em geral, isso é também um subterfúgio preguiçoso.

5 [22] Não se acredita em *sinais e maravilhas*; apenas uma "Providência" precisa de algo assim. Não há qualquer ajuda em prece, ascese ou em visões. Se religião é isso, então já não há mais religião para mim.

Minha religião, se de algum modo ainda é possível chamá-la assim, jaz no trabalho em prol da produção do gênio; educação é tudo o que se pode esperar; toda consolação chama-se arte. *Educação é amor pelo produzido*, um excesso de amor para além do amor-próprio. Religião é *"amor para além de nós"*. *A obra de arte é a imagem de um tal amor para além de si; uma imagem perfeita.*

5 [23] A *estupidez da vontade* é o maior pensamento de Schopenhauer, se pensamentos forem julgados segundo seu poder. É possível ver

---

registro dos fatos acontecidos no passado; *Geschichte*, por outro lado, palavra de origem germânica, refere-se à história enquanto acontecimento histórico, ou seja, remete à própria passagem do tempo e das épocas que se sucedem. Nesse trecho, Nietzsche parece estar aludindo às distinções propostas na segunda das *Considerações intempestivas*, intitulada *Sobre a utilidade e a desvantagem da história para a vida* (orig. 1874), na qual propõe que há três formas básicas de prática historiográfica: uma monumental, uma antiquária e uma crítica. Um parágrafo que condensa seu posicionamento nuançado acerca desse problema é o que encerra a seção dois desse texto (Nietzsche [1874] 2017b: 55, trad. André Itaparica).

em Hartmann de que modo esse pensamento foi de novo escamoteado. Algo estúpido jamais será chamado de Deus.[85]

5 [24] Então esta é a novidade de toda a futura atividade mundana: não se deve mais *dominar* as pessoas com representações religiosas. Elas vão se mostrar *piores*? Não acho que elas se comportem de forma boa e ética sob o jugo da religião; não estou do lado de Demófeles. O medo do além e sobretudo o medo religioso da punição divina dificilmente tornaram as pessoas melhores.[86]

5 [25] Onde algo grande surge e tem certa duração, podemos inferir que foi precedido por um meticuloso cultivo, p. ex., entre os gregos. Como tantas pessoas entre eles alcançaram a liberdade?
Educadores, eduquem! Mas eles primeiro precisam se educar! E para esses eu escrevo.

5 [26] A *negação da vida* não é mais tão fácil de alcançar: é possível se tornar eremita ou monge — o que isso nega? Essa ideia aprofunda-se atualmente: *é antes de tudo uma negação cognitiva, uma negação querendo ser justa, não mais uma negação dos pés à cabeça.*
Quem hoje queira ser bom e santo terá mais dificuldade: para ser bom, não poderá ser tão *injusto* contra o *conhecimento* como os santos anteriores. Precisará ser um conhecedor-santo: misturando amor e sabedoria; não deverá se imiscuir com uma crença em deuses, semideuses ou providências (como também os santos indianos não têm nada a ver com isso). Também precisará ser saudável e manter-se saudável; do contrário, começará a duvidar de

---

85 Eduard von Hartmann (1842-1906), nascido em Berlim, filósofo, autor do livro *A filosofia do inconsciente* [*Die Philosophie des Unbewussten*] (orig. 1869), cujas tendências liberais e otimistas cativam muitos leitores na época de sua publicação. O autor e seu livro são duramente criticados na seção nove da segunda das *Considerações intempestivas*, *Sobre a utilidade e a desvantagem da história para a vida* (orig. 1874). Ver Gary Brown (1990: 131), tradutor desse texto de Nietzsche para o inglês.
86 Demófeles ("engana-povo") e Filaleto ("ama-verdade") são os interlocutores no diálogo de Schopenhauer intitulado "Sobre religião", do livro *Parerga e paralipômena* (orig. 1851). Demófeles defende que a religião é uma espécie de "nobre mentira" necessária para manter o controle sobre as massas, na medida em que suas ilusões se prestariam a inculcar uma série de valores morais de forma ampla e efetiva com base numa metafísica popularizada.

si mesmo. E talvez não parecerá em nada semelhante a um santo asceta, mas talvez a um *bon vivant*.

5 [27] Todas as formas de história já foram aplicadas à Antiguidade. Além disso, já se praticou o bastante para tornar útil a história da Antiguidade — sem chegar aos fundamentos da Antiguidade.

5 [28] A Reforma alemã afastou-nos da Antiguidade: precisava disso? Ela revelou de novo a velha contradição "Paganismo, Cristandade"; era ao mesmo tempo um protesto contra a *cultura decorativa* do Renascimento; tratou-se de uma vitória sobre a mesma cultura que no início da Cristandade foi vencida.[87]

5 [29] A Cristandade conservou, no que diz respeito às "coisas mundanas", precisamente as mais grosseiras visões dos antigos. Tudo o que há de nobre no casamento, na escravidão e no estado é não-cristão. Ela *precisava* dos aspectos distorcidos da mundanidade para *se* provar.

5 [30] *Eu sonho com uma sociedade de pessoas que são inflexíveis, não conhecem clemência e querem se chamar "Aniquiladores": mantêm em tudo a medida de sua crítica e sacrificam-se pela verdade. O que é mau e falso precisa vir à luz! Não queremos construir nada antes do tempo. Não sabemos se podemos construir algo e se não seria melhor não construir absolutamente nada. Há pessimistas e resignados preguiçosos — a esses não queremos pertencer.*[88]

5 [31] Particularmente significativa é a posição dos filólogos: toda uma profissão à qual a juventude é confiada e que deve pesquisar uma Antiguidade especial. Claramente se dá o mais alto valor a essa Antiguidade. Mas se a Antiguidade for estimada de modo errado, imediatamente falta o fundamento para a elevada posição dos filólogos. Em todo caso, a Antiguidade foi estimada de

---

87 A ideia aparece desenvolvida na seção 61 de *O Anticristo* (orig. 1888).

88 Como bem notado por Cancik & Cancik-Lindemaier (2014: 274), a tendência polemista e destrutiva que algumas das notas de Nietzsche assumem contra o Cristianismo eventualmente se volta também contra os deuses gregos, que às vezes aparecem avaliados como agentes supérfluos e até deletérios para a cultura. Segundo os estudiosos, esse tipo de crítica da religião grega não encontra antecipações nem entre seus adversários religiosos (na Antiguidade) nem entre filólogos de propensão filo-helênica (na Modernidade).

modos bem *diversos*; e o reconhecimento do filólogo sempre esteve ligado a isso. Essa profissão obteve seu poder a partir dos fortes preconceitos em favor da Antiguidade. — É preciso descrever isso. — Atualmente, ele sente que, se esses preconceitos fossem, enfim, profundamente analisados e a Antiguidade descrita de forma pura, de imediato todo preconceito em prol dos filólogos desapareceria. *É do interesse da profissão, portanto, não deixar emergir uma visão mais pura sobre a Antiguidade; sobretudo a visão de que a Antiguidade torna alguém intempestivo no mais profundo sentido.*

Em segundo lugar, é também um interesse profissional dos filólogos não deixar emergir qualquer perspectiva sobre o trabalho pedagógico que seja superior àquilo que eles consigam oferecer.

5 [32] Espera-se que existam umas poucas pessoas que se coloquem o problema das razões por que precisamente os filólogos deveriam ser os educadores da mais nobre juventude. Talvez não seja para sempre assim. — Por si só, seria muito mais natural que se ensinassem à juventude os fundamentos da geografia, das ciências naturais, da economia política e da sociologia, que ela fosse conduzida gradualmente à consideração sobre a vida e, finalmente, depois, guiada até os mais notáveis períodos do passado. Desse modo, o *conhecimento da Antiguidade* seria o último que alguém conquistaria; por acaso, *essa posição da Antiguidade* na educação é *mais digna* para a Antiguidade ou sua posição costumeira o é? — Atualmente, ela é empregada como uma propedêutica a pensar, falar e escrever; *houve um tempo em que era a síntese dos conhecimentos mundanos e em que se buscava alcançar por meio de seu aprendizado o que hoje se busca alcançar por meio do plano de estudos já descrito (o qual se transformou em vista do conhecimento avançado de nossa época).* Então o *objetivo* profundo do ensino filológico transformou-se totalmente; o que antes era uma instrução *material é hoje apenas formal.* —

5 [33] A junção de *humanismo* com *racionalismo religioso* aparece como algo bem saxônico em Köchly:[89] o modelo desses filólogos é *Gottfried Hermann*.[90]

5 [34] É verdade que o filólogo, uma vez que emprega a Antiguidade para uma *educação formal*, é ele próprio *formalmente educado*?
Mas que antítese! Formal e material! Aqui material significa informações, fatos. Formal significa de que modo se pensa, fala e escreve; *como se* informações fossem adquiridas e difundidas.

5 [35] Se a tarefa do filólogo fosse *educar formalmente*, ele precisaria ensinar a andar, dançar, falar, cantar, comportar-se e conversar. E era precisamente isso que se aprendia com os educadores formais dos séculos II e III. Mas atualmente só se pensa na educação da

---

89 Hermann Köchly (1815-1876), nascido em Leipzig, professor de filologia clássica em Zurique e Heidelberg. Discípulo de Gottfried Hermann, em termos de prática filológica. É conhecido por seus estudos sobre tragédia grega e a estrutura dos poemas homéricos.

90 Gottfried Hermann (1772-1848), nascido em Leipzig, professor de filologia clássica, reconhecido na história dos Estudos Clássicos pela ênfase com que defendeu a primazia do estudo da gramática e de elementos textuais na prática filológica, por isso chamada filologia textual [*Wortphilologie*]. Na linha do que sugere Arrowsmith (1990: 353), a tendência de estudos encarnada por Hermann disputa a hegemonia contra o tipo de abordagem proposta por Wolf e depois aprofundada por seu discípulo, August Boeckh (1785-1867), que propõe um estudo amplo do mundo antigo a partir da análise não apenas de suas línguas e obras literárias, mas também sua história, suas instituições sociais e aspectos da realidade material (arqueologia, numismática, epigrafia etc.), sendo chamada por isso de filologia material [*Sachphilologie*]. Com o passar do tempo, os méritos de uma abordagem mais ampla da Antiguidade, levando em conta diferentes aspectos da existência para além dos textos antigos, ganha precedência e se firma como a abordagem hegemônica no campo dos Estudos Clássicos. Sua influência é notável já em escritos de Jacob Burckhardt e do próprio Nietzsche.
Em seu comentário sobre Hermann aqui, Nietzsche faz uma crítica às pretensões com que esse estudioso acredita estudar a Antiguidade com "objetividade científica": sua falta de objetividade estaria justamente no fato de lidar de forma acrítica com seu próprio tempo, mostrando-se inconsciente de seus pressupostos modernos (cristãos, humanistas e etnocêntricos). Dessa perspectiva, a pretensa "objetividade" filológica seria um dos piores obstáculos para uma compreensão acurada da Antiguidade a partir de seus restos textuais e materiais no presente. Sobre o posicionamento crítico de Nietzsche à "objetividade científica", ver os parágrafos 206 e 207 de *Além do bem e do mal* (orig. 1886).

pessoa científica e isso se chama "formal": pensar e escrever, mas raramente algo como falar.[91]

5 [36] Pontos selecionados da Antiguidade; p. ex., o poder, o fogo, a verve do antigo sentimento para a música (através da Primeira Ode Pítica); a pureza de seu sentimento histórico e a gratidão pelas bênçãos da cultura; festivais do fogo, festivais da colheita. O enobrecimento da inveja, os gregos como o povo mais invejoso. Suicídio, ódio contra os mais velhos, p. ex., contra a pobreza. Empédocles sobre o amor sexual.[92]

---

91 A crítica proposta aqui, assim como na entrada precedente, vem retomada e longamente desenvolvida no aforismo 195 de *Aurora* (orig. 1881).
92 A referência à Primeira Ode Pítica é à obra poética de Píndaro (ca. 518-438 AEC), originário da Beócia, autor de célebres epinícios. Esses eram cantos encomiásticos em homenagem aos vencedores de competições atléticas de caráter pan-helênico. Essas odes cristalizam alguns dos valores mais tradicionais da sociedade helênica do período arcaico, dialogando ainda com a emergente tradição de pensamento jônico-eleático, em seu questionamento de valores e práticas do presente. Trata-se de um poeta muito admirado por Nietzsche, como fica registrado no parágrafo 261 de *Humano, demasiado humano* (orig. 1878).
Empédocles (496-430 AEC), originário de Agrigento (na Sicília), poeta e filósofo cuja obra é tradicionalmente classificada junto com as dos chamados "pré-socráticos". De seus escritos restam apenas fragmentos (organizados originalmente por Hermann Diels em 1903). A esse respeito, ver Diels & Kranz (1960[1]: 276-375). Empédocles tem um trabalho em versos como taumaturgo, segundo o que fica sugerido em várias passagens de suas *Purificações* (fr. B112). Seguindo o exemplo estabelecido pelo trabalho poético-filosófico de Parmênides (ca. 530-460 AEC), outro autor da Magna Grécia, também Empédocles estabelece um rico diálogo com o cancioneiro hexamétrico tradicional (sobretudo com as canções de Hesíodo), em sua tomada de posicionamentos críticos face ao presente. Isso fica claro em certas referências à Musa (fr. B3) e aos *daímones* [gênios] (fr. B115), por exemplo, ou mesmo na escolha dos nomes para as forças regentes de sua cosmologia: em seu sistema complexo, a realidade seria engendrada pela interação entre quatro "raízes" — que nada mais são do que os quatro elementos arranjados dentro de um sistema aqui pela primeira vez: fogo, ar, água e terra —, e duas forças, amor [*philótēs*] e ódio [*neîkos*] (frs. B17 e B35). A admiração do jovem Nietzsche pela vida e pela obra de Empédocles está registrada em várias passagens. Acerca do problema aqui aludido, fica sugerido o seguinte no parágrafo 141 de *Humano, demasiado humano* (orig. 1878): "Em todas as religiões pessimistas, o ato da procriação é experimentado como ruim em si, mas esse não é de modo algum um sentimento universal humano, e nem o juízo de todos os pessimistas é igual nesse ponto. Empédocles, por exemplo, nada conhece de vergonhoso, diabólico ou pecaminoso nas coisas eróticas; ele vê, no grande prado do infortúnio,

5 [37] Eu *deploro* uma *educação* por meio da qual não se compreenda Wagner, por meio da qual Schopenhauer soe cru e dissonante. Essa educação é um erro.

5 [38] Há uma antiga luta dos alemães contra a Antiguidade, i. e., contra a cultura antiga: o que resiste a isso é precisamente o que há de melhor e mais profundo entre os alemães. Mas o ponto principal é que essa resistência só tem razão quando se leva em conta a cultura romanizada, pois essa já é a decadência de outra muito mais profunda e nobre. Contra essa, os alemães resistem sem razão.

5 [39] Vejo nos filólogos *uma sociedade conspiratória que quer educar a juventude na cultura antiga*; eu entenderia se essa sociedade e seus objetivos fossem criticados de todos os lados. Então muita coisa passaria a depender de conhecer o que esses filólogos *compreendem* por cultura antiga. — Se eu visse, p. ex., que eles educam contra a filosofia e a música alemãs, então me oporia ou a *eles* ou à *cultura antiga*; no primeiro caso, talvez, precisaria mostrar que os próprios filólogos não compreenderam a cultura antiga. Agora eu vejo: 1) grandes mudanças na valorização da cultura antiga pelos filólogos; 2) algo profundamente não antigo neles mesmos, algo servil; 3) incerteza acerca de *qual* cultura antiga eles abordam; 4) muita perversidade em seus meios, p. ex., erudição; 5) promiscuidade com a Cristandade.

5 [40] Corpo mais saudável, mais ativo; sentido mais puro e mais profundo na observação dos entornos; virilidade livre; crença em boa raça e boa educação; competência bélica; inveja no ἀριστεύειν [ser excelente]; deleite nas artes; respeito pelo ócio; apreço por indivíduos livres, pelo simbólico.

5 [41] Um curso sobre "Sistema da cultura".
  1. O propósito da cultura enfim claramente conhecido.
  2. História dos propósitos e seus enganos.

---

uma única aparição que traz salvação e esperança: Afrodite; esta é, para ele, a garantia de que a discórdia não dominará eternamente, mas um dia entregará o cetro a um demônio mais suave" (Nietzsche [1878] 2005: 101–102, trad. Paulo César de Souza).

3. Meio da cultura.

5 [42] *Planos para a vida.*
Considerações intempestivas. Para a terceira década de minha vida.
Os gregos. Para a quarta década de minha vida.
Discursos sobre a humanidade [*Menschheit*]. Para a quinta década de minha vida.

5 [43] Embora o ginásio devesse educar para a ciência, atualmente se diz assim: não pode oferecer mais preparação para nenhuma ciência, tão específicas se tornaram as ciências. Consequentemente, é preciso preparar de modo geral, i. e., para todas as ciências, i. e., preparar *cientificamente* — e para isso *servem* os Estudos Clássicos! — Que salto maravilhoso! Um raciocínio muito duvidoso! O que existe deve ter razão, mesmo depois de ter ficado claro que a razão em que se baseara até então já não tem mais razão.

5 [44] O que se diz da simplicidade da Antiguidade vale também para a simplicidade do estilo; trata-se do que há de mais elevado, que se reconhece e se imita, mas é também o último. Que se leve em conta que a prosa clássica dos gregos é também um desenvolvimento tardio.

5 [45] O fundamento sobre o qual ainda se apoia a valorização geral da Antiguidade são preconceitos: fossem eles postos de lado, essa valorização se transformaria num ódio profundo. Ora, os filólogos também nutrem esses preconceitos? Então não conhecem a Antiguidade. Se não os nutrem — o que dizer de sua honestidade? Onde fica evidente que eles mesmos deliberadamente destroem a própria Antiguidade?

5 [46] Os filólogos conhecem o presente? Seus juízos sobre ele como "de Péricles"; seus erros de juízo, como quando falam de um espírito de Freitag congenial ao de Homero etc.; sua lentidão, enquanto literatos tomam a dianteira. Sua renúncia ao sentido pagão, àquele mesmo que Goethe descobrira em Winckelmann como o mais característico da Antiguidade.[93]

---

[93] Segundo Arrowsmith (1990: 355), a visão artística de Winckelmann sobre a Antiguidade, principalmente numa obra como *História da arte da Antiguidade*

5 [47] *Nosso posicionamento com relação à Antiguidade clássica é na base a causa profunda da improdutividade da cultura moderna:* pois tomamos de empréstimo aos romanos helenizados toda essa ideia de cultura moderna. Precisamos *estabelecer distinções* na própria Antiguidade: quando reconhecermos seu único período produtivo, *condenaremos* toda a cultura alexandrino-romana. *Ao mesmo tempo, condenaremos todo o nosso posicionamento com relação à Antiguidade e também nossa filologia!*[94]

5 [48] Há uma forma de se exercitar filologicamente e que é bem comum: alguém se lança, ou é lançado, impensadamente num campo de estudo: aí, busca de um lado para o outro, encontra algumas coisas boas e novas — mas numa hora de desatenção fala para si mesmo: que diabos isso tudo tem a ver comigo? No entremeio, envelheceu, habituou-se e continua assim, exatamente como no casamento.

5 [49] No todo, a filologia de hoje perdeu suas linhas condutoras: aquelas que antes conduziam foram negadas. Mas, no todo, toda a sua influência e valorização ainda se funda na fama desse papel de condução anterior, p. ex., na da humanidade [*Humanität*].

5 [50] Há coisas sobre as quais a Antiguidade pode ensinar e sobre as quais não seria fácil eu me expressar em público.[95]

[*Geschichte der Kunst des Alterthums*] (orig. 1764), revoluciona a percepção moderna da historicidade de obras artísticas dos antigos. Seus escritos são muito influentes no século XVIII e fomentam as reflexões de autores como Lessing (1729–1781) e Goethe.

94 O jovem Nietzsche valoriza o período arcaico da história helênica (ca. 750–500 AEC) como aquele que apresentou as mais autênticas manifestações da força dessa cultura, em contraposição à valorização humanista do período clássico (na tragédia de Sófocles ou na filosofia de Platão, por exemplo). Quanto à depreciação do período helenístico, trata-se de uma tendência comum na prática da filologia clássica de modo geral, sobretudo entre estudiosos alemães no século XIX (apesar dos esforços de um Droysen). Sobre o tema, ver Silva (2022a: 420–425).

95 A ideia aparece retomada no aforismo 218 de "Opiniões e sentenças diversas" (orig. 1879), depois publicado em *Humano, demasiado humano II* (orig. 1886): "*Os gregos como intérpretes.* — Ao falarmos dos gregos, involuntariamente falamos de hoje e de ontem ao mesmo tempo: sua história, por todos conhecida, é um reluzente espelho, que sempre reflete o que não se acha nele próprio. Usamos a liberdade de falar deles para poder silenciar a respeito de outros — a fim de que

5 [51] É quase cômico ver como quase todas as ciências e artes da modernidade brotaram das sementes lançadas pela Antiguidade e como a Cristandade surge aqui apenas como uma cruel camada de gelo ao fim de uma longa noite — uma noite durante a qual foi necessário acreditar que a razão e a sinceridade das pessoas tinham acabado para sempre. A luta contra o ser humano natural produziu o ser humano inatural.[96]

5 [52] Há algo de desrespeitoso no modo como se apresenta a juventude para os antigos: ainda pior, é não pedagógico. O que então há de vir do conhecimento de coisas que o jovem não pode honrar com convicção? Talvez ele deva aprender a *acreditar*; e, por isso mesmo, eu não quero nada disso.

5 [53] Àqueles que dizem: "Mas a Antiguidade permanece sempre como objeto de uma ciência pura, mesmo que todos os seus objetivos educacionais sejam retirados", é preciso responder: o que é aqui uma ciência pura? Operações e qualidades precisam ser *julgadas* e quem as julga deve estar acima delas: então é preciso se preocupar primeiro em *ultrapassar a Antiguidade*. Enquanto isso não for feito, sua ciência não é pura, mas impura e limitada: como dá para sentir.

5 [54] Como ocorre com os filólogos fica claro em sua indiferença perante o surgimento de Wagner. Eles poderiam ter aprendido mais até do que com Goethe — e não lançaram sequer um olhar em sua direção. Isso mostra: eles não têm qualquer necessidade forte, do contrário, teriam sentido onde poderiam encontrar seu alimento.

5 [55] *Plano para o capítulo 1. Filologia*, dentre todas as ciências, até aqui, a mais favorecida: em maior número, há séculos, promovida por todos os povos, encarregada pelo treino da mais nobre juventude e, com isso, a mais bela razão para se disseminar e para despertar *respeito* por si. De que forma conquistou esse poder?

---

eles mesmos falem algo no ouvido do leitor meditativo. Assim os gregos facilitam ao homem moderno a comunicação de várias coisas dificilmente comunicáveis e que fazem refletir" (Nietzsche [1886] 2017a: 80, trad. Paulo César de Souza).
96 Ideia retomada na seção 59 de *O Anticristo* (orig. 1888).

Inventário dos diversos preconceitos a seu favor.

Mas e se esses fossem reconhecidos como preconceitos? — A filologia continuaria a existir, mesmo que o interesse profissional e o ganha-pão não estivessem mais envolvidos? E se fosse dita a verdade sobre a Antiguidade e sua capacidade de educar para o presente?

Cap. 2. Em resposta a isso, que se veja a educação do filólogo, sua gênese: quando seu próprio interesse é posto de lado, ele já não se impõe.

Cap. 3. Se o público descobrisse que por trás da Antiguidade há algo verdadeiramente intempestivo, então os filólogos não mais seriam contratados para educar.

Cap. 4. A filologia tem poder ainda hoje graças a uma coligação entre os filólogos, que *não querem* ou *não conseguem* conhecer a Antiguidade, e a opinião pública, que mantém seus preconceitos em favor dela.

Cap. 5. O filólogo do futuro como cético com relação a toda a nossa cultura e, com isso, também destruidor da profissão de filólogo.

5 [56] A filologia ainda existiria como ciência, se seus servidores não fossem educadores com soldos? Na Itália existia algo assim. Quem ousaria comparar um alemão com Leopardi, p. ex.?

5 [57] O efeito sobre não filólogos é nulo. Se eles fossem capazes de se impor e dizer "não", ó, que oposição encontrariam! Mas eles se humilham.

Os gregos de fato e sua dissolução através dos filólogos.

5 [58] Toda história até hoje foi escrita da perspectiva do sucesso e, na verdade, com o pressuposto de uma razão por trás do sucesso. Mesmo a história grega: ainda não possuímos nenhuma. Mas é assim de modo geral: onde há historiadores que vejam as coisas sem serem dominados por absurdos difundidos? Eu só vejo um — Burckhardt. Por todos os lados, franco otimismo na ciência. A pergunta "o que aconteceria se isso e isso não houvesse ocorrido?" é rejeitada quase a uma só voz, embora seja a pergunta de fato cardeal, por meio da qual todo o resto se torna algo irônico. Aqui

só é preciso que se encare a própria vida. Se se busca um plano por trás da história, basta que se busque isso nos objetivos de uma pessoa poderosa, talvez de toda uma linhagem, um partido. Todo o resto é confusão. — Mesmo na ciência natural há essa divinização da *necessidade*. —

A Alemanha tornou-se o caldeirão para o otimismo histórico: a culpa disso deve ser de Hegel.[97] Mas foi justamente nisso que a cultura alemã exerceu sua influência mais fatal. Tudo o que é suprimido por meio do sucesso gradualmente se revolta; a história como o desprezo dos vencedores; sentimento servil e devoção perante o fato — "sentido para o Estado" é como se chama isso agora: como se isso precisasse ser plantado! Quem não compreende quão brutal e sem sentido é a história também não pode compreender o impulso para lhe conferir sentido. Ora, que se note quão rara é uma conscientização sensível acerca da própria vida, como no caso de Goethe: que tipo de racionalidade emergirá a partir dessas existências veladas e cegas, se operam caoticamente umas com as outras e também contra elas?

---

97 Georg Wilhelm Friedrich Hegel (1770–1831), nascido em Stuttgart, é um filósofo conhecido por uma tomada de posição idealista como resposta ao desafio lançado pela filosofia de Kant. Sua obra mais influente é *Fenomenologia do espírito* (orig. 1807), embora tenha muitas outras contribuições para os campos do Direito, da Estética e da História. As relações de Nietzsche com Hegel são complicadas, mas há um posicionamento crítico — de motivação schopenhaueriana — aos pressupostos de seu sistema filosófico: em oposição à visão hegeliana de que o espírito do mundo progressivamente toma consciência de si através da ação humana na história, o jovem Nietzsche acompanha Schopenhauer na compreensão de que o mundo se impõe como Vontade [*Wille*] a partir de um princípio fundamentalmente agônico. Nesse sentido, Nietzsche critica a filosofia de Hegel como uma herança da tradição teológica cristã, que buscaria apenas criar uma base metafísica para uma visão de mundo apaziguada pela ideia de um sentido divino superior. Suas críticas a Hegel estão espalhadas ao longo de toda a sua obra, mas podem ser sintetizadas no que afirma na seção seis da primeira de suas *Considerações intempestivas, David Strauss, o confessor e o escritor* (orig. 1873): "Quem uma vez já foi infectado por Hegel ou Schleiermacher jamais volta a ficar totalmente curado". (Nietzsche [1873] 2020a: 50, trad. Antonio Edmilson Paschoal, alterada).

Então é particularmente ingênuo quando Hellwald, o autor de uma história cultural, rejeita todos os "ideais" porque a história sempre os pôs de lado.[98]

5 [59] Gregos e filólogos.

Os gregos honram a beleza	/ Filólogos são fofoqueiros e levianos.
desenvolvem o corpo	/ detestáveis currais.
falam bem	/ gagos.
religiosos iluminadores do cotidiano	/ pedantes sujos.
ouvintes e espectadores	/ pirracentos e corujas noturnas.
em prol do simbólico	/ incapacidade para o simbólico
virilidade livre	/ fervorosos escravos do Estado
uma visão pura do mundo	/ cristãos complicados
pensadores pessimistas	/ filisteus

5 [60] É verdade que o Humanismo e o Iluminismo fizeram uma aliança militar com a Antiguidade: então é natural que o inimigo do Humanismo deteste a Antiguidade. Mas a Antiguidade foi mal compreendida e totalmente falsificada pelo Humanismo: vista de forma mais pura, ela é uma evidência *contra* o Humanismo, contra a noção de uma natureza humana fundamentalmente boa etc. Os inimigos do Humanismo estão errados quando combatem a Antiguidade: eles têm aí um forte aliado.

5 [61] Eu entendo religiões como *narcóticos*: mas, quando são dadas a povos como os germânicos, são puros *venenos*.

5 [62] Em que condição os gregos modelaram sua vida no Hades? Exangue, onírica, fraca: é a intensificação repetida da *velhice*: quando a memória falha ainda mais e o corpo mais ainda. A velhice da velhice — assim transcorre a vida aos olhos dos helenos.

---

98 Friedrich Anton Heller von Hellwald (1842–1892), nascido em Pádua (sob domínio do Império Austríaco), etnógrafo, geógrafo e historiador de língua alemã, na mesma linha de autores como David Strauss (1808–1874) e Ernst Haeckel (1834–1919). Nietzsche refere-se aqui ao livro *Kulturgeschichte in ihrer natürlichen Entwicklung von den ältesten Zeiten bis zur Gegenwart* [História da cultura em seu desenvolvimento natural desde os tempos mais antigos até o presente] (orig. 1874).

5 [63] Quão *realistas* eram os gregos, mesmo na pura invenção! Quão capazes foram de produzir poesia a partir da realidade, em vez de almejar evitá-la!⁹⁹

5 [64] Educação é, primeiro, lição do *necessário*, depois, do *mutável* e do *variável*. Apresenta-se ao jovem a natureza, indica-lhe sobretudo o poder de suas leis; em seguida, as leis da sociedade burguesa. Aqui surge a pergunta: isso *precisa* ser assim? Gradualmente, ele precisa de história para ouvir de que modo isso veio a ser. Mas ao mesmo tempo aprende que poderia ter sido diferente. Quanto poder o ser humano tem sobre as coisas? Essa é a pergunta em toda educação. Para mostrar quão diferentes as coisas poderiam ser, que se indiquem, p. ex., os gregos. Os romanos são necessários para que se mostre como isso *veio a ser*.

5 [65] Os gregos como o único povo *genial* da história mundial; também como professores são assim, pois disso é o que mais entendem e sabem mais do que meramente se vestir e enfeitar com o que tomam de empréstimo, como fazem os romanos.

A constituição da pólis é uma invenção fenícia; até mesmo isso copiaram os helenos. Por muito tempo, eles estudaram tudo ao redor, como alegres diletantes; a própria Afrodite é fenícia. Eles também não se recusam a admitir suas importações e criações não originais.¹⁰⁰

---

99   A tradução tenta reproduzir o jogo proposto por Nietzsche entre a adjetivação dos gregos como verdadeiros [*wirklich*] e a referência à realidade [*Wirklichkeit*] como inspiradora de suas criações poéticas. Daí a opção por "realistas" para traduzir *wirklich*. Outra opção seria: "Quão *verdadeiros* eram os gregos, mesmo na pura invenção! Quão capazes foram de produzir poesia a partir da verdade, em vez de almejar evitá-la!".
100 Ver o aforismo 148 de *Além do bem e do mal* (orig. 1886). O tema da inautenticidade da cultura grega aparece aludido desde a própria Antiguidade, como por Heródoto (1.105 e 1.131), e posteriormente por autores do Cristianismo primitivo, como Taciano (*Oração aos gregos*) e Tertuliano (*Apologia*), mas é com estardalhaço que ele ressurge no debate contemporâneo como uma das teses principais do livro *Black Athena: The Afroasiatic Roots of Classical Civilization*, escrito por Martin Bernal (orig. 1987). Para detalhes sobre as fontes, argumentos, leituras e polêmicas em torno ao tema, ver Silva (2022a: 93-102).

5 [66] Os egípcios são um povo *muito mais literário* do que os gregos. Nisso, contra Wolf.[101]

5 [67] O primeiro grão em Elêusis, a primeira vinha em Tebas, a primeira oliveira, figueira.

5 [68] Egípcios arruinaram a essência de seus mitos.[102]

5 [69] A *aparição corporificada* dos deuses, como a invocação a Afrodite em Safo, *não* deve ser entendida como licença poética, mas como alucinações comuns. Muita coisa, como também o *desejo de morrer*, imaginamos de modo superficial como retórica.[103]

5 [70] Gregos, o *gênio* entre os povos.[104]

Natureza infantil. Crédulos.

Apaixonados. Vivem inconscientes da produtividade de seu gênio. Inimigos da constrição e estupidez. Dor. Atuação imprudente. Sua compreensão intuitiva da miséria, combinada com um temperamento dourado, genial e alegre. Profundidade de compreensão e glorificação do corriqueiro (fogo, agricultura). Enganosos. A-históricos. A importância cultural da pólis instintivamente compreendida; centro e periferia favoráveis a grandes pessoas (o prospecto de um Estado comum, bem como a possibilidade de se dirigir a ele como um todo). O indivíduo elevado ao mais alto poder por meio da pólis. Inveja, competitividade, como entre pessoas geniais.[105]

5 [71] As diversões dos espartanos consistiam em festivais, caçada e guerra; sua vida cotidiana era muito difícil. Em geral, seu Estado

---

101 Em alusão ao que Wolf (1807: 15-19) afirma sobre a falta de manifestações literárias representativas de uma cultura espiritual verdadeiramente superior [*höherer eigentlicher Geistescultur*] entre povos asiáticos e africanos, nomeadamente egípcios, hebreus e persas. Para uma crítica aos pressupostos etnocêntricos do plano disciplinar de Wolf e suas consequências para os campos dos Estudos Clássicos, da Literatura e mesmo da Filosofia, ver Silva (2023).
102 Ver Burckhardt (1908[1]: 29-31).
103 Ver Burckhardt (1908[1]: 48-49).
104 Ver Burckhardt (1908[1]: 11).
105 Diferentes aspectos dessa caracterização dos gregos antigos parecem ter sido extraídos da obra de Burckhardt (1908). Ver ainda o aforismo 232 de "O andarilho e sua sombra" (orig. 1880), coletânea de textos depois incluída em *Humano, demasiado humano II* (orig. 1886).

é uma caricatura da pólis e uma perversão da Hélade. O treinamento do espartano perfeito — mas quão grandioso é o fato de que seu treinamento precisasse de um Estado tão brutal?[106]

5 [72] A cultura grega baseia-se na dominação exercida por uma classe numericamente pequena sobre uma população de cativos quatro ou cinco vezes maior. *Em termos de quantidade*, a Grécia era uma terra habitada por bárbaros. Como é possível considerar que os antigos fossem *humanos*? Contraste do gênio com o assalariado, o meio boi e animal de carga. Os gregos acreditavam numa disparidade de raça: Schopenhauer admirava-se que a natureza não tivesse preferido inventar duas espécies separadas.[107]

5 [73] O grego está para o bárbaro, como "animais livres, alados, estão para o mexilhão agarrado em seu rochedo, o qual precisa esperar o que o acaso lhe traz". Uma imagem schopenhaueriana.[108]

5 [74] "Sempre ver no particular o geral é precisamente o traço fundamental do gênio", Schopenhauer.[109] Que se pense em Píndaro, em Προμήθεια[110] etc. "Temperança", segundo Schopenhauer, tem suas raízes na *clareza* com que os gregos encaravam o mundo e eles próprios e por meio da qual se conscientizavam disso.

---

106 Ver Burckhardt (1908[1]: 116).
107 Ver Burckhardt (1908[1]: 172-173). A alusão a Schopenhauer parece ser ao parágrafo 125 do volume dois de *Parerga e paralipômena* (1862: 258-260).
108 Citação extraída do *opus magnum* de Schopenhauer, *O mundo como vontade e representação* (orig. 1818), 2.431-432, do início do capítulo 31 do volume dois ([1818] 2015: 454).
109 Citação extraída do mesmo trecho referenciado na última nota.
110 Segundo Arrowsmith (1990: 361), Προμήθεια seria o nome dado à trilogia trágica que Ésquilo dedica ao mito de Prometeu, da qual sobrevive apenas *Prometeu acorrentado*, ainda que seja possível reconstruir as linhas gerais de seu enredo com base em fragmentos e testemunhos. Ainda assim, nas anotações de sua *História da literatura grega [Geschichte der griechischen Literatur]* (orig. 1874-1876), na seção oito (dedicada a comentar a tragédia), Nietzsche fala sobre Ésquilo e sua tetralogia de Prometeu (formada por três tragédias e um drama satírico), mas relaciona o termo Προμήθεια às festas realizadas em honra a Prometeu com grandes corridas de tochas em Atenas, onde o deus tem um altar junto aos deuses mais populares (Atena e Hefesto). Na passagem, fica sugerido que o tema principal do mito prometeico teria sido determinante para o estabelecimento de seu culto e seu festival entre os atenienses (Nietzsche [1874-1876] 2021: 112-113).

5 [75] A *"ampla separação da vontade e do intelecto"* indica o gênio, e também os gregos.[111]

5 [76] "A *melancolia* associada ao gênio tem relação com o fato de que *quanto mais brilhante é o intelecto que ilumina a vontade de viver*, tanto mais claramente *percebe a miséria de sua condição"*. Schopenhauer.[112] Cf. os gregos!

5 [77] Que diferença entre os romanos com sua seca seriedade e os gregos geniais! Schopenhauer: "A seriedade firme e prática da vida, que os romanos chamavam de *gravitas*, pressupõe que o intelecto *não* negligencie o serviço da vontade com o propósito de perseguir o que não tem relação com isso".[113]

5 [78] A *moderação* dos gregos em seus esforços sensuais, comida e bebida, bem como seu prazer com isso: os Jogos Olímpicos e sua veneração — isso indica o que eles eram.

5 [79] Com relação ao gênio, "o intelecto mostra as falhas de uma ferramenta usada para fazer algo que não estava entre seus propósitos quando foi feita". "Com frequência, a vontade é deixada inoportunamente em espera: então o gênio se torna mais ou menos inútil para a vida; na verdade, sua conduta faz pensar na loucura".[114]

5 [80] "Quando o poder intelectual, anormalmente aumentado, de repente alcança com toda a sua energia as questões e misérias da vontade — lá onde tudo é monstruosamente expandido, de modo muito vívido, com cores muito brilhantes, numa luz muito clara — então o indivíduo cai em meros extremos".[115]

5 [81] Falta aos gregos sobriedade. Sensibilidade excessiva, excitação nervosa e cerebral anormais, veemência e passionalidade do querer.[116]

---

111   Citação de *O mundo como vontade e representação*, 2.433-434.
112   Citação de *O mundo como vontade e representação*, 2.437.
113   Citação de *O mundo como vontade e representação*, 2.441.
114   Citação de *O mundo como vontade e representação*, 2.443-444.
115   Citação de *O mundo como vontade e representação*, 2.444.
116   Citação de *O mundo como vontade e representação*, 2.444.

5 [82] O mais alegre fado que pode vir ao gênio é a liberação de ter que agir e a possibilidade de ficar ocioso: e isso os gregos sabiam valorizar. A bênção do trabalho! Os romanos chamavam de *nugari* [dizer ninharias] todas as modas e modos dos helenos.[117]

O gênio não tem um curso de vida alegre, pois se coloca em disputa e guerra contra seu próprio tempo.[118] Assim os gregos: esforçaram-se enormemente, de modo instintivo, a fim de forjar para si um abrigo seguro (na pólis). No final das contas, tudo veio abaixo na política. Eles foram forçados a defender sua posição contra o mundo externo: isso tornou-se cada vez mais difícil e, enfim, impossível.

5 [83] Com a mudança de uma única palavra em Lord Bacon de Verulam, é possível dizer: *infimarum Graecorum virtutum, apud philologos, laus est, mediarum admiratio, supremarum sensus nullus* [das mais baixas virtudes dos gregos, há louvor entre os filólogos; das medianas, admiração; das mais elevadas, nenhuma compreensão].[119]

5 [84] O *caráter infantil* dos gregos notado pelos egípcios.[120]

5 [85] A *elevação do presente* na *imensidão e eternidade*, p. ex., em Píndaro.

5 [86] A curvatura não matemática dos pilares em Pesto, p. ex., é um análogo da modificação do andamento: vitalidade em vez de um movimento mecânico.

---

117 Tentativa de traduzir a expressão aliterativa empregada por Nietzsche: *alles Tichten und Trachten der Hellenen*.
118 Citação de *O mundo como vontade e representação*, 2.445.
119 O trecho original é da autoria de Francis Bacon (1561-1626), nascido em Strand (na Inglaterra), político, filósofo empirista, cientista e ensaísta. Nietzsche extrai e adapta a citação original de *O mundo como vontade e representação*, 2.446, segundo a qual: *Infimarum virtutum, apud vulgus, laus est, mediarum admiratio, supremarum sensus nullus* (*De augmentis scientiarum* 6.3). Ou seja: "Das mais baixas virtudes, há louvor entre o vulgo; das medianas, admiração; das mais elevadas, nenhuma compreensão".
120 A relação entre o gênio e certa propensão à infantilidade é apontada por Schopenhauer, em *O mundo como vontade e representação*, 2.449. Já a informação de que os egípcios considerariam os gregos infantis está registrada no diálogo *Timeu* (22b5) de Platão.

5 [87] O trabalho da educação é transformar ações conscientes em mais ou menos inconscientes; nesse sentido, a história da humanidade é sua educação. Ora, o filólogo pratica um monte de ações inconscientes assim: o que eu quero pesquisar é de que modo seu poder, i. e., sua atuação instintiva, é o resultado de ações outrora conscientes que ele gradualmente passou a não mais sentir assim. Mas *essa consciência consistia em preconceitos.* Seu poder *presente* fundamenta-se *nesses preconceitos,* p. ex., a valorização da *ratio* [razão] por Bentley, Hermann. Os preconceitos são, como Lichtenberg diz, os *impulsos artísticos do ser humano.*[121]

5 [88] Espera-se a conquista de *habilidades* por meio de um engajamento com os antigos: antigamente, p. ex., a capacidade de escrever e falar. Mas o que se espera atualmente? — Pensar e inferir: mas isso não se aprende *com* os antigos, mas sim *através* dos antigos, por meio da ciência. Além disso, toda inferência histórica é condicional e insegura; seria preferível recorrer às ciências naturais.

5 [89] *Proclo,* que venera de um modo festivo a lua crescente.

5 [90] O adestramento herdado pelo filólogo atual: há certa esterilidade advinda das percepções fundamentais, pois elas são capazes de aprimorar a ciência, mas não os filólogos.

5 [91] A submissão política da Grécia é a maior derrota sofrida pela cultura, já que promove a monstruosa teoria de que só é possível zelar pela cultura quando se esteja armado até os dentes e vestido com luvas de boxe. O advento da Cristandade foi a segunda grande derrota: o poder bruto, por um lado, a estupidez, por outro, chegaram à vitória sobre o gênio aristocrático entre todos os povos. Ser um filo-heleno significa ser inimigo do poder bruto e da estupidez. Nesse sentido, Esparta foi a ruína da Hélade, na medida em que

---

121 Georg Christoph Lichtenberg (1742-1799), nascido em Ober-Ramstadt, físico e satirista germânico de propensões anglófilas. A citação foi extraída do primeiro volume de seus *Miscelâneas* [*Vermischte Schriften*] (Lichtenberg 1844[1]: 186).

obrigou Atenas a se lançar numa confederação e a se entregar de todo à política.[122]

5 [92] De modo geral, o *crescimento* do *poder militar da humanidade* é uma certeza. A vitória da nação *mais poderosa*: gradativamente, a medida desse *ser-poderoso* é não apenas em termos *do corpo*, mas ainda mais em termos *da mente*.

5 [93] Em *Sócrates*, jaz diante de nós uma clara *ocorrência da consciência* de onde depois surgiram os *instintos do ser humano teorético*. Que alguém prefira morrer a se tornar velho e fraco na mente.[123]

5 [94] Com a Cristandade, teve ascendência uma religião que dizia respeito a uma condição pré-grega do ser humano: crenças em causas mágicas para tudo e qualquer coisa, sacrifícios sangrentos, medo supersticioso de punições demoníacas, baixa autoestima, êxtases súbitos e alucinações, o ser humano transformado em campo de batalha entre bons e maus espíritos, e suas disputas.[124]

5 [95] Teria sido muito *mais afortunado* se os *persas*, em vez dos *romanos*, tivessem se tornado senhores dos gregos.[125]

5 [96] O sentido senhoril de *ordem* e organização tornou a cidade dos atenienses imortal. — Os dez estrategos em Atenas! Que horror! Um sacrifício grande demais no altar da inveja.

5 [97] *Estatuto da Sociedade dos Intempestivos*.

---

122 A ideia de que uma vitória militar estaria em contraposição ao desenvolvimento da verdadeira cultura é explorada por Nietzsche desde a primeira seção da primeira de suas *Considerações intempestivas* (orig. 1873), quando reflete sobre os impactos culturais da vitória militar alemã sobre a França na Guerra Franco-Prussiana (1870–1871). Sobre a disputa cultural que pensadores alemães empreendem no século XIX para tomar da França a prerrogativa do discurso sobre a Antiguidade, ver Silva (2022a: 490–496).
123 Para a ideia de que Sócrates comete uma espécie de suicídio, ver Burckhardt (1908[2]: 435).
124 Como bem observado por Cancik & Cancik-Lindemaier (2014: 277 n. 43), o Cristianismo recusa sacrifícios animais como parte de sua prática, mas mantém o emprego de suas imagens no discurso.
125 A afirmação está em direta oposição à referência negativa que os persas encontram em Wolf (1807: 15–19), como povo desprovido de uma cultura espiritual verdadeiramente superior [*höherer eigentlicher Geistescultur*].

Cada membro deve enviar trimestralmente um relatório por escrito sobre sua atividade.
O.R.G.B.N.[126]

5 [98] Para uma introdução da edição completa das "Intempestivas".

Descrever a origem: meu desespero por causa de Bayreuth; não vejo mais nada que eu não saiba cheio de culpa; descubro-me em reflexões mais profundas como alguém que foi lançado no problema mais fundamental de toda a cultura. Com isso, falta-me toda a vontade de continuar a viver. Mas então volto a me dizer: se é preciso viver, que seja agora. — Considerava Strauss na verdade muito pequeno para mim: não queria lutar contra ele. Algumas poucas palavras de Wagner em Estrasburgo.[127]

---

126 Iniciais com os nomes dos componentes do círculo íntimo de Nietzsche durante o período em que atua como professor de filologia clássica na Universidade da Basileia: Overbeck, Rohde, Gersdorff, Baumgartner, Nietzsche.

127 Nota importante para a compreensão de como Nietzsche concebe a gênese e a execução do projeto de suas *Considerações intempestivas*, sobretudo a partir de suas relações pessoais com Wagner.

David Strauss (1808–1874), nascido em Ludwigsburg, teólogo e exegeta. Aluno de Hegel e professor de teologia em Tübingen. Sua fama advém especialmente de sua primeira obra, *A vida de Jesus, criticamente examinada* [*Das Leben Jesu, kritisch bearbeitet*] (orig. 1835), na qual avança uma investigação histórica para desmistificar a figura de Jesus. Como consequência dessa publicação, Strauss perde sua cátedra na universidade. A leitura dessa obra deixa uma impressão profunda sobre o jovem Nietzsche, como fica registrado em sua correspondência com a irmã, Elisabeth Nietzsche, em carta de 11 de junho de 1865. Sua crise de fé e desistência da carreira de teólogo são dessa época (Deussen 1901: 20). Contudo, o que entra como alvo da crítica de Nietzsche é uma obra tardia de Strauss e sua recepção entusiasmada pelo público alemão. Segundo Arrowsmith (1990: 365), o encontro em que Wagner sugere a Nietzsche escrever contra Strauss, um antigo desafeto pessoal do próprio Wagner, acontece em Estrasburgo entre os dias 22 e 25 de novembro de 1872. A elaboração do texto que será publicado como a primeira de suas *Considerações intempestivas* é anunciada pela primeira vez por Nietzsche a Wagner em uma carta de 18 de abril de 1873. Na carta, ele faz menção à leitura do livro recente de Strauss, *A antiga e a nova fé. Uma confissão* [*Der alte und der neue Glaube. Ein Bekenntniß*] (orig. 1872), aludindo à preparação de seu ataque contra o teólogo de Tübingen. Como se nota, portanto, as relações de Nietzsche com Strauss são mais complexas do que sua breve anotação aqui dá a entender. O ataque de Nietzsche dirige-se ao que julga ser o "filistinismo cultural" da Alemanha dos anos de 1870, tendência que lhe parece exemplarmente representada pelo livro de Strauss e sua recepção favorável. Na linha do que

5 [99] Se os romanos tivessem rejeitado a cultura grega, ela talvez tivesse sido totalmente destruída. De onde poderia ter surgido de novo? Cristandade, romanos e bárbaros — isso teria sido um massacre. Completamente destrutivo. Vemos o perigo sob o qual vive o gênio. Cícero é seguramente um dos maiores benfeitores da humanidade. — Não há para o gênio nenhuma Providência: apenas para as massas ordinárias das pessoas e suas necessidades há algo assim; encontram sua satisfação e, depois, sua justificação.

5 [100] A πόλις [pólis] grega e o αἰὲν ἀριστεύειν [ser sempre excelente] desenvolvem-se a partir de uma inimizade recíproca. O elemento helênico e o filantrópico eram adversários, embora os antigos tenham se gabado bastante.[128]

5 [101] No mundo da disputa helênica, Homero é o grego pan-helênico.[129]

A competitividade dos gregos mostra-se também no *sympósion*, na forma de conversa perspicaz.

5 [102] O gênio torna tributários seus os meio-talentosos: por isso, os próprios persas enviavam seus emissários para oráculos gregos.

5 [103] O politeísmo grego é dotado de muito espírito; é-se bem mais parcimonioso em termos de espírito, quando se tem apenas um <Deus>.[130]

5 [104] A moral baseia-se não em religião, mas na πόλις [pólis].

---

propõe nas reflexões autobiográficas de *Ecce homo* (orig. 1908), na abertura da seção dedicada especialmente a comentar as *Considerações intempestivas*, ele fala assim da primeira delas (Nietzsche [1908] 2008a: 64, trad. Paulo César de Souza).
128 Ver Burckhardt (1908[2]: 352). Nietzsche sugere que os aspectos aristocráticos da cultura helênica do período arcaico seriam os traços mais autênticos dessa cultura, por contraposição aos aspectos democráticos contidos no desenvolvimento da pólis (sobretudo a partir do período clássico).
129 O quinto dos *Cinco prefácios para cinco livros não escritos*, intitulado "A disputa de Homero", aborda justamente esse tema. Essa coletânea de textos é escrita em 1872, mas publicada apenas postumamente. Há uma tradução de Pedro Süsskind desse material para o português (Nietzsche [1872] 2013).
130 Ver o início do capítulo dois, "Os gregos e seus deuses", da terceira parte do livro de Burckhardt (1908[2]: 19-37). Sobre a visão nietzschiana do politeísmo grego, ver Cancik & Cancik-Lindemaier (2014) e Zhavoronkov (2014: 142-144).

Havia apenas sacerdotes de deuses individuais, não representantes da religião como um todo: logo, nenhum clero. Da mesma forma, não havia Escrituras sagradas.

5 [105] Os "deuses vidas-fáceis" é o mais elevado embelezamento que o mundo já conheceu; no sentido de que com quanta dificuldade se vive.[131]

5 [106] Se houve *muitos filólogos talentosos*? Duvido; pois a razão apenas muito lentamente consegue abrir caminho junto deles (contar manuscritos etc.) — Filologia de palavras [*Wortphilologie*] e filologia de coisas [*Sachphilologie*] — que querela estúpida! — e então a estima exagerada por qualquer homem perspicaz entre eles![132]

5 [107] O Humanismo foi poderosamente cultivado por Carlos Magno, ao mesmo tempo em que ele se voltava contra o paganismo com as mais duras medidas.[133] A mitologia antiga foi proscrita, a alemã, tratada como um crime. Acredito que a razão para isso tenha sido o sentimento de que a Cristandade já tinha acabado com a religião antiga: ela não era mais temida, mas ainda era usada por causa da cultura da Antiguidade latente nela. O conjunto de deuses alemães ainda era temido. — Uma enorme *superficialidade* na constituição da Antiguidade, quase só a valorização de suas capacida-

---

131 A expressão *leichtlebenden Götter* parece aludir aos deuses homéricos, comumente caracterizados como "bem-aventurados" (μακάριοι), como indica o final do canto primeiro da *Ilíada* (1.595-604), ao representá-los rindo e se banqueteando, enquanto os seres humanos experimentam as agruras mortíferas de suas disputas.
132 Em nota explicativa anterior, relativa à entrada 5[33], quando se comenta sobre Hermann e Boeckh, situam-se brevemente os termos principais dessa querela filológica.
133 Carlos Magno (742-814 EC), rei dos francos, dos lombardos e, a partir do ano 800, imperador dos romanos. Responsável pela união da maior parte dos poderes da Europa ocidental e central sob seu jugo durante seus anos de governo. Apesar de mais reconhecido por suas conquistas militares e pela promoção do Cristianismo, tem um legado também em termos educacionais e culturais (donde se falar eventualmente de um "Renascimento carolíngio"). É o responsável pela criação de escolas monásticas e *scriptoria* (centros de copistas), que, com apoio de estudiosos como Alcuíno, Teodulfo e outros, promovem a reforma do sistema caligráfico tradicional, facilitando a disseminação de escritos de autores antigos, principalmente daqueles ligados à Igreja Católica.

des formais e conhecimentos, *precisou* ser cultivada aqui. Cumpre mencionar as forças que se colocaram no caminho de um aprofundamento da compreensão da Antiguidade. Para começar, 1) a cultura antiga foi usada como *meio* para a *aceitação da Cristandade*; é como a recompensa pela conversão. O que há de doce na mistura desse veneno. 2) Então foi preciso recorrer à ajuda da cultura antiga como *armamento* na proteção intelectual da Cristandade. Mesmo a Reforma não conseguiu se liberar dos Estudos Clássicos nesse sentido. Por outro lado, o Renascimento começou com os Estudos Clássicos num sentido *mais puro*, mas também mais avesso ao Cristianismo; isso indica o despertar da *honestidade* no sul, como a Reforma, no norte. Não puderam mais se associar com facilidade, pois uma propensão sincera pela Antiguidade torna alguém não cristão. Foi a Igreja que de fato *logrou* dar aos Estudos Clássicos um direcionamento *inócuo: o filólogo foi inventado,* como estudioso que de modo geral é um padre ou quase isso. Mesmo na região da Reforma aconteceu de castrarem os estudiosos. Por isso Friedrich August Wolf é notável, porque *libertou* sua categoria do disciplinamento da Teologia. Mas seu feito não foi inteiramente compreendido, pois um elemento agressivo e ativo, como aquele inerente aos poetas-filólogos do Renascimento, não se desenvolveu. A libertação veio em prol da ciência, não das pessoas.[134]

5 [108] O *caráter não popular* da nova cultura do Renascimento! Um fato terrível!

5 [109] O que a Antiguidade *atualmente* significa para a arte moderna, a ciência e a filosofia? Não mais a sala do tesouro de todos os conhecimentos. No conhecimento da natureza e da história, ela foi superada. A opressão sob a Igreja foi quebrada. Atualmente, é possível um conhecimento *mais puro* da Antiguidade, mas ao mesmo tempo *mais ineficaz*, mais fraco? — Isso está correto: se por "eficácia" se tem em mente eficácia sobre as massas; mas, para a produção dos grandes espíritos, a Antiguidade está *mais* poderosa

---

[134] Para mais detalhes do processo histórico sintetizado aqui por Nietzsche, ver Silva (2022a: 428–545).

do que *nunca*. Goethe como *poeta-filólogo alemão*; *Wagner* como um estágio ainda mais elevado: reconhecimento da única posição digna da arte; uma obra antiga jamais teve um efeito tão poderoso quanto a *Oresteia* sobre Wagner. O *filólogo castrado pela objetividade*, que em geral é um filisteu da formação e um guerreiro cultural [*Kulturkämpfer*] e que almeja um conhecimento puro, é de fato um triste espetáculo.[135]

5 [110] *Bentley* era ao mesmo tempo *defensor fidei* [defensor da fé];[136] e Scaliger era certamente um inimigo dos jesuítas, um inimigo bem agressivo.[137]

5 [111] Entre *nossas* mais elevadas formas artístico-filosóficas e aquela que é tida *corretamente* como **a mais antiga** Antiguidade não há contradição: elas se apoiam e sustentam mutuamente. Aqui jazem minhas esperanças.[138]

5 [112] Há áreas em que a *ratio* [razão] produzirá apenas prejuízos, e o filólogo, que se restringe a isso, está perdido e jamais pode vislum-

---

135 O sentido da expressão *Bildungsphilister* já foi esclarecido na nota à entrada 3[65]. Já o sentido da expressão *Kulturkämpfer* tem relação com a chamada *Kulturkampf*, ou seja, "guerra cultural", cujo emprego se dá em referência a um movimento anticlerical de meados do século XIX, cujo principal objetivo consiste em limitar a influência da Igreja Católica sobre a política e a educação de Estados como a Suíça, o Império Alemão, a Bélgica e outros. Na década de 1870, o termo ganha uma forte conotação política (de viés germânico), nas palavras e ações de Otto von Bismarck, Chanceler do Império Alemão.
136 Alusão ao escrito polêmico de Bentley, *Refutação do ateísmo* [*Confutation of Atheism*] (orig. 1692). Ver ainda Wolf (1869: 1033).
137 Joseph Justus Scaliger (1540-1609), nascido em Agen (na França), historiador, filólogo, antiquário e erudito. Filho de Julius Caesar Scaliger (1484-1558). Seu sobrenome às vezes aparece em português como Escalígero. Fundador e praticante de um novo método de crítica textual, que ele aplica na leitura e edição de várias obras da tradição clássica.
138 Tal como apresentado em *O nascimento da tragédia* (orig. 1872), Nietzsche acredita perceber uma relação entre certas manifestações arcaicas da cultura helênica e fenômenos recentes da cultura germânica, especialmente entre a tragédia de Ésquilo e a ópera de Wagner. Na seção quatro da quarta e última das *Considerações intempestivas*, intitulada *Richard Wagner em Bayreuth* (orig. 1876), a aproximação entre Ésquilo e Wagner ainda é explorada, mas passa a trabalhar também com a justaposição dos pensadores eleáticos a Kant, e Empédocles a Schopenhauer.

brar a verdade, p. ex., no estudo da mitologia grega. Naturalmente, nem mesmo um visionário pode reivindicar algo aqui: é preciso ter uma imaginação grega e algo da religiosidade grega também. Um poeta não precisa ser consistente consigo mesmo: em geral, consistência é a última coisa que os gregos entenderiam.

5 [113] Quase todas as divindades gregas são acumulações, uma camada sobre a outra: algumas misturadas, algumas precárias. O processo de distingui-las cientificamente não me parece muito possível, pois não há nenhum bom método para isso. A miserável conclusão da analogia é aqui uma ótima conclusão.

5 [114] Quão afastado dos gregos é preciso estar para lhes atribuir uma autoctonia tão estreita como O. Müller![139] Quão cristão defender com Welcker que os gregos eram originalmente monoteístas![140] Que tormento os filólogos provocam para si mesmos com a pergunta sobre Homero e a escrita, sem se darem conta do fato muito

---

139 Karl Otfried Müller (1797-1840), nascido em Brieg (na Silésia), erudito de formação filológica clássica, grande estudioso da mitologia greco-romana e admirador da história de Esparta. É autor de várias contribuições importantes para seus campos de estudos, incluindo: *Histórias sobre tribos e cidades helênicas* [*Geschichten hellenischer Stämme und Städte*] (orig. 1820); *Os Dórios* [*Die Dorier*] (orig. 1824); *Prolegômenos a uma mitologia científica* [*Prolegomena zu einer wissenschaftlichen Mythologie*] (orig. 1825). Morre de forma precoce, aos 42 anos de idade, em Atenas, após sofrer uma insolação durante seus trabalhos arqueológicos de campo. Como sugere Santini (2014: 171), Nietzsche refere-se frequentemente a uma publicação póstuma de Müller — qual seja, *História da literatura grega até o período de Alexandre* [*Geschichte der griechischen Literatur bis auf das Zeitalter Alexanders*] (orig. 1841) — nas anotações para seu curso sobre o mesmo tema (elaboradas entre os anos de 1874 e 1876), ainda que considere superficial a abordagem proposta pelo autor na obra.
140 Friedrich Gottlieb Welcker (1784-1868), filólogo e arqueólogo, professor de Antiguidade clássica na Universidade de Göttingen e, depois, diretor da Biblioteca e do Museu de Bonn. Conhecido sobretudo por seu estudo sobre religião grega, *Teoria sobre os deuses gregos* [*Griechische Götterlehre*] (orig. 1857-1862), e por sua edição da *Teogonia hesiódica* (orig. 1865). Seus outros escritos são publicados numa coletânea em cinco volumes sob o título de *Pequenos escritos* [*Kleine Schriften*] (orig. 1844-1867). Na biblioteca da Universidade da Basileia, há o registro de dois empréstimos por parte de Nietzsche de obras de Welcker: em abril de 1871, do livro sobre os deuses gregos; em 18 de fevereiro de 1875, do quarto volume com a reunião de seus escritos menores (Cancik & Cancik-Lindemaier 2014: 276 n. 23).

mais importante de que a arte grega tinha uma grande resistência interna à escrita e não queria ser lida.[141]

5 [115] Os gregos eram monstruosamente dados à paixão de fabular. Mesmo na vida cotidiana era difícil para eles manterem-se afastados do "mítico", da trapaça: todo povo de poetas tem uma paixão assim pela mentira junto com a ingenuidade para isso. Os povos vizinhos achavam isso tudo bem duvidoso.[142]

5 [116] Viver nas montanhas, viajar muito, movimentar-se com velocidade — nisso é possível comparar-se aos deuses gregos atualmente. Conhecemos também o passado e quase o futuro. O que um grego diria, se ele nos visse? —

5 [117] Os deuses tornam os seres humanos ainda *mais cruéis*; assim é a natureza humana. Se não gostamos de alguém, desejamos que ele fique pior e alegramo-nos com isso. Isso faz parte da sombria filosofia do ódio, que ainda não foi escrita, pois em todo lugar se sente que ela é algo do âmbito do *pudendum* [vergonhoso].[143]

5 [118] O pan-helênico Homero tem prazer com a frivolidade dos deuses; mas é admirável como ele consegue lhes devolver dignidade. Essa imensa capacidade de se exaltar é grega.[144]

5 [119] *Tucídides* sobre o *Estado*.

O elemento *tirânico* em cada aristocrata bem nutrido: isso se revela nas preces (Xenofonte, Sócrates).[145] Eles mantinham-se

---

141 A importância da oralidade no âmbito da cultura helênica, sobretudo em suas manifestações poéticas dos períodos arcaico e clássico, atualmente é um ponto de partida para vários debates dos Estudos Clássicos. Para mais referências e informações sobre essa questão, ver Malta (2015) e Silva (2022a: 123–427). Uma das leituras que certamente influencia a visão de Nietzsche sobre o tema é o livro de Johann Adam Hartung (1801–1867), *Os líricos gregos* [*Die griechischen Lyriker*] (1856). Ver Vivarelli (2014).
142 Ver Burckhardt (1908^2: 358–359).
143 Ver Burckhardt (1908^2: 104–106).
144 Sobre alguns aspectos da caracterização que Nietzsche propõe dos deuses homéricos ao longo dessas notas, ver Cancik & Cancik-Lindemaier (2014: 269–272) e Zhavoronkov (2014: 142–144). Ver ainda o aforismo 302 de *A gaia ciência* (orig. 1882).
145 Xenofonte (ca. 430–354 AEC), nascido em Atenas, é um aristocrata que desempenha ações militares, mas que se destaca na história grega como historiador e filósofo. Discípulo de Sócrates, ele participa da expedição organizada

mutuamente dentro de limites: o povo, por sua vez, mantinha todos dentro de limites, tanto quanto era capaz.

5 [120] De onde vem a *inveja dos deuses*? Não se acredita aí numa calma e silenciosa felicidade, mas apenas numa que seja soberba. Os gregos devem tê-la considerado intolerável; suas almas incomodavam-se muito facilmente: exasperava-os ver um felizardo. Isso é *grego*. Quando havia alguém de talento excepcional, o número de invejosos devia ser enorme; se então lhe ocorresse um infortúnio, deviam dizer "aha! ele era excessivamente arrogante". E cada um deles teria agido exatamente do mesmo jeito, caso tivesse talento para isso; e cada um deles teria se alegrado em interpretar o papel do deus que lança o infortúnio.[146]

5 [121] Os deuses gregos não exigiam conversão e não costumavam ser tão cansativos e importunos: por isso, era possível levá-los a sério e acreditar neles. No tempo de Homero, a essência grega já estava pronta: leveza de imagens e fantasia é algo necessário para acalmar e liberar o temperamento excessivamente apaixonado. Se acaso se expressasse o entendimento dos gregos, quão amarga e cruel sua vida apareceria! Eles não se enganam. Mas velam a vida com mentiras: Simônides aconselha a se tomar a vida como a um jogo;[147] a seriedade era bem conhecida por eles como dor. O sofri-

---

por Ciro, o jovem, para tentar tomar o trono persa de seu irmão Artaxerxes II (como relata na obra *Anábase*). Depois disso, retorna a Atenas e se decepciona com a notícia da morte de Sócrates, cuja memória será preservada em muitas obras escritas por ele posteriormente (como *Memoráveis*, *Econômicos*, *Banquete* e *Apologia de Sócrates*). Desempenha cargos militares em Atenas até ser exilado sob a acusação de traição (ca. 394 AEC), mudando-se para Esparta, onde ele escreve a maior parte de suas obras, incluindo *Ciropédia*, *Helênicas* e *Agesilau*.

146 A ideia de que os deuses teriam inveja [*phthónos*] de mortais excessivamente bem-aventurados aparece em alguns autores helênicos, como Píndaro (*Píticas* 8.72–73; *Ístmicas* 7.39) e Heródoto (1.32.1).

147 Simônides (ca. 556–475 AEC), nascido na ilha de Ceos, poeta reconhecido por versos elegíacos e composições mélicas diversas. Segundo a tradição biográfica, cria uma arte mnemônica, inventa as vogais longas e a terceira nota da lira. Parece ter viajado por diferentes regiões helênicas, colocando seu talento à disposição daqueles com os meios necessários para honrá-lo e recompensá-lo. Seus poemas sobrevivem apenas em fragmentos, reunidos por Martin West (1971²: 114–137). A mesma alusão de Nietzsche a Simônides aparece no aforismo 154 de

mento humano é um júbilo para os deuses, quando se canta acerca disso para eles. Os gregos sabiam disto, que apenas por meio da arte o sofrimento pode ser transformado em júbilo; *vide tragoediam* [que se leve em conta a tragédia].[148]

5 [122] O povo verdadeiramente *estudioso*, o povo de literatos, eram os egípcios, não os gregos. O que parece ciência entre os gregos teve origem entre os egípcios e, depois, voltou para eles, misturando-se com as antigas correntes de novo. Cultura alexandrina é uma mistura do helênico e do egípcio: e se o mundo moderno se associa com a cultura dos antigos, então ela...

5 [123] O *vidente* precisa ser amoroso, do contrário não tem a confiança das pessoas: veja-se Cassandra.[149]

5 [124] Filologia clássica é o lar do mais raso esclarecimento [*Aufklärung*]: empregada sempre de forma desonesta, gradualmente tornada de todo sem efeito. Seu efeito é apenas mais uma ilusão das pessoas modernas. Na verdade, trata-se apenas de uma classe de educadores, que não é composta de sacerdotes: por isso, o Estado tem interesse na questão.[150]

Sua utilidade foi totalmente exaurida; enquanto, p. ex., a história da Cristandade ainda mostra seu poder.

5 [125] Das conversas sobre filologia, quando vêm de filólogos, nada se pode aprender; trata-se do mais puro bláblábla, como, p. ex.,

---

Humano, demasiado humano (orig. 1878), indicando publicamente sua apreciação desse poeta. Para reflexões sobre a leitura nietzschiana da poesia de Simônides, ver Moura (2022).
148   Ver Burckhardt (1908[2]: 384–400).
149   Ver Burckhardt (1908[2]: 305). Cassandra é uma das filhas de Príamo, o rei de Troia. Segundo a mitologia greco-romana, ela é cortejada por Apolo com a oferta do dom de prever o futuro. Depois de assentir à oferta do deus e ser agraciada com o dom, contudo, ela se recusa a copular com o deus. Apolo resolve puni-la com uma maldição: que suas previsões jamais sejam capazes de convencer seus interlocutores. Com isso, Cassandra se torna uma profetisa impotente e desesperada face à própria impotência, como se vê na peça de Ésquilo, *Agamêmnon* (1072 ss.).
150   Aqui fica elucidada uma das formas como Nietzsche entende a relação entre a *Kulturkampf* empreendida por Bismarck e as prerrogativas da filologia clássica no sistema educacional germânico. Ver comentário à nota 5[109].

Jahn (*Significado e lugar dos Estudos da Antiguidade na Alemanha*). Nenhuma compreensão do que deve ser justificado, do que deve ser defendido: só fala assim quem nunca imaginou que pudesse ser de fato atacado.[151]

5 [126] Simplesmente não é verdade que os gregos encaravam apenas esta vida. Eles também sofreram a angústia da morte e do inferno. Mas sem qualquer arrependimento ou contrição.[152]

5 [127] "Ardilosa e mútua destruição (inevitável, enquanto uma única πόλις [pólis] existir), sua inveja contra tudo de elevado, sua cobiça, a confusão de seus costumes, a escravização das mulhe-

---

151   Otto Jahn (1813-1869), nascido em Kiel (numa região dominada pela Dinamarca até sua anexação pela Prússia, em 1865, tornando-se depois parte do Império Alemão), filólogo clássico e arqueólogo, além de historiador da música. Aprende a ciência da Antiguidade com professores tão diversos quanto Hermann, Lachmann e Boeckh, com o desenvolvimento de uma metodologia híbrida que favorece uma compreensão do passado a partir também de sua realidade material. Envolve-se em querelas políticas e disciplinares que prejudicam sua carreira, mas chega a atuar com originalidade suficiente para influenciar a formação filológica tanto de Nietzsche, que o tem em alta conta entre 1865 e 1868 (Jensen 2014a: 531), quanto de Wilamowitz-Moellendorff, que menciona sua palestra de 1868 sobre a história da filologia como uma fonte fundamental para o empreendimento historiográfico que ele dedicará algumas décadas depois a seu próprio campo (Wilamowitz-Moellendorff [1872] 2023: 39). Essa palestra (referida acima no comentário de Nietzsche) é publicada com o título de *Significado e lugar dos Estudos da Antiguidade na Alemanha* [*Bedeutung und Stellung der Alterthumsstudien in Deutschland*] (Jahn 1868). A certa altura de sua vida, ele entra numa disputa filológica contra Friedrich Wilhelm Ritschl (1806-1876), que costuma ser interpretada como um prolongamento da disputa entre Boeckh (*Sachphilologie*) e Hermann (*Wortphilologie*), embora hoje se saiba que as questões envolvidas têm muitos outros aspectos de ordem pessoal (Jensen 2014a). Em todo caso, por ocasião dessa disputa, Nietzsche aproxima-se de Ritschl por um breve intervalo, até que incompatibilidades de ordem filosófica (promovidas principalmente por seu favorecimento de Schopenhauer) comecem a fazê-lo desgostar-se tanto de Ritschl quanto de Jahn. No que diz respeito a esse último, a tomada de posição a favor de Wagner termina por precipitar uma ruptura que fica registrada na seção dezenove de *O nascimento da tragédia* (orig. 1872).
152   Segundo Arrowsmith (1990: 371), na versão que Kelterborn transcreve dos cursos de Burckhardt para sua *História da cultura grega* há o registro do seguinte na página 76a: "É falso acreditar que os gregos eram completamente mundanos e se preocupavam pouco com o além".

res, sua falta de escrúpulos perante juramentos, em assassinatos e massacres". B[urckhardt].[153]

5 [128] O imenso poder do autocontrole, p. ex., no cidadão, em Sócrates, que era capaz de qualquer perfídia.[154]

5 [129] As qualidades do gênio sem genialidade podem ser encontradas nos helenos médios, ou seja, todas as mais perigosas qualidades de espírito e caráter.

5 [130] O "sofredor" é helênico. Prometeu, Héracles.

O *mito heroico* tornou-se *pan-helênico*; isso se deve evidentemente a um poeta.[155]

5 [131] *Wagner* desenvolve a fantasia humana interior; gerações posteriores serão espectadores de obras plásticas. A poesia precisa preceder a arte plástica.

5 [132] "Formação clássica"! O que se vê nisso? Algo sem qualquer efeito — a não ser a liberação das obrigações militares e um título de doutor!

5 [133] Sentir a profissão de filólogo como um problema.

5 [134] *Wagner* estima demais sua arte para se esconder num canto como Schumann.[156] Que ele se renda ao público (*Rienzi*) ou o público a ele. Ele ergue-o a seu nível. Mesmo os pequenos desejam um público, mas eles o procuram com meios não artísticos, como a imprensa, Hanslick[157] etc.

---

153   Ver Burckhardt (1908[1]: 78–90).
154   Ver Burckhardt (1908[1]: 78).
155   Ver o capítulo intitulado "O culto grego do herói" no livro de Burckhardt (1908[2]: 228–277).
156   Robert Alexander Schumann (1810–1856), nascido em Zwickau, pianista, compositor e crítico de música. Reconhecido como um dos mais influentes e prestigiosos compositores do período romântico.
157   Eduard Hanslick (1825–1904), crítico de música e editor de cadernos de música em periódicos como *Jornal Vienense* [*Wiener Zeitung*] (1848–1849), *Imprensa* [*Presse*] (1855–1864) e *Nova Imprensa Livre* [*Neue freie Presse*] (1864–1901). Formalista de gosto conservador, ele ataca publicamente o trabalho de Wagner e Liszt, enquanto promove a música de Schumann e Brahms. Wagner vinga-se do desafeto ao caricaturá-lo como Beckmesser em sua ópera *Os mestres cantores de Nuremberg* [*Die Meistersinger von Nürnberg*] (1867) (Arrowsmith 1990: 372). Curiosamente, as críticas que Hanslick faz aos excessos da linguagem do sen-

5 [135] *Filólogos* que discutem sobre sua ciência jamais alcançam as *raízes*, jamais colocam a filologia como problema. Má consciência? Ou falta de inteligência?

5 [136] "Esclarecimento" ["*Aufklärung*"] e formação alexandrina é — no melhor dos casos! — o que os filólogos querem. Não helenismo.

5 [137] A *consistência* que se estima num estudioso, quando aplicada aos gregos, é pedantismo.

5 [138] Formação clássica! Se pelo menos houvesse nela tanto paganismo quanto Goethe encontrou e louvou em Winckelmann, não seria demais. Mas, agora, misturada ou adulterada pelo Cristianismo totalmente errôneo de nossos tempos — isso é demais para mim e preciso me aliviar, exprimindo meu desgosto de uma vez por todas. — Acredita-se de fato em magia no que diz respeito a essa "formação clássica"; mas, naturalmente, aqueles que mais possuem a Antiguidade deveriam ser os que mais têm essa formação, isto é, os filólogos; mas *o que* há de clássico neles?

5 [139] Antes, atribuía-se ao demônio ou a espíritos maus os próprios desejos e tentações; atualmente isso é tido por um conto de fadas. Da mesma forma, um dia também será considerado conto de fadas agradecer a um deus por seus bons impulsos e sucessos. Ambos são formas de alívio; tornam-se as coisas mais confortáveis dessa maneira. Demonstrar de que modo, em *religião*, tudo é assumido principalmente em nome do *conforto*: sempre prontas e por perto, as evasivas e desculpas.

5 [140] Cinco anos de silêncio. Estudantes, tutor, educador.[158]

---

timento [*Sprache des Gefühls*] de Wagner serão depois muitas vezes retomadas e exploradas pelo próprio Nietzsche.
158 Alusão ao modelo de educação implementado por Pitágoras na Antiguidade. Ao que tudo indica, os jovens pitagóricos precisavam ficar cinco anos em silêncio, apenas ouvindo e aprendendo suas lições (*akoúsmata*), antes de acessar o próximo nível de sua formação. Sobre as relações de Nietzsche com o aprendizado "acroamático" (ou auricular), ver suas colocações na última das conferências que compõem o ciclo intitulado *Sobre o futuro de nossos estabelecimentos de ensino*, cuja apresentação original ocorre na Basileia em 1872 (Nietzsche [1872] 2003: 125-137, trad. Noéli Correia de Melo Sobrinho). O trecho integral é longo demais para ser citado na íntegra, mas o jovem Nietzsche parece apreciar a eficiência com que um método assim consegue formar um discípulo a partir da exemplaridade de

5 [141] *O que é talento?* — Desejar um fim elevado e os meios para alcançá-lo.

5 [142] Filólogos são o tipo de gente que usa o sentimento vazio das pessoas modernas acerca da própria inadequação, e isso para ganhar dinheiro e pão.
Eu conheço-os; eu mesmo sou um deles.[159]

5 [143] Os estudiosos alemães e autoproclamados pensadores, afastados da verdadeira história, fizeram da história seu tema e, como teólogos natos, buscaram uma prova de sua racionalidade. Temo que um tempo posterior reconhecerá nessa contribuição alemã para a cultura europeia o mais miserável dos dotes: sua história é falsa!

5 [144] Tratamos nossos jovens como se fossem homens instruídos, maduros, quando lhes apresentamos os gregos. *O que* especificamente é próprio da essência grega para a juventude? No final das contas, acabamos por enfatizar *formalismos* e *detalhes*. Tais considerações são lá coisa para gente jovem? —
Afinal, oferecemos às pessoas jovens a melhor e mais elevada visão panorâmica dos antigos? Ou não? A *leitura* dos antigos é colocada nesses termos.
Acredito que o estudo da Antiguidade tenha sido posto numa fase *errada* da vida. Só ao fim de nossos vinte anos é que começa a alvorecer.[160]

5 [145] Todas as dificuldades do estudo histórico a serem *esclarecidas* por meio do maior exemplo.
A que ponto nossa juventude não tem afinidade com os gregos.

---

seu mestre. Sua anotação aqui, inclusive, sugere seu posicionamento favorável ao emprego desse modelo, que volta a ser reiterado no que afirma o aforismo 266 de *Humano, demasiado humano* (orig. 1878). Para informações sobre Pitágoras, ver uma das notas que constam da entrada 6[9].
159   Como sugerem Cancik & Cancik-Lindemaier (2014: 267), a formulação tem algo de um confessional *ecce philologus*.
160   A expressão "ao fim dos vinte anos" [*Ende der zwanziger*] dá a entender que apenas quando se chega por volta dos 28 ou 29 anos de idade é que se tem maturidade o bastante para um estudo proveitoso da Antiguidade. Ver o aforismo 266 de *Humano, demasiado humano* (orig. 1878).

Consequências da filologia:
- antecipação arrogante
- formação filisteia
- supervalorização da leitura e da escrita
- superficialidade
- alienação do povo e das necessidades populares.

Os próprios filólogos (e historiadores, filósofos e juristas, todos estão imersos nessa caligem).

Conhecimentos *reais* deveriam ser ensinados à juventude.

Da mesma forma, arte *real*.

Então, mais adiante na vida, surgirá também o desejo por história *real*.

Filólogo, sua origem de modo geral e agora.

A juventude e o filólogo.

As consequências da filologia.

Tarefa para a filologia: extinção.

A *desumanidade*: ausente mesmo da *Antígona*, mesmo da *Ifigênia* de Goethe.

A falta de *esclarecimento*.

A política não compreensível para o jovem.

A poética — uma má antecipação.

5 [146] *Crítica do desenvolvimento.*

Falsos pressupostos de um desenvolvimento *natural*.

A *degeneração* espreita *toda* grande manifestação; a todo momento, o início do fim está aí. A degeneração jaz na imitação fácil e na compreensão exterior dos grandes modelos; i.e., o modelo instiga naturezas vaidosas a imitá-lo, reproduzi-lo ou superá-lo.

A ligação entre um gênio e outros raramente é uma linha reta: entre Ésquilo e Sófocles não há nenhuma. Uma quantidade de vias de desenvolvimento surge como possibilidade *depois* de Ésquilo; Sófocles seguiu *uma* delas.[161]

---

[161] Ésquilo (ca. 525–455 AEC), nascido na região ateniense de Elêusis, e Sófocles (ca. 497–405 AEC), nascido na região ateniense de Colono, são dois dos maiores tragediógrafos de todos os tempos. Apesar da vasta produção poética de ambos e do enorme prestígio que conhecem durante suas vidas na Atenas do período clássico, sobrevivem apenas sete peças de cada um deles e alguns fragmentos.

O que há de fatal em todos os grandes talentos: eles carregam todo o resto consigo e arruínam tudo em torno de si, como Roma jazia no meio de um deserto.[162] Muitas forças, ainda embrionárias, são sufocadas assim.

A indicar quão *disseminada* é a degeneração, mesmo na Hélade; quão rara e breve é a grandeza; quão inadequadamente é estimada (do lado errado).

Quão rígidos devem ter sido os começos da tragédia com Téspis! I.e., as imitações artísticas de orgias primevas. Assim também foi a prosa muito rígida em comparação com o verdadeiro discurso.[163]

Os perigos são: sentir prazer com o conteúdo ou se mostrar indiferente ao conteúdo e almejar os charmes estéticos do som etc.[164]

Junto com Eurípides (ca. 480-406 AEC), nascido na ilha ateniense de Salamina, formam a tríade de tragediógrafos atenienses reconhecidos como os maiores pela Antiguidade. Em *O nascimento da tragédia* (orig. 1872), assim como em muitas de suas notas, Nietzsche demonstra uma clara preferência pelos elementos hieráticos do mais antigo deles, Ésquilo, em detrimento do que representa Eurípides e os aspectos sofísticos de seus dramas do final do século V. Segundo sua leitura, mesmo a produção final de um poeta elevado como Sófocles já estaria sob a influência do que Nietzsche entende como o socratismo da cultura ateniense e sua *hýbris*, consequências funestas da vitória grega nas Guerras Pérsicas (ca. 500-448 AEC) e do enfrentamento fratricida entre Atenas e Esparta na Guerra do Peloponeso (431-404 AEC).

162   A referência a Roma possui um teor crítico que evoca Tácito (*Sobre a vida de Agrícola* 30.4).

163   Breve esboço de uma teoria sobre as origens da tragédia antiga, na linha do que Nietzsche desenvolve mais longamente na primeira metade de *O nascimento da tragédia* (orig. 1872). A figura nebulosa de Téspis é apontada como a responsável pela invenção da tragédia. Segundo a tradição biográfica, Téspis (século VI AEC), nascido em Atenas, inova em três aspectos principais: partindo de uma performance mélica coral simples, introduz um ator para contracenar com o coro; emprega máscaras para representar seus personagens; destaca o espaço cênico da representação. Para mais informações sobre o tema, ver Silva (2022b: 61-74).

164   Parte da incompatibilidade que Nietzsche começa a sentir com relação a Wagner, no que diz respeito às propostas de Schopenhauer para a música, está sintetizada aqui: em seu entendimento, enquanto Wagner defenderia uma primazia da ideia (conteúdo) sobre o som, o próprio Nietzsche afina-se a uma primazia dos charmes estéticos do som, ainda que sem abdicar do conteúdo. Ver o que se afirma na seção dez do escrito *O caso Wagner* (Nietzsche [1888] 2016b: 30, trad. Paulo César de Souza).

O elemento agônico também é o perigo para todo desenvolvimento; ele superestimula o impulso para criar. — O mais feliz evento no desenvolvimento é quando vários gênios se limitam mutuamente.

Será que não são muitas as grandiosas possibilidades arruinadas ainda em germe? Quem consideraria possível, p. ex., o surgimento de um Teócrito em seu tempo, se ele não tivesse nascido lá?[165]

O maior de todos os fatos permanece sempre o precocemente *pan-helênico* **Homero**. Tudo o que há de bom vem dele; mas, ao mesmo tempo, ele permaneceu como o mais violento obstáculo que jamais houve. Ele *arruinou* os outros e, por isso, todos os que são sérios tentam disputar contra ele, em vão. Homero venceu sempre.[166]

O elemento *destrutivo* de grandes potências espirituais também é visível aqui, mas que diferença entre a potência de Homero e uma Bíblia!

O prazer na *embriaguez*, o prazer na *astúcia*, na *vingança*, na inveja, na *invectiva*, na *obscenidade* — em tudo o que foi *reconhecido* pelos gregos como humano e, por isso, introduzido na construção

---

[165] Teócrito (ca. 310–250 AEC), nascido em Siracusa (na Sicília, região da Magna Grécia), poeta famoso por seus *Idílios*, composições que empregam hexâmetros datílicos numa linguagem eivada de doricismos. Embora também tenha escrito poemas dedicados a outras temáticas, inclusive com deliciosas representações da realidade urbana de Alexandria, Teócrito se imortaliza pelo bucolismo pastoril de suas "pequenas imagens" (sentido da palavra "idílios"). Ele parece ter se beneficiado do patrocínio do Faraó Ptolomeu II Filadelfo, em retribuição por uma poesia que é característica da produção cultural do período helenístico. Levando em conta a má vontade de Nietzsche com "toda a cultura alexandrino-romana" (na linha do que atesta a entrada 5[47]), o elogio de Teócrito aqui causa surpresa, mas talvez possa ser entendido como "a exceção que confirma a regra".
[166] Essas mesmas ideias são retomadas no aforismo 262 de *Humano, demasiado humano* (orig. 1876). À luz do desfecho do embate poético entre Hesíodo e Homero, em todas as versões do chamado *certamen Homeri et Hesiodi*, essa formulação de Nietzsche chama atenção por seu posicionamento homerocêntrico, afinal, o próprio Nietzsche tem um longo trabalho sobre o tema: um artigo em duas partes, publicado nos anos de 1870 e 1873 com o título *O tratado florentino sobre Homero e Hesíodo, sua linhagem e sua disputa* [*Der Florentinische Tractat über Homer und Hesiod, ihr Geschlecht und ihren Wettkampf*]. Para mais informações sobre a questão, ver Vogt (1962) e Silva (2022a: 197–230).

da sociedade e seus costumes. A sabedoria de suas instituições jaz na ausência de uma separação entre bem e mal, preto e branco. A natureza, tal como se mostra, não é negada, mas apenas *ordenada*, segundo certos cultos e dias específicos. Essa é a raiz de todo o sentimento de liberdade da Antiguidade; procurou-se uma forma de alívio das forças da natureza, não sua destruição ou negação. — O sistema total dessa nova ordem é então o *Estado*. Ele se erguia não sobre indivíduos específicos, mas sim sobre características humanas médias: em sua fundação, mostram-se a *agudeza de observação e o sentido para o factual*, ainda mais para o que há de tipicamente factual, que preparou os gregos para o conhecimento da história, da geografia etc. Não foi a uma moralidade especificamente *sacerdotal* que a fundação do Estado se deveu. De onde os gregos conseguiram essa liberdade? Certamente de *Homero*; mas de onde ele a conseguiu? — Os poetas não são os seres mais sábios e lógicos; mas têm o prazer com cada tipo de realidade particular e não querem negar isso, mas sim moderá-lo para que não arruíne todo o resto.

5 [147] A necessidade de formas de alívio, de κάθαρσις [catarse], um princípio fundamental da natureza grega.[167]

---

[167] Segundo Arrowsmith (1990: 376), na versão que Kelterborn transcreve dos cursos de Burckhardt para sua *História da cultura grega*, há o seguinte registro na página 78: "Encontramos formas de alívio, καθάρσεις, em alguns trechos de Homero, mas depois elas aparecem sempre que possível. É preciso apenas considerar que, nessa época violenta, quase todo mundo se deparava pelo menos uma vez na vida com um assassinato que exigia alguma forma de vingança (como ocorre hoje em dia na Itália)". O conceito de *kátharsis* tem um percurso complexo na história do pensamento grego antigo, aparecendo em escritos atribuídos a Empédocles, Hipócrates, Platão e Aristóteles. Sua importância na definição aristotélica de tragédia e no estabelecimento de seu efeito é bem conhecida (*Poética* 6.1449b24–28). Para mais informações e referências, ver Silva (2018: 325–334). Como sugere Vivarelli (2014: 189–190), uma referência importante para o entendimento nietzschiano de *kátharsis* — na linha de um alívio terapêutico das emoções de *phóbos* [medo] e *éleos* [piedade] — é aquele que Jakob Bernays (1824–1881) propõe no livro *Linhas gerais do tratamento perdido de Aristóteles sobre o efeito da tragédia* [*Grundzüge der verlorenen Abhandlung des Aristoteles über Wirkung der Tragödie*] (orig. 1857). Para tal entendimento, é fundamental uma leitura não apenas da *Poética*, mas também do trecho em que Aristóteles se refere à *kátharsis* no livro oitavo da *Política* (1341b32–1342a27). Segundo registros da biblioteca da Universidade da Basileia, Nietzsche consulta o livro de Bernays em 1869 e

Acumulação e formas de alívio em poderosos, periódicos arroubos separados. Explicar a *tragédia* a partir disso?

5 [148] Mentes filosóficas precisam ocupar-se com isso e oferecer de uma vez por todas uma síntese da Antiguidade: assim que isso for oferecido, ela será superada. No que diz respeito a todas as fraquezas que incomodam, ainda se é muito dependente da Antiguidade para que se possa continuar a tratá-la de modo morno. O mais monstruoso crime da humanidade, que é ter tornado possível a Cristandade, é *culpa* da Antiguidade. Com o fim da Cristandade, a Antiguidade também terá fim. — Atualmente ainda está muito perto de nós para que seja possível ser justo. Foi usada da forma mais atroz para a opressão e suportou a opressão religiosa sob a máscara da "formação". O cúmulo da zombaria foi: "a Antiguidade foi superada por meio da Cristandade"! Isso foi um dado *histórico* e é por isso que seu estudo se tornou inócuo. Por isso é tão plausível achar a ética cristã "mais profunda" do que a de Sócrates! Seria possível medir-se contra Platão![168] É uma nova reencenação da mesma disputa que já aconteceu nos primeiros séculos. Exceto porque atualmente um espectro completamente pálido está no lugar da Antiguidade, antes tão clara, e mesmo a Cristandade se tornou bem espectral. É uma luta *depois* da batalha decisiva, um choque posterior. Enfim, todas as forças a partir das quais se ergueu a Antiguidade apresentam-se à luz do dia em sua forma

---

1871. Além disso, reforça seu entendimento do tema com a leitura de outro livro que compartilha das conclusões de Bernays, a dissertação de Paul Yorck von Wartenburg (1835–1897), intitulada *Catharsis of Aristotle and Sophocles' Oedipus at Colonus* (orig. 1866). Nietzsche consulta essa obra, segundo os mesmos registros, em maio de 1870.

168 Platão (ca. 427–348 AEC), nascido em Atenas, é um dos mais influentes autores da filosofia grega. Em sua convivência com Sócrates desenvolve uma série de ideias que expõe e depois aprofunda em seus diálogos filosóficos. Atua como educador, exercendo relativa influência política em Atenas e em Siracusa. Dentre seus discípulos destaca-se ninguém menos que Aristóteles. No âmbito das reflexões de Nietzsche, Platão é um dos principais responsáveis por aprofundar o recorte iniciado por Sócrates entre uma vida ativa (em termos políticos) e uma vida contemplativa (em termos filosóficos). Apesar de seus posicionamentos geralmente avessos aos efeitos históricos da obra de Platão e do platonismo em geral, Nietzsche demonstra profunda admiração pelo autor até o fim da vida.

mais crua na Cristandade. Não é nada de novo, e só é extraordinário em sua quantidade.

5 [149] Argh, é uma história miserável, a história da filologia! A mais nauseabunda erudição; preguiçosa, inativa indiferença; medrosa submissão. — Quem teve algo de livre?

5 [150] O *culto religioso* pode ser remontado a um *ato de subornar* ou *mendigar* o favor da divindade. O que importa é saber onde seu desfavor precisa ser temido. — Então, quando não se pode ou não se quer alcançar o sucesso *por meio das próprias forças*, recorre-se a poderes sobrenaturais: para *alívio do esforço de viver*. Quando *não* se quer ou *não* se pode corrigir algo *por meio da própria ação*, imploram-se aos deuses uma graça e um perdão para *alívio da consciência pesada*. Os deuses foram inventados para a *conveniência* das pessoas: enfim, também seu culto como a soma de toda a *recreação e diversão*.

Que se dê fim a eles: todos os fardos ficam mais pesados e há muito menos facilidade. — Onde os Olímpicos abandonaram, lá a vida grega ficou mais escura. — Enquanto *pesquisamos* e trabalhamos, os gregos festejam festivais. Eles são *festivos*.

Eles não veem nos deuses seus mestres nem em si mesmos servos, como os judeus. Sua concepção é a de uma casta mais alegre e poderosa, uma imagem do mais bem-sucedido espécime de sua própria casta, isto é, um ideal sem contrariedade à sua própria essência. É possível sentir-se ligado a ele. Há também um mútuo interesse, um tipo de simaquia [aliança]. Quando se criam deuses assim, pensa-se *de modo nobre* acerca de si mesmo. E então mesmo o *mendigar* e *subornar seu favor* têm alguma *nobreza*. Trata-se de uma relação como entre uma aristocracia inferior e uma superior; enquanto isso, os romanos têm uma religião verdadeiramente campesina, com temor de duendes e assombrações.[169]

5 [151] Quero tornar-me mestre da literatura, para que eu, p. ex., compare as ἀναγνωρίσεις [reconhecimentos],[170]

---

169 Ver o aforismo 114 de *Humano, demasiado humano* (orig. 1878).
170 Alusão à categoria aristotélica das cenas de reconhecimento na tragédia e em outras obras da arte poética. Para mais referências sobre o tema, ver Duarte (2012) e Silva (2018: 314–345).

os prólogos no drama etc.

5 [152] *Esboço para 18 aulas*
9. *Honras* junto a cidades, monarcas, festivais, sacrifícios etc. Tiranos.
18. *Formas de morte.*
10. *Grupos de associados,* da mesma aspiração.
11. *Difusão por escolarização.*
12. *Alunos rebeldes.*
6. *Não gregos e gregos,* divisão geográfica.
7. *Escravos e pessoas do mais baixo estrato.*
8. *Pessoas muito nobres.*
13. *Inimizades pessoais,* disputas.
17. *Influência no estado* e ser posto de lado.
14. *Silenciar.*
15. *Menosprezo e incompreensão do passado.*
16. *Difusão por meio de aulas, viagens,* livros, bibliotecas.
2. *Nossas perdas,* tamanho, razões das perdas.
5. *As obras de arte para todos* e aquelas para um círculo limitado.
3. *Alguns princípios* para o estudo da literatura.
1. *Crítica do desenvolvimento,* valor absoluto.
4. *Falsificações.* Mitologia literário-histórica.

5 [153] Um monarca é sempre uma caricatura, algo excessivo; e, quando um povo ainda precisa de um monarca, isso é a prova de que o impulso político do indivíduo ainda é fraco. Quem já provou algo melhor pensa com aversão em ter que olhar para cima e com compaixão naqueles que agem como se olhassem "de cima".

5 [154] Quando vejo que todos os países atualmente promovem a formação clássica, digo para mim mesmo "quão inócua ela deve ser!" E então, "quão útil ela deve ser". O que conquista esses países é a glória de promover a "formação liberal". Que se considere o filólogo para avaliar corretamente essa "liberdade".

5 [155] No *culto religioso* conserva-se um estágio *anterior* da cultura, isto é, "sobrevivências". As épocas que as festejam não são aquelas que as inventaram. O contraste é frequentemente muito claro. O

culto grego conduz-nos de volta a uma direção e moralidade pré-homéricas; é quase o que conhecemos de mais antigo dos gregos; mais antigo do que a mitologia, que os poetas essencialmente transformaram, pelo menos tal como a conhecemos. — *Pode*-se chamar esse culto de *grego*? Duvido. Eles são aperfeiçoadores, não inventores. Eles *conservam* por meio de seu belo aperfeiçoamento.

5 [156] O que para sempre *nos separa* da *cultura antiga* é que seus *fundamentos* se tornaram para nós completamente *arruinados*. Uma crítica dos gregos é, ao mesmo tempo, uma crítica da Cristandade, já que têm os mesmos fundamentos, com crenças em fantasmas, cultos religiosos, encantamento da natureza. — Ainda há uma quantidade de estágios *sobreviventes*; mas estão na iminência de *arruinar-se*.

Essa seria **uma verdadeira tarefa**: *descrever a perda irreparável da Grecidade, e da Cristandade com ela, bem como das fundações de nossa sociedade e política até hoje.*[171]

5 [157] Tarefa: a inevitável *morte da cultura antiga*. É preciso descrever a grega como modelo e indicar a que ponto toda a cultura se baseia em conceitos que estão ruindo.

A perigosa importância: da *arte*, como guardiã e galvanizadora de conceitos mortos e moribundos; da *história*, na medida em que quer nos conduzir de volta para sentimentos que superamos. Sentir "historicamente", "ser justo com o passado" só é possível se estamos ao mesmo tempo acima e *além* dele. Mas o perigo na empatia exigida aqui é grande: deixemos os mortos enterrarem seus mortos para que nós próprios não fiquemos com cheiro de cadáver.[172]

5 [158] *A morte da cultura antiga.*
1. O sentido dos Estudos da Antiguidade até hoje, obscuro, desonesto.

---

171 Livros do período maduro do pensamento de Nietzsche, como *Além do bem e do mal* (orig. 1886) e *Genealogia da moral* (orig. 1887), podem ser interpretados como esforços no sentido de cumprir essa "verdadeira tarefa".
172 Alusão às palavras de Jesus reportadas no Evangelho de Mateus (8, 18–22).

2. Tão logo reconhecem seu fim, condenam-se à morte; pois seu fim é descrever a cultura antiga como uma cultura a ser destruída.

3. Compilação de todos os conceitos a partir dos quais a cultura helênica se formou. Crítica da religião, arte, sociedade, estado, moralidade.

4. A cultura cristã é rejeitada com ela.

5. Arte e história — perigosas.

6. Substituição dos Estudos da Antiguidade, que se tornaram inúteis para a educação da juventude.

Então a tarefa da ciência da *História* está liberada e ela própria se torna supérflua: quando todo o círculo internamente coerente das aspirações passadas foi *condenado*. Seu lugar precisa ser ocupado pela ciência do *futuro*.

5 [159] O *professor de leitura e escrita* e o *revisor* são os protótipos do filólogo.

5 [160] Nossos filólogos estão para verdadeiros educadores como os curandeiros dos selvagens estão para verdadeiros médicos. Que espanto para a posteridade longínqua!

5 [161] Tudo com crítica.

2. Literatura.
2. Conceitos religiosos.
2. Conceitos morais.
1. Educação.
1. Relação de gênero, de país etc. de classe.
2. Estado.
1. Arte da fala, conceito de civilizado e incivilizado.[173]
2. A filosofia e a ciência.
1. Sobre a filologia clássica e a Antiguidade na Modernidade.
1. Sobre gregos e romanos.

Depois de cinco anos e meio, isto é, do outono de 1875 até a páscoa de 1881. A páscoa de 1882 mais sete anos e meio serão meados de 1889, p. ex., mais ou menos com 45 ou 46 anos de idade.

---

173 O original trabalha com derivados da noção de formação [*Bildung*], isto é, *Gebildeten* e *Ungebildeten*. Outra possibilidade de tradução seria: "educado" e "deseducado".

5 [162] Os poetas são entidades retrógradas e pontes para tempos totalmente distantes; são sempre verdadeiros epígonos. Mas são necessários? Pode lhes ser objetado o mesmo que à religião, i.e., que eles oferecem *conforto temporário* e têm algo de paliativo. Eles impedem que as pessoas trabalhem de verdade para sua própria melhoria, já que suprimem e distraem o sofrimento de quem se sente insatisfeito.

5 [163] *Os meios* que as pessoas empregam *contra a dor* são frequentemente *entorpecentes*. Religião e arte fazem parte dos entorpecentes por meio de representações. Elas harmonizam e acalmam; trata-se de um estágio da *medicina inferior* que se dedica às dores do espírito. *Eliminação* da *causa do sofrimento* por meio de uma simulação, p. ex., quando uma criança morre, simular que ainda vive, ainda mais bela, e que há de acontecer um reencontro. Assim deve ser a religião para o pobre, com sua consolação.

A tragédia ainda é possível para quem já não acredita em nenhum mundo metafísico? Convém indicar que mesmo o *que há de mais elevado* na humanidade atual se ergueu com base nessa medicina inferior.

5 [164] Voltamos nosso olhar para um considerável lapso de tempo da humanidade; como será uma humanidade que voltar seu olhar para nós de uma tal distância? Um tempo que nos encontra ainda afogados nas ruínas da cultura antiga? Que encontra sua salvação apenas em "ser prestativo e bom" e recusa todas as outras consolações?[174] — Também a beleza brota da cultura antiga? Acredito que nossa *hediondez* depende de nossas ruínas metafísicas; a causa é nossa confusão moral, nossa miséria matrimonial etc. A pessoa bela, a pessoa saudável, temperante e empreendedora, torna tudo ao seu redor também belo, à sua semelhança.

---

174 Segundo Arrowsmith (1990: 380), haveria uma alusão ao poema de Goethe intitulado "O divino" ["Das Göttliche"], especialmente aos versos de sua última estrofe: "Que a pessoa nobre/ Seja prestativa e boa!/ Que incansavelmente forje/ O útil, o correto/ E seja para nós um modelo/ Antecipado de tal natureza!". No original: "Der edle Mensch/ Sei hülfreich und gut!/ Unermüdet schaff' er/ Das Nützliche, Rechte,/ Sei uns ein Vorbild/ Jener geahneten Wesen!".

5 [165] Na natureza dos deuses e no culto gregos, é possível encontrar todos os sinais de uma antiquíssima situação cruel e sombria; tivessem os gregos permanecido nela, teriam se tornado algo muito diverso. *Homero* liberou-os com a frivolidade característica de seus deuses. A transformação de uma *religião selvagem e sombria numa religião homérica* é certamente o *maior dos eventos*. Que se levem em conta as contracorrentes, as manifestações de antigas representações, a adoção de representações afins e estrangeiras.
1. Pré-história cruel e sombria. Fetichismo. Sacrifício humano etc. Medo da morte e culto a ela.
2. Espetáculos do culto.
3. Impulsos posteriores e retornos da religião sombria mais antiga.
4. Formas de alívio e frivolidade da religião. Poetas da Jônia.
5. Entorpecentes e desculpas contra a dor e as dificuldades da vida.
6. Discutir e criar em torno ao mito; misturar e reconciliar.
7. A descrença.
8. A arte como força totalmente conservadora e contrária ao esclarecimento [*Aufklärung*].
9. O Estado busca seu fundamento no religioso. Também a sociedade.
10. A religião, concebida para divertir o povo, mantendo-o a salvo da miséria e do tédio.
Culto.
1. Prece. (Maldição, juramento).
2. Sacrifício.
3. Êxtase e seus meios. Mântica. Oráculo. Exorcismo. Magia. O sacerdote.
4. Orientação. (Forma do templo).
5. Purificação. (Mistérios).
6. Formas complexas: festivais com espetáculos.
a) Cultos do Estado.
b) Cultos familiares.
c) Culto doméstico.

d) Culto dos mortos.

5 [166] Sobre religião.

I O amor é o *estratagema* da Cristandade em sua ambiguidade. (O amor sexual na Antiguidade concebido de forma pura por Empédocles).[175]

II O amor cristão, baseado na negação.

III A atividade do cristão em contraste com a calma budista.

IV Nenhuma religião da vingança e punição! Os judeus, o *pior* povo.[176]

---

[175] Para mais informações sobre Empédocles e sua concepção de amor, ver a nota à entrada 5[36].

[176] Nos anos finais da influência direta da amizade com Wagner, ainda é possível encontrar declarações de viés contrário aos judeus e sua cultura nos escritos de Nietzsche. Mesmo nesses casos, contudo, essas declarações são mais antijudaicas do que propriamente antissemitas, uma vez que sua motivação está em questões de ordem histórico-religiosa e não étnico-racial. As críticas de Nietzsche ao judaísmo podem ser entendidas dentro do quadro mais amplo de oposição radical ao nacionalismo e ao Cristianismo (algumas vezes, inclusive, explorando o antissemitismo de autores cristãos para lembrar-lhes de que Cristo foi antes de tudo um judeu rebelde) (Holub 2016). A esse respeito, inúmeros trechos de sua obra poderiam ser citados (*A gaia ciência* 99, 136, 137, 139, 348; *Aurora* 38, 68, 70, 84, 205, 334; etc.), mas é instrutivo levar em conta o que já se encontra num trecho de 1878, no final do aforismo 475 de *Humano, demasiado humano*: "Diga-se de passagem que o problema dos judeus existe apenas no interior dos Estados nacionais, na medida em que neles a sua energia e superior inteligência, o seu capital de espírito e de vontade, acumulado de geração em geração em prolongada escola de sofrimento, devem preponderar numa escala que desperta inveja e ódio, de modo que em quase todas as nações de hoje — e tanto mais quanto mais nacionalista é a pose que adotam — aumenta a grosseria literária [*litterarische Unart*] de conduzir os judeus ao matadouro, como bodes expiatórios de todos os males públicos e particulares. Quando a questão não for mais conservar as nações, mas criar uma raça europeia mista que seja a mais vigorosa possível, o judeu será um ingrediente tão útil e desejável quanto qualquer outro vestígio nacional. Características desagradáveis, e mesmo perigosas, toda nação, todo indivíduo tem: é cruel exigir que o judeu constitua exceção. Nele essas características podem até ser particularmente perigosas e assustadoras; e talvez o jovem especulador da Bolsa judeu seja a invenção mais repugnante da espécie humana. Apesar disso, gostaria de saber o quanto, num balanço geral, devemos relevar num povo que, não sem a culpa de todos nós, teve a mais sofrida história entre todos os povos, e ao qual devemos o mais nobre dos homens (Cristo), o mais puro dos sábios (Spinoza), o mais poderoso dos livros e a lei moral mais eficaz do mundo. E além disso: nos tempos mais sombrios da Idade Média, quando as

V Ideias importadas: morte por representação.
VI O Estado clerical. Hipocrisia. Aversão a lidar seriamente com todos os problemas. (Sacrifício ritual, coerção dos deuses).
VII O maior pecado contra o entendimento da humanidade é a Cristandade histórica.
VIII Deus inteiramente supérfluo.
IX O declínio da humanidade: nada eterno.
X Irrelevância de todos os motivos, impureza do pensamento, enganos de todos os tipos, classes e aspirações.
XI Viver apenas sob ilusões ou ao modo difícil, sem esperança, sem engano, sem providências, sem redenções e imortalidades, mas com um olhar de amor compassivo para si mesmo. Abismo entre as duas cosmovisões, a cotidiana e a dos mais raros instantes de sentimento e pensamento. (Desprezo e amor, entendimento e sentimento igualmente poderosos). Essa concepção de religião requer o conhecimento (como ferramenta para o entendimento capaz de desprezar as fraquezas e a falta de propósito das pessoas). Quanto maior o conhecimento, tanto mais se eleva a consciência do mundo. — A luta contra a necessidade — um princípio da vida. O entendimento do que há de ilusório em todos os objetivos e na compaixão consigo mesmo — o outro.[177]

---

nuvens asiáticas pesavam sobre a Europa, foram os livres-pensadores, eruditos e médicos judeus que, nas mais duras condições pessoais, mantiveram firme a bandeira das Luzes e da independência intelectual, defendendo a Europa contra a Ásia; tampouco se deve menos aos seus esforços o fato de finalmente vir a triunfar uma explicação do mundo mais natural, mais conforme à razão e certamente não mítica, e de o anel da cultura que hoje nos liga às luzes da Antiguidade greco-romana não ter se rompido. Se o Cristianismo tudo fez para orientalizar o Ocidente, o judaísmo contribuiu de modo essencial para ocidentalizá-lo de novo: o que, num determinado sentido, significa fazer da missão e da história da Europa *uma continuação da grega*". (Nietzsche [1878] 2005: 233-234, trad. Paulo César de Souza).

177 Na linha do que apontam Cancik & Cancik-Lindemaier (2014: 267), é improvável que Nietzsche — enquanto catedrático da Universidade da Basileia — pudesse publicar críticas tão radicais ao Cristianismo em 1875. Mas o fato de que elas apareçam registradas em cadernos dessa época indica quanto tempo leva até que possam ser dadas a público num livro como *O Anticristo: Maldição ao cristianismo* (orig. 1888).

5 [167] *Sobrepujar* a Grecidade por meio da ação deveria ser a tarefa. Mas para isso seria preciso conhecê-la primeiro! — há uma profundidade que é apenas desculpa para a inação. Que se pense no que Goethe entendia da Antiguidade; certamente não tanto quanto um filólogo e, ainda assim, o bastante para levá-lo a uma emulação frutífera. Ninguém *deveria* saber mais sobre algo do que também pudesse criar. Além disso, o único modo de verdadeiramente *conhecer* algo é quando se procura *fazê-lo*. Que se tente viver ao modo antigo — chega-se cem léguas mais perto dos antigos assim do que com toda a erudição. — Nossos filólogos não mostram que eles de algum modo *emulam* a Antiguidade — por isso, *sua* Antiguidade é sem efeito sobre os alunos.

Programa de **competição** (Renascimento, Goethe) e *programa* de **desesperação**![178]

5 [168] *Não há nada demais* num autor corretamente editado.

5 [169] A noção errada acerca do engajamento com os antigos atrapalha mesmo os melhores.

5 [170] As ciências serão talvez um dia conduzidas pelas mulheres: os homens devem *tornar-se criativos*: Estados, leis, obras de arte etc.

5 [171] Seria preciso estudar a Antiguidade *exemplar* exatamente como se estuda uma *pessoa exemplar*: imitando tanto quanto se for capaz de compreender e, quando o modelo for muito distante,

---

178 Há uma clara influência dos primeiros românticos alemães [*Frühromantiker*] na concepção que Nietzsche propõe da relação entre os modernos e a Antiguidade. Que se leve em conta uma passagem como a de n. 56 dos "Fragmentos sobre filologia – II", presente na obra *Fragmentos sobre poesia e literatura (1798-1803)*, de Friedrich Schlegel: "Quem quisesse traduzir perfeitamente para o moderno teria de dominá-lo de tal modo que fosse capaz de transformar tudo em moderno; ao mesmo tempo, deveria entender o antigo de tal modo que pudesse não só imitá-lo, mas até mesmo criá-lo novamente". (Schlegel [1797-1803] 2016: 58, trad. Constantino Luz de Medeiros e Márcio Suzuki). Sobre essa dimensão romântica de algumas de suas concepções, principalmente no caso das obras de juventude, o próprio Nietzsche demonstra ter consciência, como deixa claro na seção sete de sua "Tentativa de autocrítica" [*Versuch einer Selbstkritik*], publicada como prefácio da edição de 1886 de *O nascimento da tragédia ou Helenismo e pessimismo* (edição que sai com esse novo título, em vez de *O nascimento da tragédia do espírito da música*).

ficando atento às vias e preparações, *descobrindo* estágios intermediários.

A *medida* do programa jaz aí: *apenas o que nos incita à imitação, o que se compreende com amor e que demanda ser passado adiante, deve ser estudado*. Isso seria o *mais correto*: um cânone *progressivo* com *modelos exemplares, apropriado* para *crianças, jovens e pessoas mais velhas*.

5 [172] *Desse modo* Goethe apropriou-se da Antiguidade: sempre com uma alma competitiva. Mas quem mais? Nada se vê de uma pedagogia cuidadosamente pensada desse modo: quem sabe que existem conhecimentos da Antiguidade para os quais a juventude não está preparada?

5 [173] O caráter *pueril* da filologia: pensada para alunos por professores.

5 [174] Uma forma sempre *mais geral* do *exemplar*: primeiro, pessoas; então, instituições; finalmente, direções, objetivos ou falta deles.

A forma mais elevada: *superação do modelo* com a reversão de tendências para instituições, de instituições para pessoas.

5 [175] O *avanço de uma ciência ao custo do ser humano* é a coisa mais destrutiva do mundo. O ser humano atrofiado é uma regressão para a humanidade; ele lança sua sombra sobre cada época. Isso corrompe a convicção, o propósito natural da ciência específica: ela própria no final das contas vem abaixo; ela parece bem avançada, mas se mostra sem efeito ou apenas com efeitos imorais sobre a vida.

5 [176] Não utilizar seres humanos como *coisas*!

5 [177] Da muito imperfeita filologia e do conhecimento da Antiguidade veio uma corrente de liberdade; a nossa, muito desenvolvida, escraviza e se põe a serviço dos ídolos do Estado.

5 [178] Quanto melhor a organização do Estado, tanto mais apática a humanidade.

Fazer o indivíduo *desconfortável*: minha tarefa!

Apelo por liberação do indivíduo na luta!

Os picos do intelecto têm seu *tempo* na história e a energia herdada entra aí. No Estado ideal isso desaparece.

5 [179] A cultura intelectual da Grécia, uma aberração do enorme impulso político em prol do ἀριστεύειν [ser excelente]. — A πόλις [pólis] altamente avessa à nova educação. *Apesar disso*, a cultura existia.[179]

5 [180] O supremo juízo sobre a vida a partir apenas da suprema energia da vida; o espírito precisa ficar o mais distante possível da *apatia*.

Nos períodos *intermediários* da história mundial, o juízo será o mais correto, pois é aí que os maiores *gênios* existem.

Produção do gênio como a única coisa que pode verdadeiramente *estimar* e *negar* a vida.

5 [181] Walter Scott amava estar em sociedade, porque queria contar histórias; ele treinava como um virtuose treina sete horas de piano.

5 [182] *Salvai vosso gênio!* Deveria ser dito às pessoas. Liberai-o! Fazei tudo para desacorrentá-lo!

5 [183] Os fracos, pobres de espírito, não *têm o direito* de julgar a vida.

5 [184] Quando bons amigos etc. louvam-me, civilidade e simpatia me levam a abertamente parecer estar alegre e agradecido; mas em verdade isso me é indiferente. Minha natureza própria é totalmente inerte com relação a isso e não pode ser alterada um passo sequer do sol ou da sombra em que se encontra. — Mas as pessoas querem causar alegria por meio do louvor e ficariam ofendidas se não ficássemos alegres com seu louvor.[180]

5 [185] Não se deve esperar do futuro da humanidade o que certas épocas do passado produziram, p. ex., os efeitos do sentimento religioso. Talvez o tipo do santo só seja possível segundo certa propensão do intelecto, a partir de algo que já acabou. Mesmo a *elevação* da inteligência talvez tenha sido reservada a uma época da

---

179 Ver nota à entrada 5[100].
180 Ver o aforismo 360 de *Humano, demasiado humano* (orig. 1878).

humanidade. Imensa energia da vontade, transferida para esforços mentais (aberração) — possível apenas enquanto essa selvageria e energia fossem amplamente cultivadas. A humanidade talvez chegue mais perto de seu objetivo no meio do caminho do que no fim. — Forças das quais a arte depende poderiam ser extintas, p. ex., o prazer na mentira, na ambiguidade, no simbólico etc., mesmo a embriaguez poderia se tornar detestável. E basicamente: quando a vida está organizada no Estado ideal, não há mais possibilidade de poesia do *presente*; no melhor dos casos, ela encara o passado com nostalgia, em busca do tempo de um Estado não ideal.

5 [186] Infância e juventude têm seu fim em si; não são um *estágio*.

5 [187] Gostaria de um livro sobre o *modo de vida dos eruditos*.[181]

5 [188] *Objetivos*.

O valor da vida apenas pode ser medido por meio do *mais elevado intelecto* e do coração mais quente.

Como as mais elevadas inteligências são produzidas? —

Os objetivos de produzir *bem-estar humano* são em geral totalmente *diversos* dos de produzir a mais elevada inteligência. O bem-estar é muito apreciado e tomado de forma totalmente superficial, bem como a escola e a educação.

O Estado ideal, com o qual os socialistas sonham, destrói o *fundamento* das grandes inteligências, a energia violenta.[182]

---

181 A crítica de Nietzsche às pretensões de objetividade da erudição científica de sua própria época passa pela demonstração de relações profundas entre posicionamentos científicos e aspectos da vida pessoal do erudito. Embora os Estudos Clássicos sejam uma das áreas mais resistentes a assumir a subjetividade inevitável de seus praticantes, uma vez que "universalidade" e "objetividade" fazem parte dos mitos fundadores, respectivamente, de seu humanismo renascentista e de seu cientificismo historicista, a questão da vida (inclusive em termos socioeconômicos) de quem trabalha na área tem sido abordada em trabalhos recentes. Algo que aponta nesse sentido é a publicação de um livro como *Compromising Traditions: The personal voice in Classical Scholarship*, editado por Judith Hallett e Thomas van Nortwick (1997), no qual vários classicistas assumem seus lugares de fala e a implicação dos mesmos sobre suas pesquisas.

182 Os posicionamentos antissocialistas de Nietzsche são fruto de um elitismo do espírito, de base romântica, uma vez que se pautam por uma ideia de gênio como indivíduo excepcional, destacado por sua capacidade de criação e (auto)-

Deveríamos desejar que a vida mantivesse seu caráter *violento* para que forças e energias *selvagens* emergissem. O juízo sobre o valor da existência é o mais elevado resultado da mais violenta *tensão* no caos.

Mas o coração mais quente quer o afastamento desse caráter violento, selvagem; ainda que ele próprio emerja daí! Ele quer o afastamento de seu próprio fundamento! Isto é, ele não é inteligente.

A mais elevada inteligência e o coração mais quente não podem estar reunidos numa única pessoa. A mais elevada inteligência é *superior* a todos os bens; mesmo *ela* é apenas algo *estimável* no cômputo geral da vida; o sábio se põe acima disso.

O *sábio* deve se opor aos desígnios do bem ininteligente porque o que lhe importa é a reprodução de seu próprio tipo. Ainda menos pode ele *promover* o Estado ideal. — Cristo promoveu a estupidez dos seres humanos; interrompeu a produção de grandes intelectos. Consistentemente! Seu oposto seria talvez um obstáculo para a produção de novos Cristos. — *Fatum tristissimum generis humani!* [Tristíssimo fado do gênero humano!]

5 [189] *Proêmio*
Se eu fosse livre de fato, não teria necessidade de todas essas disputas, mas poderia me voltar para um trabalho ou ato em que testasse toda a minha força. — Atualmente posso apenas esperar me tornar gradualmente livre; e até agora sinto que me torno cada vez mais. Assim, há de vir o dia de meu verdadeiro *trabalho*, e a *preparação* para os Jogos Olímpicos estará *terminada*. —

5 [190] Aproxima-se de mim o momento em que exporei opiniões consideradas *vergonhosas* por aqueles que as têm; então mesmo amigos e conhecidos se tornarão reservados e temerosos. Eu também precisarei atravessar esse fogo. Então pertencerei mais a mim do que nunca. —[183]

---

formação a partir da emulação contra adversários, com desdobramentos positivos inclusive em termos de avanço cultural de sua própria sociedade.
183 A esse respeito, é significativo o aforismo 275 de *A gaia ciência* (orig. 1882): "Qual o emblema da liberdade alcançada? — Não mais envergonhar-se de si mesmo".

5 [191] Quem chegasse à consciência sobre a produção do gênio e quisesse pôr em prática o modo como procede a natureza, precisaria se tornar tão mau e indiferente quanto a própria natureza.

5 [192] Acho as *Memoráveis* de Xenofonte muito interessantes. Ainda é preciso reconhecer o modelo de Sócrates: ele ainda é imediatamente imitável. Os ἀνδραποδισταὶ ἑαυτῶν [escravizadores de si mesmos] trespassam-me.[184]

5 [193] O Sócrates de Platão é no sentido próprio uma caricatura, um excesso.[185]

5 [194] Abuse das pessoas, leve-as a extremos e, ao longo de séculos, — então, através de uma *aberração* da natureza, através de uma fagulha extraída da terrível energia assim incendiada, surge aí o gênio. — Isso é o que a história me conta. Horrível visão! Ah, não consigo te tolerar! —

5 [195] Os *gregos* do *Período Imperial* são *apáticos* e se mostram muito bem como os tipos da futura humanidade. Parecem ser filantropos, ainda mais com relação a Roma, execram lutas de gladiadores etc. — É totalmente errado inferir daí o que foram em seu tempo de juventude.

5 [196] *Homero* está tão à vontade com seus deuses humanizados e, como poeta, tem nisso um tal prazer que ele deve ter sido profun-

---

(Nietzsche [1882] 2012: 165, trad. Paulo César de Souza).
184 A expressão alude aos sofistas, como indica o seguinte trecho das *Memoráveis* (1.2.6) de Xenofonte: τοὺς δὲ λαμβάνοντας τῆς ὁμιλίας μισθὸν ἀνδραποδιστὰς ἑαυτῶν ἀπεκάλει διὰ τὸ ἀναγκαῖον αὐτοῖς εἶναι διαλέγεσθαι παρ' ὧν ἂν λάβοιεν τὸν μισθόν ("Àqueles que recebem pagamento em troca da instrução, [Sócrates] chama de 'escravizadores de si mesmos' porque se obrigam a conviver com as pessoas de quem recebem o pagamento"). Na linha do que sugere Arrowsmith (1990: 386), Nietzsche parece estar se referindo criticamente a seu próprio trabalho como professor de filologia clássica na Universidade da Basileia. A esse respeito, são instrutivas suas observações sobre a liberdade intelectual de Schopenhauer, isento de amarras institucionais, como fica indicado nas seções dois e dez da terceira das *Considerações intempestivas: Schopenhauer como educador* (orig. 1874).
185 É preciso compreender esse tipo de colocação dentro da crítica mais ampla de Nietzsche ao platonismo e seus efeitos históricos.

damente irreligioso. Ele relaciona-se com eles como um escultor com sua argila e seu mármore.[186]

5 [197] A pólis grega tende a excluir a formação; seu impulso político era nesse sentido altamente deformante e conservador. Não deveria existir nenhuma *história*, nenhuma *mudança* na formação; ela deveria estar pronta de uma vez por todas. Mais tarde, mesmo Platão a desejaria assim. *Apesar* da pólis, a formação mais elevada surgiu: indiretamente, por causa dela, pois a ambição do indivíduo por causa dela chegou ao máximo. Se um grego buscasse a distinção intelectual, ele iria até o último extremo.

5 [198] *A primeira povoação* do solo grego: povo de origem mongólica com um culto à árvore e à serpente. A costa coberta com uma faixa semítica. Aqui e ali, trácios. Os gregos receberam todos esses componentes em seu sangue, bem como todos os deuses e mitos (nas histórias de Odisseu há algo de mongólico). A invasão dórica é um *movimento tardio*, bem depois de toda a tomada que a precedera. O que são "raças gregas"? Não basta supor que elementos itálicos misturados com trácios e semíticos se tornaram *gregos*?[187]

5 [199] Quando se considera o número imenso de escravos no continente, certamente só se encontravam *gregos* de forma esporádica. Uma casta *superior* de ociosos, políticos etc. Suas *inimizades* mantinham-nos em tensão física e mental. Eles tinham que manter sua *superioridade* em termos de *qualidade* — esse era seu feitiço sobre as massas.[188]

5 [200] *O discurso de Péricles* é uma enorme ilusão otimista, o crepúsculo com o qual se esquece um dia ruim — e então a noite sobrevém.[189]

---

186 Ver o aforismo 125 de *Humano, demasiado humano* (orig. 1878).
187 Nietzsche opõe-se assim à ideia, então hegemônica na ciência da Antiguidade, de que os povos helênicos teriam algum tipo de pureza em termos étnico-raciais e, consequentemente, também em termos culturais. A esse respeito, ver a entrada 2[5], assim como a nota à entrada 5[65].
188 Ver a entrada 5[72].
189 Em referência ao discurso que Tucídides reporta ter sido pronunciado por Péricles em 431/430 AEC, no final do primeiro ano da guerra do Peloponeso (431-404 AEC), em homenagem aos atenienses mortos até então durante o conflito contra Esparta (*História da guerra do Peloponeso* 2.34-46).

[6 = U II 8c. Verão? 1875]

6 [1] *Imitação* da Antiguidade.
O meio (a filologia) torna ao filólogo a imitação impossível. Saber sem poder.[190]
Daí: ou a filologia se torna puramente histórica — ou a filologia deixa totalmente de existir (Schiller).
Mesmo o conhecimento histórico da Antiguidade é mediado através da reprodução, da imitação.
A Grecidade goethiana (a σωφροσύνη [temperança] grega na arte transferida para as pessoas morais).

6 [2] A Antiguidade grega como uma coleção clássica de exemplos para o esclarecimento de toda a nossa cultura e seu desenvolvimento. Trata-se de um meio para *nos compreender*, julgar nosso próprio tempo e, assim, ultrapassá-lo.
O fundamento pessimista de nossa cultura.

6 [3] *Sócrates*, é preciso admitir isso logo, está tão próximo de mim que eu quase sempre estou disputando contra ele alguma disputa.

6 [4] Ciência e sabedoria em disputa.
Ciência (N.B. *antes* que se torne hábito e instinto) surge:
1) quando os deuses não são pensados como bons. Grande vantagem em reconhecer algo como *seguro*.
2) o egoísmo impulsiona o indivíduo, em certos empreendimentos, p. ex., navegação, a buscar sua vantagem por meio da ciência.
3) algo para pessoas nobres que têm ócio. Curiosidades.
4) no selvagem ir-e-vir das opiniões do povo, o indivíduo quer um fundamento mais seguro.
Em que se diferencia esse impulso para a ciência daquilo que é o impulso geral para aprender e adquirir algo? Apenas no que diz respeito a um grau mais estrito de egoísmo ou a uma maior extensão do mesmo. *Primeiro*, um perder-se nas coisas. *Segundo*, um interesse por si próprio que transcende o indivíduo.
A sabedoria mostra-se:

---

190 A expressão em alemão contém um jogo poético de palavras não reproduzido na tradução: *Kennen ohne können.*

1) em generalizações ilógicas e com saltos para objetivos finais.
2) no relacionar esses resultados com a vida.
3) na importância ilimitada que se arroga à própria alma. Uma só coisa é a necessária.
Socratismo é
em primeiro lugar, sabedoria no levar a alma a sério.
em segundo, ciência, como medo e ódio de generalizações ilógicas.
em terceiro, algo de peculiaríssimo por causa da busca pela forma consciente e lógica do agir corretamente.
Daí surge o dano para a ciência, para a vida ética.

6 [5] Ciência e sabedoria em conflito é algo representado nos antigos filósofos gregos.

6 [6] 1) Como o mundo se mostra colorido para esses gregos antigos?
2) Como se relacionam com os não filósofos?
3) Muito depende de suas *personalidades*: desvendá-las é o sentido de meu estudo de suas vidas.
4) Ciência e sabedoria em conflito entre eles.
5) Novela irônica: tudo é falso. Como o ser humano se sustenta por um fio.

6 [7] Há também um modo de contar essa história que é *irônico* e *totalmente lamentoso*. Em todo caso, quero evitar o tom estritamente sério.
Sócrates *arruinou tudo*, num piscar de olhos, quando *mais* se aproximou da verdade; isso é particularmente *irônico*.
Representar tudo com o pano de fundo do mito. Sua ilimitada incerteza e flutuação. Aspira-se a algo mais certo.
Apenas onde existiu o brilho do mito é que luziu a vida dos gregos; fora disso, ela é escura. Agora esses filósofos abdicam do mito; mas como vão se manter nessa escuridão? —
O indivíduo que quer depender *de si mesmo*. Para isso é preciso *conhecimentos últimos*, filosofia. As outras pessoas precisam de uma ciência que se desenvolve lentamente.

Ou antes: há uma crença necessária, que é a de possuir tais conhecimentos últimos. Um tal grau de crença no próprio conhecimento, como o que os gregos antigos tiveram, jamais há de haver de novo: mas eles ainda não tinham em mente a dificuldade e o perigo do conhecimento; eles tinham uma crença palpável em si mesmos, por meio da qual superaram todos os seus vizinhos e predecessores. A alegria na possessão da verdade jamais foi maior no mundo, mas igualmente jamais o foram a dureza, a arrogância, o *tirânico*. Em seus desejos secretos, todo grego era tirano; principalmente todo aquele que podia sê-lo, com a exceção talvez de Sólon, a julgar por sua própria poesia.[191]

Mesmo a independência é apenas aparente: ao fim e ao cabo, cada um deles se ligava a seu predecessor. Fantasma com fantasma. É cômico levar tudo isso tão a sério.

Toda a filosofia antiga como um curioso *labirinto* da razão. É preciso alcançar um tipo de tom onírico e fabuloso.[192]

6 [8] *Aristóteles em seu juízo estético.*
contra Empédocles.

---

191 Sólon (ca. 638–558 AEC), nascido em Atenas, estadista, legislador e poeta. Responsável por intervenções políticas pontuais que evitam as consequências mais graves de uma série de distúrbios sociais em Atenas. É reconhecido pela equanimidade de suas leis, capazes de agradar parte considerável dos setores populares, sem desagradar demais os aristocratas do período. Sua poesia supérstite, preservada em fragmentos (citações que outras obras fazem dela, principalmente *A constituição dos atenienses*, atribuída a Aristóteles), é uma rica fonte de informações para a situação histórica e política de Atenas na primeira metade do século VI AEC. Para mais informações e referências sobre Sólon, ver Irwin (2005), Noussia-Fantuzzi (2010) e Silva (2022b: 29–44). Há uma tradução completa dos fragmentos atribuídos a Sólon no apêndice da dissertação *Arqueologias do drama: Uma arqueologia dramática* (Silva 2018: apêndice 12–32). Sobre uma reconsideração por parte de Nietzsche do que pode haver de tirânico nas ações de Sólon, que se leve em conta o que fica dito no aforismo 261 de *Humano, demasiado humano* (orig. 1878), quando aborda os filósofos gregos como "tiranos do espírito": "Talvez apenas Sólon fosse uma exceção; em seus poemas ele diz como desprezava a tirania pessoal. Mas o fazia por amor à sua obra, à sua legislação; e ser legislador é uma forma sublimada de tirania". (Nietzsche [1878] 2005: 163, trad. Paulo César de Souza).
192 Algumas das ideias centrais dessa entrada são retomadas e desenvolvidas no aforismo 261 de *Humano, demasiado humano* (orig. 1878).

com relação à tragédia.
Demóstenes.
Tucídides.
arte plástica.
música.

6 [9] O desenvolvimento da *música* grega segue paralelamente ao da *filosofia*. Comparar ambas enquanto testemunhos da natureza helênica. A música, certamente, conhecida por nós apenas a partir de sua sedimentação como lírica.

Empédocles — tragédia   monódia sagrada.
Heráclito — Arquíloco   Xenófanes simpótico.[193]

---

193 Heráclito (ca. 500-450 AEC), nascido em Éfeso, pensador voltado para as questões da *phýsis*, principalmente para a instabilidade da existência em seu devir e a dificuldade do discurso humano para captar essa realidade. Tradicionalmente classificado entre os "pré-socráticos", de sua obra restam apenas fragmentos (organizados por Hermann Diels em 1903). A esse respeito, ver Diels & Kranz (1960[1]: 139–190). Nietzsche demonstra apreço considerável pelo pensamento de Heráclito, como atestam algumas alusões positivas ao longo de sua obra. A ele vêm dedicadas as seções 5-8 de seu escrito póstumo *A filosofia na era trágica dos gregos* (escrito originalmente em 1873). Há uma tradução dessa obra para o português por parte de Fernando R. de Moraes Barros (Nietzsche [1873] 2008b: 70–73).
Arquíloco (ca. 680-645 AEC), nascido na ilha de Paros, poeta reconhecido pela mordacidade de seus versos (em geral jâmbicos ou elegíacos), por meio dos quais aborda assuntos polêmicos e indecorosos, recorrendo inclusive à invectiva aberta contra seus adversários e à maledicência de cunho sexual e erótico. Seus poemas sobrevivem apenas em fragmentos, reunidos por Martin West (19711: 1–108). Para mais informações e referências sobre a poética de Arquíloco, ver Corrêa (2009). O poeta ocupa um lugar de destaque na reflexão do jovem Nietzsche sobre o desenvolvimento da poesia entre os gregos antigos, como atesta a seção seis de *O nascimento da tragédia* (Nietzsche [1872] 2007: 45, trad. Jacó Guinsburg).
Xenófanes (ca. 570-475 AEC), nascido em Cólofon (na Jônia), tem uma atividade como poeta de versos elegíacos e jâmbicos, nos quais aborda de forma crítica temas filosóficos da tradição jônica (incluindo a *phýsis*, os deuses e mesmo acontecimentos históricos). Alguns de seus poemas parecem ter sido compostos para apresentação em banquetes (simpósios), refletindo explicitamente sobre a composição conveniente para certos tipos de ocasião de performance. Tradicionalmente classificado entre os "pré-socráticos", de sua obra restam apenas fragmentos. A esse respeito, ver Diels & Kranz (1960[1]: 113–139). Nietzsche parece simpatizar com algumas das colocações de viés teológico de Xenófanes,

Demócrito — Anacreonte[194]

Pitágoras[195] — Píndaro

Anaxágoras[196] — Simônides.

como indica o início da seção dez de seu escrito póstumo *A filosofia na era trágica dos gregos* (escrito em 1873). Ver Nietzsche ([1873] 2008b: 78-81).
194   Demócrito (ca. 460-370 AEC), nascido em Abdera, discípulo e sucessor de Leucipo de Mileto, pensador reconhecido na Antiguidade por numerosos escritos sobre questões físicas e éticas, especialmente pela teoria atômica. Tradicionalmente classificado entre os "pré-socráticos", de sua obra restam apenas fragmentos (Diels & Kranz 1960²: 81-230). O jovem Nietzsche demonstra admiração pela filosofia de Demócrito, especialmente pelo espaço que seu sistema oferece para a colisão e a oposição como forças motrizes do devir. Um dos projetos filológicos do jovem Nietzsche é justamente o estudo e a edição do *corpus* atribuído a Demócrito. Sobre o tema, ver Porter (2000: 82-126).
Anacreonte (ca. 563-478 AEC), nascido em Teos (na Jônia), poeta reconhecido por canções simposiásticas, abordando os prazeres do amor e do vinho em geral, louvando a beleza e a juventude. Suas composições mélicas são muito apreciadas em sua própria época e angariam um rico legado na obra de imitadores que compõem, segundo seu modelo, poesias chamadas anacreônticas.
195   Pitágoras (ca. 570-495 AEC), nascido em Samos (na Jônia), filósofo e matemático, reconhecido como grande líder de um movimento de viés filosófico-religioso que eventualmente se tornaria conhecido como pitagorismo. As informações sobre ele costumam ser muito posteriores à sua morte, de modo que pouco se sabe de confiável sobre sua vida e sua obra. Tradicionalmente classificado entre os "pré-socráticos" (Diels & Kranz 1960¹: 96-105). As referências de Nietzsche a Pitágoras tendem a explorar o que pode haver de produtivo em sua atuação como líder político (*O nascimento da tragédia* 11; *Humano, demasiado humano* 261), mas também o charlatanismo no comportamento de fundadores de cultos (*A gaia ciência* 149 e 351).
196   Anaxágoras (ca. 500-428 AEC), nascido em Clazômenas, pensador que dissemina a filosofia jônica em Atenas, aonde chega por volta do ano de 442 e passa a integrar o círculo de Péricles, com influência sobre figuras tão relevantes quanto Eurípides e Sócrates. Aparentemente, seu interesse por astronomia e pela *phýsis* leva-o a posicionamentos críticos da religiosidade tradicional, incluindo a divinização de elementos da natureza. É acusado e condenado por impiedade em Atenas no ano de 432. Apesar de ter exposto algumas de suas teorias por escrito, sua obra sobrevive apenas em fragmentos (Diels & Kranz 1960²: 5-44), organizados junto com a de outros "pré-socráticos". Relevante é a posição de Anaxágoras na exposição que Nietzsche propõe em seu escrito póstumo *A filosofia na era trágica dos gregos* (composto em 1873), na medida em que seu sistema filosófico é analisado desde a seção catorze até a última (dezenove). Apesar disso, como indica a alusão contida na seção doze de *O nascimento da tragédia* (orig. 1872), o

Toda comparação de pessoas é enviesada e estúpida.[197]

6 [10] As *filosofias* são *sombras do Hades* em comparação com a vida grega: elas a refletem, mas como se por detrás de uma cortina de fumaça.

É preciso seguir essas pessoas de perto até que um poeta consiga recriá-las: a fantasia complementadora de muita gente precisa trabalhar aí.

Elas são raras demais para que se possa permitir-lhes escapar. Quão pouco se deixa extrair de cada informação por meio de crítica e esforço para apertá-la e espremê-la!

6 [11] *Introdução.*

Capítulo 1. Comparação dos filósofos gregos mais antigos com as seitas filosóficas posteriores a Sócrates.

Capítulo 2. As cronologias dos filósofos mais antigos.

Exposição:

Tanto depende do desenvolvimento da cultura grega porque todo o nosso mundo ocidental teve nela seus primeiros impulsos: a fatalidade quis que a Grecidade posterior e decadente exer-

---

reconhecimento da influência de Anaxágoras sobre a cultura grega do período clássico não vem isento de críticas por parte de Nietzsche. Ver Busellato (2021).
197 A conclusão dessa anotação pode parecer surpreendente pelo que fica sugerido nas comparações propostas anteriormente pelo próprio Nietzsche, mas deve ser entendida à luz da ideia apresentada na seção sete do capítulo "Porque sou tão sábio" de *Ecce homo* (orig. 1908): "nunca ataco pessoas — sirvo-me da pessoa como uma forte lente de aumento com que se pode tornar visível um estado de miséria geral porém dissimulado, pouco palpável". (Nietzsche [1908] 2008a: 30, trad. Paulo César de Souza). Precisamente nesse sentido deve ser entendida a comparação das personalidades de filósofos gregos que Nietzsche propõe em seu escrito póstumo *A filosofia na era trágica dos gregos* (composto em 1873), cujo primeiro prefácio se encerra com as seguintes palavras: "Eu conto a história de tais filósofos de um modo simplificado: espero destacar apenas o ponto de cada sistema que é um pedaço de *personalidade* e pertence àquele aspecto incontestável e indiscutível, a ser preservado pela história; trata-se de uma tentativa inicial para recuperar tais naturezas mediante comparação, bem como para recriar e fazer finalmente ressoar, uma vez mais, a polifonia da natureza grega; a tarefa consiste em trazer à luz aquilo que devemos *sempre amar e ter em altíssima conta*, e aquilo que nenhum conhecimento posterior poderá nos roubar: o grande homem". (Nietzsche [1873] 2008b: 28, trad. Fernando R. de Moraes Barros).

cesse maior influência histórica. Por causa disso, a Grecidade mais antiga foi condenada a ser para sempre julgada de forma errada. É preciso que se conheça a posterior de forma mais precisa a fim de distingui-la da mais antiga.

Há ainda muitas outras possibilidades que não foram descobertas: seja porque os gregos não as descobriram; seja porque os gregos as *descobriram* e depois as *encobriram* de novo.

6 [12] Esses filósofos demonstram *quais perigos a cultura grega continha em si mesma:*

O mito como ninho do pensamento — em contraste com a abstração fria e a ciência estrita. Demócrito.

O conforto feminino da vida — em contraste com a frugalidade, a concepção estritamente ascética de Pitágoras, Empédocles, Anaximandro.[198]

Crueldade em luta e disputa — em contraste com Empédocles e sua reforma do sacrifício.

Mentira e engano — em contraste com o entusiasmo pela verdade, com todas as consequências.

Adaptabilidade, excessiva sociabilidade — em contraste com o orgulho e a solidão de Heráclito.

6 [13] Esses filósofos indicam a força vital da cultura que produz seus próprios corretivos.

Como morreu essa época? De modo não natural. Onde se encontram então os germes de sua decadência?

A *retirada do mundo por parte dos melhores* foi uma grande desgraça. A partir de Sócrates: o indivíduo de repente passa a se considerar muito importante.

---

198 Anaximandro (ca. 610–546 AEC), nascido em Mileto, discípulo de Tales, um dos primeiros pensadores milesianos a deixar sua obra filosófica por escrito. Tem observações lapidares sobre *phýsis* e desenvolve uma série de reflexões gerais sobre o universo a partir da noção de *ápeiron* [ilimitado]. Apesar de seus escritos, sua obra sobrevive apenas em fragmentos, arranjados entre os de outros "pré-socráticos" (Diels & Kranz 1960[1]: 81–90). Anaximandro tem algum destaque na exposição que Nietzsche propõe em seu escrito póstumo *A filosofia na era trágica dos gregos* (composto em 1873), na medida em que é o objeto principal da seção quatro.

A *peste* veio se acrescentar a isso, no caso de Atenas.
É possível chegar às Guerras Pérsicas como *razão*. O perigo foi muito grande e a vitória, muito extraordinária.
A morte da grande lírica musical e da filosofia.[199]
Sócrates é a vingança para Tersites: o nobre Aquiles matou o detestável homem do povo, Tersites, depois de ter ficado enfurecido por suas palavras sobre a morte de Pentesileia; o detestável homem do povo, Sócrates, matou a *autoridade* do nobre mito na Grécia.[200]

6 [14] A mais antiga filosofia grega é a filosofia de *puros homens de Estado*. Quão deploráveis são nossos homens de Estado em comparação! Em larga medida, isso sobretudo distingue os pré-socráticos dos pós-socráticos.

Entre eles não há nada dessa "hórrida pretensão de felicidade", como a partir de Sócrates. Nem se trata de fazer tudo depender da condição de sua mente: pois não se pensa sobre isso sem perigo.

---

199 Nietzsche sugere que o processo de retirada da cena pública, por parte dos filósofos, é um processo que ocorre na Antiguidade a partir de certos eventos históricos, como a vitória grega sobre os persas (ca. 500–448 AEC, com destaque especial para os sucessos atenienses nas batalhas de Maratona, em 490, e de Salamina, em 480) e a peste de Atenas (em 429), durante o início da guerra do Peloponeso (entre os anos de 431–404). O papel de Sócrates, sobretudo na influência que exerce através da obra de Platão, ao fim do processo de supervalorização do indivíduo e de sua vida privada, em detrimento de sua participação na vida pública, é descrito por Nietzsche em termos hiperbólicos.

200 Tersites, Aquiles e Pentesileia aparecem em diferentes narrativas sobre a guerra de Troia. O conflito entre Aquiles e Tersites costuma ser narrado da seguinte forma: após a morte de Heitor no último ano da guerra, Pentesileia, a rainha das Amazonas, chega como um reforço aos exércitos troianos; Aquiles é desafiado a enfrentá-la em duelo; após vencê-la em combate, quando acaba de desferir o golpe de misericórdia, o guerreiro apaixona-se por ela; incapaz de reverter o resultado funesto de seu golpe, Aquiles chora pela morte de Pentesileia; Tersites ridiculariza o guerreiro grego por prantear uma mulher inimiga e acaba sendo assassinado por ele. Uma das principais fontes desses eventos é o primeiro livro do poema de Quinto de Esmirna, intitulado *Pós-Homéricas*. A história, contudo, é antiga e remonta ao ciclo épico troiano, do qual fazia parte o poema perdido da *Etiópida* (obra atribuída a Arctino de Mileto). Fontes antigas que aludem a essa história incluem ainda: Apolodoro, *Epítome* 5.1–2; Diodoro Sículo, 2.46.5–6; Pausânias 5.11.5–6, 10.31.8; Proclo, *Crestomatia* 2.

Depois, o γνῶθι σαυτόν [conhece-te a ti mesmo] de Apolo viria a ser mal compreendido.
Também não *fofocavam* e *xingavam*, nem *escreviam*.
A Grecidade enfraquecida, romanizada, simplificada, transformada em algo ornamental, veio então a ser aceita como cultura ornamental na Cristandade enfraquecida e difundida pela violência entre povos incivilizados — tal é a história da cultura ocidental. Num passe de mágica, então, o elemento grego e o sacerdotal são reunidos.
Quero reunir Schopenhauer, Wagner e a Grecidade mais antiga: isso oferece um vislumbre de uma cultura nobre.[201]

6 [15] *Comparação* da filosofia mais antiga com os pós-socráticos.
1) a mais antiga relaciona-se com a *arte*; sua solução de problemas deixa-se inspirar muitas vezes pela *arte*. Espírito da música e da arte plástica.
2) ela *não* é a negação da *outra* vida, mas *nascida* dela como uma flor rara; ela expressa os segredos dela. (Teoria — prática)
3) ela *não* é tão *individualista-eudaimônica* [voltada para a felicidade do indivíduo]; vem sem a horrenda pretensão à felicidade.
4) esses filósofos mais antigos têm em sua vida uma sabedoria mais elevada e não a fria esperteza da virtude moral. A imagem de suas vidas é mais rica e complicada; imagem que os socráticos simplificaram e banalizaram.

6 [16] A história tripartite do ditirambo:
1 O de Aríon — donde a tragédia mais antiga.[202]
2 O cívico em competições — paralelo com a tragédia doméstica.

---

201 Uma anotação como essa indica o tipo de unidade temática subjacente à escolha de Schopenhauer, Wagner e os gregos antigos como contrapartes positivas dentro do projeto de crítica cultural da Modernidade que Nietzsche empreende em suas *Considerações intempestivas* (orig. 1873–76).
202 Segundo o testemunho de Heródoto (1.23), o tirano Periandro de Corinto (ca. 635–585 AEC) em algum momento de seu governo entretém em sua corte o poeta Aríon de Metimna, que teria sido "o primeiro dos homens a fazer, nomear e ensinar o ditirambo", ou seja, o responsável por desenvolver formalmente a ode coral consagrada ao deus Dioniso. Apesar de eventuais referências a Aríon em obras supérstites da cultura greco-romana, essa figura transita no limiar entre mito e história (Silva 2022b: 94–114).

3 o mimético, desprovido de gênio.[203]

6 [17] Frequentemente, entre os gregos, uma forma *mais antiga é mais elevada*, p. ex., no caso do *ditirambo* e da *tragédia*. O perigo para os gregos encontra-se em toda espécie de *virtuosismo*; com Sócrates têm início os virtuoses da vida: Sócrates, o ditirambo novo, a tragédia nova, a *invenção do retórico*!

O retórico é uma invenção grega! Do período tardio. Eles inventaram a "forma em si mesma" (e mesmo o filósofo para isso).

Como é preciso entender a luta de Platão contra a retórica? Ele *inveja* sua influência.

A Grecidade mais antiga *revelou suas forças no conjunto de filósofos*. Com Sócrates, essa revelação é *interrompida*: ele busca *criar a si mesmo* e rejeitar toda a tradição.

Minha tarefa geral: indicar como vida, filosofia e arte podem ter uma relação mais profunda e complexa umas com as outras, sem que a filosofia seja rasa e a vida do filósofo se torne mentirosa.

É glorioso que os filósofos antigos pudessem viver *tão livres, sem se tornarem com isso loucos e virtuoses*. A liberdade do indivíduo era imensamente grande.

O falso contraste entre a *vita practica* e a *contemplativa* é asiático. Os gregos entenderam isso melhor.[204]

---

203 Para mais informações e referências sobre a história do ditirambo, a partir de sua influência no processo de desenvolvimento da tragédia e outros gêneros dramáticos em Atenas, ver Silva (2022b: 61-148).

204 A ética aristotélica trabalha com o contraste entre o chamado *bíos theōrētikós* e o *bíos politikós*, privilegiando a felicidade que o verdadeiro filósofo seria capaz de experimentar a partir de uma forma de vida contemplativa, por contraposição à felicidade conquistada por aqueles que participam da esfera pública, a partir de uma forma de vida ativa (tal como fica sugerido no livro dez da *Ética a Nicômaco*). Essa oposição, que na leitura de Nietzsche tem um fundamento socrático-platônico, exerce uma influência profunda na história do pensamento ocidental, principalmente a partir do trabalho de autores cristãos, incluindo nomes tão incontornáveis quanto os de Agostinho e Tomás de Aquino. É preciso compreender que Nietzsche atribui esse "falso contraste" a uma origem asiática porque assim entende não apenas o Cristianismo, mas também algumas de suas tendências prefiguradas na filosofia socrático-platônica. Há um viés etnocêntrico evidente na forma pejorativa como Nietzsche se refere ao elemento "asiático" aqui. Uma retomada contemporânea das reflexões em torno a esse par

6 [18] É possível representar esses filósofos mais antigos como pessoas que sentiram o ar e os costumes gregos como *amarra e barreira*: eles são autolibertadores (a luta de Heráclito contra Homero e Hesíodo;[205] Pitágoras contra a secularização; todos contra o mito, principalmente Demócrito). Eles têm uma lacuna em sua natureza, em contraste com o artista grego e também com o político.

Eu tomo-os por **predecessores de uma reforma** dos gregos: não por predecessores de Sócrates. Contudo, sua reforma não aconteceu; com Pitágoras, permaneceu em forma de seita. Um grupo de fenômenos mostra todo o espírito de reforma — o *desenvolvimento da tragédia*. O *reformador malsucedido* é **Empédocles**; quando ele falhou, só restou Sócrates. Então a hostilidade de Aristóteles contra Empédocles é bem compreensível.

Empédocles — Estado livre — alteração da vida — reforma popular — tentativa com ajuda dos grandes festivais helênicos. —

A tragédia foi igualmente um meio. Píndaro?

Eles não encontraram seu filósofo e reformador. Que se compare Platão: ele foi desviado por causa de Sócrates. Tentativa de caracterização de Platão *sem* Sócrates. Tragédia — concepção profunda do amor — natureza pura — nenhuma conversão fanática: os gregos claramente estavam *a ponto* de encontrar *um tipo ainda mais elevado* de ser humano do que antes; então intrometeram-se as tesouras. Isso permaneceu na *era trágica* dos gregos.

---

de conceitos se encontra na obra de Hannah Arendt, *The Human Condition* (orig. 1958).

205 Alguns dos fragmentos de Heráclito, como recolhidos por Diels & Kranz (1960[1]: 139–190), atestam suas polêmicas contra Homero (frs. B42, B56) e Hesíodo (frs. B40, B57, B106). Apesar de eventuais alusões (auto)biográficas no âmbito da cultura grega antiga, o nome de Hesíodo, assim como o de Homero, parece ter sido atribuído pela tradição a um repertório de composições hexamétricas de caráter popular e oral do período arcaico (ca. 750–500 AEC). A tendência atual dos Estudos Clássicos é considerar que os únicos poemas atribuídos corretamente a Hesíodo sejam *Teogonia* e *Trabalhos e dias* (alguns estudiosos aceitando também a autenticidade do *Escudo de Héracles*), mas a Antiguidade lhe atribuía muitos outros que sobrevivem apenas em fragmentos ou breves alusões, como *Catálogo das mulheres, Grande Eéa, Melampodia, Teseida* e *Admoestações de Quíron* (Pausânias 9.31.5). Para mais informações e referências sobre essas discussões, ver Silva (2022b: 142–380).

6 [19] 1. Imagem dos helenos em relação a seus perigos e decadências.
2. Imagem contrastante das correntes trágicas. Nova interpretação do mito.
3. A disposição para reformadores. Tentativas de alcançar a *cosmovisão*.
4. A decisão — Sócrates. *O desviado Platão*.

6 [20] Paixão em Mimnermo; o ódio contra a *velhice*.[206]
A profunda melancolia de Píndaro: apenas quando um raio vem de cima, brilha a vida humana.
Entender o mundo *a partir do sofrimento* é o que há de trágico na tragédia.

6 [21] Tales — o não mítico.[207]
Anaximandro — o fenecer e o perecer na natureza entendidos moralmente como culpa e punição.
Heráclito — legalidade e justiça no mundo.
Parmênides — o outro mundo atrás deste; isso como problema.
Anaxágoras — arquiteto cósmico.
Empédocles — amor cego e ódio cego; a profunda irracionalidade no que há de mais racional no mundo.
Demócrito — o mundo é totalmente sem razão e instinto, em constante reviravolta. Todos os deuses e mitos inúteis.

---

206 Mimnermo (*floruit* ca. 633 AEC), nascido em Cólofon ou Esmirna (na Jônia), poeta elegíaco, responsável por composições próprias para situações de banquete (simpósio) e outras celebrações. Sua obra sobrevive em estado fragmentário (West 1971²: 114-137), contando com uma tradução integral para o português realizada por Teodoro Rennó Assunção e Jacyntho Lins Brandão (1983). Sobre o tema da velhice em Mimnermo, ver Assunção (2000).
207 Tales (ca. 624-546 AEC), nascido em Mileto, astrônomo, matemático, engenheiro, comerciante e pensador. Reconhecido como o fundador das reflexões sobre a *phýsis* no âmbito da tradição helênica, inaugurando a via "jônica" de pensamento, depois aprofundada por Anaximandro e Anaxímenes. Sua obra sobrevive apenas em alusões doxográficas e fragmentos suspeitos, estando tradicionalmente classificada entre a dos "pré-socráticos" (Diels & Kranz 1960¹: 67-81). Tales ocupa um lugar principial na exposição que Nietzsche propõe na seção três de seu escrito póstumo *A filosofia na era trágica dos gregos* (composto em 1873). Ver aqui ainda as entradas 6[48]-6[50].

Sócrates: não me resta nada mais do que eu mesmo; a angústia diante de si mesmo se torna a alma da filosofia.

A tentativa de Platão de pensar em tudo até o fim e se tornar o libertador.

6 [22] É preciso descrever as pessoas: como eu descrevi Heráclito. O histórico precisa ser entretecido.[208]

6 [23] Em todo o mundo reina o *avanço gradual*; entre os gregos, o progresso foi rápido, mas também terrivelmente rápido foi seu retrocesso. Quando o gênio helênico tinha exaurido seus tipos mais elevados, o grego declinou da maneira mais veloz possível. Precisou apenas de uma interrupção e a grande forma de vida não mais chegou a se completar: de pronto, tudo estava perdido; exatamente como na tragédia. Um único e poderoso encrenqueiro como Sócrates — e a interrupção era inexorável. Nele, completa-se a autodestruição do grego. A meu ver, é significativo que ele fosse filho de um escultor.

Se essas obras de arte plástica pudessem falar, surgiriam para nós como superficiais; em Sócrates, o filho de um escultor, sua superficialidade encontrou expressão.

6 [24] As pessoas ficaram *mais astutas* durante a Idade Média; os meios para isso estão no cálculo com base em duas medidas: a sutileza da consciência e a interpretação das Escrituras. Esse tipo de *nutrição do espírito* por meio da pressão de uma hierarquia e uma teologia faltou na Antiguidade. Com os gregos aconteceu mais o contrário, pois devido à grande liberdade de pensamento se tornaram crédulos e superficiais: entre eles, tinha-se uma crença ou deixava-se de tê-la simplesmente para acreditar em algo. Por isso, faltava-lhes o prazer na esperteza retorcida e, por isso, naquela que é a forma de astúcia mais apreciada pelos novos tempos. Os gregos eram pouco *astutos*; por isso se tinha um tal sobressalto

---

[208] A referência aqui provavelmente é à descrição de Heráclito entre as seções cinco a oito de seu escrito póstumo *A filosofia na era trágica dos gregos* (composto em 1873).

diante da ironia de Sócrates. Nesse sentido, considero Platão frequentemente meio desajeitado.[209]

6 [25] Com Empédocles e Demócrito, os gregos estavam no melhor caminho para *avaliar corretamente* a existência humana, sua irracionalidade, seu sofrimento. Graças a Sócrates, contudo, *eles jamais chegaram a isso*. A visão espontânea do ser humano falta a todos os socráticos, que só têm em mente horríveis abstrações, "o bem", "o justo". Que se leia Schopenhauer e se pergunte por que uma tal visão das coisas, profunda e livre, entre os antigos não existiu — não *pôde* existir? Eu não entendo. Ao contrário. Por causa de Sócrates, eles perderam sua espontaneidade. Seus mitos e tragédias são muito mais sábios do que as éticas de Platão e Aristóteles; seus *"estoicos e epicuristas"* são pessoas mais pobres, em comparação com seus poetas e estadistas mais antigos.

6 [26] Influência de Sócrates:
1) ele destruiu a espontaneidade do juízo ético,
2) aniquilou a ciência,
3) não tinha nenhum senso para a arte,
4) arrancou o indivíduo de suas cadeias históricas,
5) promoveu verbosidades e falatórios dialéticos.

6 [27] Não acredito mais no *"desenvolvimento natural"* dos gregos: eles eram muito bem-dotados para existirem *gradualmente*, de um modo passo-a-passo, como com a pedra e a estupidez. As Guerras Pérsicas são a desgraça nacional: o sucesso foi grande demais; todos os maus impulsos vieram à tona, o desejo tirânico de dominar toda a Hélade tomou alguns indivíduos e cidades. Com o domínio de Atenas (nos campos intelectuais), muitas habilidades foram sufocadas; que se considere apenas quão improdutiva Atenas foi em filosofia por tanto tempo. Píndaro não teria sido possível como ateniense. Simônides indica isso. Empédocles também não teria sido, nem Heráclito. Quase todos os grandes músicos vêm de fora. A tragédia ateniense não é a forma mais elevada, como se poderia pensar. Os heróis dela são muito carentes do elemento pindárico.

---

209 A ideia da superficialidade dos gregos é retomada na seção dois do "Epílogo" de *Nietzsche contra Wagner* (orig. 1889).

Sobretudo: quão horrível é que a guerra tenha precisado acontecer exatamente entre *Esparta* e *Atenas* — não é possível avaliar a profundidade disso. *A dominação intelectual de Atenas era o obstáculo para qualquer reforma.* Basta pensar de volta no período em que esse domínio ainda não existia: ele não era necessário, aconteceu apenas na sequência das Guerras Pérsicas, i.e., apenas depois que o poder físico político se mostrou. Mileto era, p. ex., mais bem-dotada, ou mesmo Agrigento.[210]

6 [28] O tirano que pode fazer segundo o próprio desejo, i.e., o grego que não é mantido dentro de limites por nenhuma coerção, é uma natureza totalmente imoderada: "ele arruína os costumes de seu país, violenta mulheres e assassina pessoas a seu bel prazer". Igualmente desenfreado é o espírito livre de viés tirânico, diante do qual os gregos também tinham receio. Ódio de reis — sinal de um sentimento democrático. A meu ver: a reforma teria sido possível, se um Empédocles tivesse se tornado um tirano.

Ao clamar por um filósofo no trono, Platão expressava *um pensamento que teria sido possível* outrora: ocorreu, no entanto, que o tempo para isso tinha passado. Periandro?[211] —

---

210 Nietzsche compara a solidez de tradições de pensamento do período arcaico entre os povos helênicos para ressaltar a relativa insignificância de Atenas até meados do período clássico (ca. 450 AEC), destacando Mileto como um centro da tradição jônica (Tales, Anaximandro, Anaxímenes) e Agrigento como um espaço para onde conflui a tradição eleática (Xenófanes, Parmênides, Empédocles).
211 Periandro (ca. século VII AEC), membro da dinastia Cipsélida, governa como tirano de Corinto até sua morte em 585. Costuma ser mencionado entre os sete sábios da Antiguidade, com alguns testemunhos antigos atestando o incentivo que poetas e outros artistas encontram em sua corte, inclusive o já mencionado Aríon, associado ao desenvolvimento primitivo do ditirambo em honra a Dioniso (Heródoto 1.23). Apesar disso, eventualmente figura como um governante autoritário e violento. Essas ambivalências são características da representação de tiranos entre os gregos antigos, uma vez que esses indivíduos de famílias nobres costumam ascender por vias ilegais ao poder monocrático, apoiando-se nas camadas populares para enfrentar a resistência das demais famílias aristocráticas. Nesse sentido, costumam favorecer demandas populares e terminam suscitando condições mais favoráveis à democracia (como ocorre no caso de Atenas). Esse curso de ação evidentemente desperta a insatisfação de muitas famílias tradicionais, cujos pontos de vista aristocráticos aparecem registrados

6 [29] Sem o tirano Pisístrato,²¹² os atenienses não teriam tido nenhuma tragédia: pois Sólon era contrário, mas o desejo por ela despertou de novo. O que queria Pisístrato com esse espetáculo de luto?

A aversão de Sólon à tragédia: que se pense nas limitações de gastos funerais por ocasião de enterros, nas proibições de *thrênoi* [cantos fúnebres]. Junto às mulheres de Mileto, o μανικὸν πένθος [luto extático] aparece registrado.

Segundo a anedota, a *representação* desagradou a Sólon; nisso, a disposição inartística dos atenienses se revela.

Clístenes, Periandro e Pisístrato, promotores da tragédia como um entretenimento popular; prazer no μανικὸν πένθος [luto extático]. Sólon deseja moderação.²¹³

6 [30] As tendências centralizadoras foram suscitadas pelas Guerras Pérsicas: Esparta e Atenas foram dominadas por elas. Inversamente, entre 776–560, não há nada disso: a cultura da pólis floresceu; quero dizer, sem as Guerras Pérsicas, teria sido possível chegar a uma ideia de centralização por meio de uma *reforma do espírito* — Pitágoras?

---

nas fontes supérstites mais amiúde do que eventuais contrapontos populares (ou mesmo democráticos). Sobre o tema, ver Irwin (2005) e Silva (2022b: 94–114).
212 Pisístrato (ca. 600–528 AEC), nascido em Atenas e fundador da dinastia Pisistrátida, é conhecido por assegurar seu governo como tirano de Atenas — depois de duas tentativas malsucedidas de tomada do poder — desde o ano de 547 até sua morte (Heródoto 1.59–64). No início de suas atividades políticas, entretém uma relação ambígua e complexa com Sólon. Como no caso de Periandro e de outros tiranos do mesmo período, Pisístrato aparece como alguém que beneficia as camadas populares com grandes obras e festivais públicos, em detrimento dos interesses de grupos aristocráticos tradicionais. Além disso, também acolhe em sua corte poetas e artistas. Para mais detalhes, ver Irwin (2005) e Silva (2022b: 44–60, 201–9).
213 Clístenes aqui é provavelmente o tirano de Sícion, nascido em meados do século VII AEC, avô do célebre Clístenes de Atenas. Ele é mencionado por Nietzsche entre os outros tiranos porque parece ter incentivado em Sícion a prática de festivais públicos em honra a deuses populares, como Dioniso (Heródoto 5.67). Para mais informações e referências sobre os elementos centrais desse panorama histórico de desenvolvimento da tragédia, incluindo seus aspectos políticos e religiosos, ver Silva (2022b).

O que importava antes era a unidade do festival e do culto: por aqui também teria começado a reforma. A ideia de uma tragédia pan-helênica — nisso, um poder infinitamente rico poderia ter se desenvolvido. Por que nada adveio disso? Foi só depois que Corinto, Sícion e Atenas desenvolveram essa forma de arte.

6 [31] A maior perda que pode acontecer à humanidade é não realizar os mais elevados tipos de vida. Algo assim aconteceu aqui. Um agudo paralelo entre esse ideal e o ideal cristão. Empregar a observação de Schopenhauer: "pessoas eminentes e nobres notam de pronto o ensinamento que lhes é conferido pelo destino e de modo disciplinado e grato o acatam; elas notam que o mundo oferece instrução, mas não alegria, e dizem enfim com Petrarca: *'altro diletto, che 'mparar, non provo'* [não provo outro prazer se não o de aprender].[214] Pode até ser que essas pessoas consigam perseguir desejos e aspirações em termos de aparência e brincadeira, enquanto, na verdade, no âmago de seu ser esperam apenas instrução; sua figura mostra-se contemplativa, genial e sublime". — *Parerga I 439*. Compare-se isso com os *socráticos* e a busca pela felicidade!

6 [32] O terrível diálogo dos atenienses com os mélios em Tucídides! Em meio a tais atitudes, o elemento helênico teve que sucumbir, por causa do *medo* por todos os lados. P. ex., como o ateniense diz: "no que depende do bem-querer dos deuses, não estaremos em desvantagem; pois não demandamos nem fazemos nada que esteja fora da alçada humana, seja com relação às crenças nos deuses, seja com relação ao que seres humanos podem desejar para si".[215]

---

214 A citação de Petrarca é extraída de seu *Trionfo d'Amore* (1.21). Francisco Petrarca (1304-1374), nascido em Arezzo, intelectual, poeta e humanista. Famoso por seu romanceiro, que influencia a poética europeia do século XIV em diante, com a difusão do soneto e de uma série de tópicas poéticas e vogas culturais.
215 O diálogo de Melos é reportado por Tucídides na *História da guerra do Peloponeso* (5.84-116). Trata-se de uma das mais brutais lições de *Realpolitik* transmitidas por uma obra da Antiguidade, na linha da tese defendida por Cálicles no diálogo *Górgias* de Platão e perfeitamente encapsulada no dito em língua inglesa: *Might makes right*. Na ocasião descrita por Tucídides, os habitantes da ilha de Melos — desejosos de continuar mantendo sua neutralidade no conflito entre Atenas e Esparta — são confrontados por emissários atenienses que tentam forçá-los a aceitar uma aliança. Depois de ouvirem os argumentos mélios,

6 [33] Lutero: "não tenho obra melhor do que a ira e o fervor: então, quando quero fazer poesia, escrever, orar e oferecer um sermão, preciso estar irado, pois isso refresca todo o meu sangue, afia meu entendimento e purga todos os pensamentos e ideias desagradáveis".[216]

6 [34] É uma bela verdade que, para quem o aperfeiçoamento ou o conhecimento sejam metas de vida, todas as coisas podem servir-lhe bem. Mas verdadeiro apenas limitadamente: quem almeja o conhecimento precisa trabalhar da forma mais exaustiva; quem quer se aperfeiçoar enerva-se e acaba adoecendo! No geral, vale o seguinte: a aparente intencionalidade do destino é a ação do indivíduo, que direciona a própria vida e aprende com todas as coisas, extraindo daí conhecimento como as abelhas, seu mel. O destino que pertence a um povo, contudo, tem relação com um todo que não consegue refletir sobre a própria existência nem traçar objetivos para si; por isso, a intencionalidade no caso de povos é uma invenção de mentes devaneadoras, nada sendo mais fácil de indicar do que sua falta de intencionalidade, quando, p. ex., uma época em pleno florescimento de súbito é atingida por uma nevasca que mata tudo. Tudo aí é tão estúpido quanto na natureza. Até certo ponto, todo povo, mesmo sob as mais adversas circunstâncias,

---

os atenienses afirmam que uma argumentação baseada em questões de justiça e moralidade não terá efeito, uma vez que "os fortes fazem o que podem e os fracos sofrem o que devem" (Tucídides 5.89). No original: δυνατὰ δὲ οἱ προύχοντες πράσσουσι καὶ οἱ ἀσθενεῖς ξυγχωροῦσιν. Diante da inflexibilidade dos mélios, os atenienses tomam e ocupam sua ilha em 416 AEC. Para mais referências e informações, ver o primeiro capítulo do livro *Heróis antigos e modernos*, de Lorena Lopes da Costa (2018: 71–115).

216 O trecho encontra-se num escrito de Lutero intitulado "Sobre a música" [*Über die Musik*] (orig. 1530). Martinho Lutero (1483–1546), nascido em Eisleben, é um monge agostiniano e professor de teologia que se torna uma das figuras centrais da Reforma Protestante. Além da publicação de suas célebres *95 Teses* (orig. 1517), Lutero exerce uma influência determinante também com seus trabalhos de interpretação e tradução para o alemão das Sagradas Escrituras. Ele aparece mencionado com frequência ao longo de toda a obra de Nietzsche, que admira sua energia como reformador cultural, apesar de críticas cada vez mais ferozes às consequências práticas de seu rigorismo religioso. Essa ambivalência pode ser constatada desde o que fica sugerido em dois aforismos de uma mesma obra, os de número 26 e 237 de *Humano, demasiado humano* (orig. 1878).

alcança algo que evoca seus dons iniciais. Mas para que possa atingir seu *melhor*, certos acidentes não devem acontecer. Os gregos não alcançaram seu melhor.

Mesmo os atenienses poderiam ter alcançado algo mais elevado sem o furor político provocado desde as Guerras Pérsicas: que se pense em Ésquilo, nascido no tempo pré-pérsico e que era inconformado com os atenienses de seu próprio tempo.

6 [35] Por causa da adversidade da situação das cidades gregas após as Guerras Pérsicas, muitas condições propícias à produção e ao desenvolvimento do grande indivíduo desapareceram: então a produção do gênio certamente depende do destino do povo. Pois os rudimentos do gênio são muito comuns, mas muito raramente concorrem todas as condições mais necessárias.

Essa reforma dos helenos, como eu a sonho, seria uma maravilhosa base para a produção de gênios: como jamais existiu. Isso precisaria ser descrito. Algo inefável foi perdido para nós.

6 [36] A mais elevada natureza *moral* dos helenos mostra-se em sua completude e simplicidade; uma vez que eles mostram os seres humanos *simplificados*, alegram-nos, como a visão dos animais.

6 [37] O esforço do filósofo vai no sentido de *compreender* aquilo que seus contemporâneos simplesmente vivem. Enquanto interpretam para si mesmos sua própria existência e entendem seus perigos, interpretam também para seu povo a existência dele.

O filósofo quer colocar uma nova cosmovisão no lugar daquela *mais popular*.

6 [38] *Federação de cidades de Tales:* ele via o desastre da pólis e via o mito como o fundamento da pólis. Destruísse o mito, talvez também a pólis. Tales como homem de Estado. A luta contra a pólis.

Atitude de Heráclito diante dos persas: ele tinha clareza sobre o perigo do helênico e do barbárico.

Anaximandro como fundador de colônias.

Parmênides como legislador.

Empédocles, o democrata, que está disposto a armar reformas sociais.[217]

6 [39] Quem seduz os filósofos são as palavras; elas enredam-nos na rede da linguagem.

6 [40] *O poder do indivíduo* é extraordinário na Grécia: fundar cidades, dar leis.

6 [41] A ciência investiga o processo natural, mas não consegue *comandar* o ser humano. Inclinação, amor, prazer, desprazer, exaltação, exaustão — a ciência não sabe nada disso. O que o ser humano vive e experiencia, ele precisa *interpretar* para si próprio de alguma forma; e assim avaliá-lo. As religiões têm seu poder no fato de que são *medições de valor*, medidas. Visto no mito, um evento mostra-se de modo diverso. A interpretação que a religião oferece é a de que a vida humana é medida segundo um ideal humano.

6 [42] *Ésquilo* viveu e lutou em vão: ele chegou tarde demais. Isso é o elemento trágico na história grega: os *maiores*, como Demóstenes, chegaram tarde demais para erguer o povo.

Ésquilo garantiu a elevação do espírito grego, elevação que pereceu consigo.[218]

6 [43] O Evangelho da Tartaruga é admirado hoje — ah, os gregos corriam muito rápido. Não procuro períodos alegres na história, mas aqueles que oferecem uma base propícia para a *produção do gênio*. Aí encontro os tempos que precederam as Guerras Pérsicas. Jamais se alcança um conhecimento suficiente desses tempos.

6 [44] 1. Esses filósofos tomados separadamente.

---

217 Nietzsche emprega uma expressão idiomática que pode ser traduzida de forma literal como: "aquele que traz sob seus escudos reformas sociais" [*der sociale Reformen im Schilde führt*].
218 Esse tema da intempestividade dos gênios gregos é retomado por Nietzsche em trecho já citado do parágrafo 261 de *Humano, demasiado humano* (orig. 1878): "De quase todos os grandes helenos pode-se dizer que parecem ter chegado muito tarde, ou seja, de Ésquilo, de Píndaro, de Demóstenes, de Tucídides; uma geração depois — e tudo termina". (Nietzsche [1878] 2005: 164, trad. Paulo César de Souza).

2. Então como testemunhas do helênico. (Suas filosofias como sombras do Hades da natureza grega).
3. Então como contendores contrários aos perigos do helênico.
4. Então como reformadores malsucedidos no curso da história helênica.
5. Então em contraste com Sócrates, as seitas filosóficas e a *vita contemplativa*, como esforços para se conquistar uma *forma de vida* que *ainda não* foi conquistada.

6 [45] Algumas pessoas vivem uma vida *dramática*, outras, uma *épica*, e outras ainda uma inartística e confusa. A história grega tem nas Guerras Pérsicas um *daemon ex machina*.²¹⁹

6 [46] Em Anaxágoras: o νοῦς [intelecto] é um ἄθεος [não deus] *ex machina*.²²⁰

---

219 Com a expressão latina *daemon ex machina*, Nietzsche cria um jogo de palavras entre a noção aristotélica de *deus ex machina* (em grego, ἀπὸ μηχανῆς θεός) e o conceito grego de *daemon*. A expressão *deus ex machina* refere-se ao artifício de introduzir em cena um ator que interpreta o papel de uma divindade, recorrendo-se a um mecanismo que lhe permite entrar "voando" (alçado por uma corda do mecanismo). Contudo, a expressão se consagra para a tradição literária em seu uso teórico. Como explica Aristóteles (*Poética* 15.1454b), quando os desenlaces dos enredos não decorrem de eventos necessários e verossimilhantes no âmbito dos próprios enredos, mas precisam recorrer a causas externas imprevistas, como no momento em que Eurípides recorre ao *deus ex machina* no fim da tragédia *Medeia*, eles não são tão bem-sucedidos em termos do efeito provocado pela arte poética. Ou seja, no sentido aristotélico da expressão, *deus ex machina* é uma forma de recorrer a uma causa externa ao enredo para promover seu desenlace. Já a noção grega de δαίμων, embora originalmente se refira a uma divindade menor, um gênio ou espírito, talvez possa ser entendida aqui a partir de sua possível alusão ao sentido que Heráclito lhe confere no fragmento B119 da coleção de Diels & Kranz (1960¹: 177): ἦθος ἀνθρώπῳ δαίμων. Numa das traduções possíveis dessa construção ambígua: "O comportamento é para o ser humano um *daemon*". No aforismo de Heráclito, essa palavra pode adquirir o sentido de "destino". Assim sendo, Nietzsche parece estar sugerindo que a vitória nas Guerras Pérsicas é um elemento externo à história grega por meio do qual ocorre seu fatídico desfecho.
220 Mais um jogo de palavras de Nietzsche com a expressão aristotélica *deus ex machina*. Dessa vez, contudo, ele substitui *deus* pela noção grega de *átheos*, que significa algo como "não deus", "ausência de deus". Nietzsche refere-se assim à dimensão física (material), não transcendental, da solução que Anaxágoras busca dar ao problema do princípio de tudo o que existe. A importância do νοῦς

6 [47] Tentativa de uma cultura popular.
Um desperdício do mais caro *espírito* grego e do *sangue* grego! É preciso indicar de que modo as pessoas devem aprender a viver *mais prudentemente*. Os tiranos do espírito na Grécia foram quase sempre assassinados e deixaram apenas esparsos descendentes. Outros tempos indicaram sua força em considerar as coisas até o fim e em seguir todas as possibilidades de uma única grande ideia: os tempos cristãos, p. ex. Mas, entre os gregos, era difícil atingir essa hegemonia; havia oposição entre todas as coisas. Apenas a cultura da cidade-Estado até hoje *se provou* — ainda vivemos dela.
Cultura da cidade-Estado
Cultura mundial
Cultura popular: quão fraca entre os gregos; na verdade, apenas a cultura da cidade-Estado ateniense meio desbotada.

6 [48] 1. Chega uma hora na vida de todo mundo em que, com maravilhamento perante si mesmo, a pergunta se apresenta: Como é possível viver? E, mesmo assim, ainda se vive! — uma hora em que começa a compreensão de que se possui uma engenhosidade tão espantosa quanto a que existe numa planta capaz de enroscar-se, escalar e enfim alcançar um lugar ao sol e um pequeno pedaço de terra, criando assim seu lote de alegria num solo desfavorável. Nas descrições que cada um faz da própria vida, há sempre certos pontos em que surge tal maravilhamento, como no que diz respeito a plantas capazes de sobreviver em certos lugares e de sua imperturbável bravura nisso. Ora, há carreiras em que as dificuldades aumentam imensamente, como as dos pensadores; e aqui é preciso escutar com atenção ao que é contado, já que só aí se compreende algo das *possibilidades da vida*, com as quais só de ouvir é possível ganhar tamanha felicidade e força, com uma luz capaz de

---

[intelecto] em seu sistema filosófico fica evidente no fragmento B12 da coleção de Diels & Kranz (1960[2]: 37), em cujo início se lê: τὰ μὲν ἄλλα παντὸς μοῖραν μετέχει, νοῦς δέ ἐστιν ἄπειρον καὶ αὐτοκρατὲς καὶ μέμεικται οὐδενὶ χρήματι, ἀλλὰ μόνος αὐτὸς ἐπ' ἑωυτοῦ ἐστιν ("As outras coisas têm uma parte de tudo, mas o intelecto [*noûs*] é ilimitado, autônomo e não se mistura a coisa alguma. Apenas ele existe por si mesmo"). Para mais informações sobre a leitura nietzschiana de Anaxágoras, ver Busellato (2021).

iluminar retrospectivamente a vida. Aqui tudo é tão engenhoso, sensível, audacioso, desesperado e cheio de esperança quanto as viagens dos grandes exploradores do mundo, havendo uma semelhança com a ação de explorar as mais remotas e perigosas regiões da vida humana. O mais espantoso em tais carreiras jaz no fato de que dois impulsos adversários, voltados para direções diferentes, são unidos aqui e precisam ser postos sob um só jugo: quem queira o conhecimento precisa sempre abandonar a terra firme onde as pessoas vivem e se deixar vagar no desconhecido; e o impulso que deseja a vida precisa sempre assegurar-se de encontrar um lugar livre de perigos para ficar. Lembremo-nos de James Cook,[221] que, segurando na mão sua linha com um peso de cobre, precisou atravessar um conjunto de recifes durante três meses; e esses perigos frequentemente cresciam tanto que ele buscava abrigo em lugares que pouco antes tinha evitado como perigosíssimos. Lichtenberg IV 152. Tanto mais aumenta essa luta entre vida e conhecimento e tanto mais infrequente se torna a submissão sob um único jugo, quanto mais poderosos são esses impulsos; isto é, quanto mais completa e próspera se torna a vida e, por sua vez, mais insaciável e aventureiro se revela o conhecimento.

2. Eu não me darei por satisfeito em elencar diante de meu espírito um conjunto de pensadores, dos quais cada um é incompreensível em si mesmo, devendo despertar maravilhamento com a descoberta de sua própria possibilidade de vida: esses pensadores, que viveram no mais poderoso e frutífero período da Grécia, do século anterior às Guerras Pérsicas até que elas ocorressem; pois esses pensadores descobriram com efeito *belas possibilidades da vida*; e me parece que os gregos posteriores esqueceram o que há de melhor nisso; e que povo poderia dizer até hoje tê-las redescoberto? — Que se comparem os pensadores de outros tempos e outros povos com um conjunto de figuras que começa com Tales e termina com Demócrito; que se comparem Sócrates, seus alunos e todos os responsáveis pelas seitas da Grécia tardia com esses gregos mais antigos — isso é o que gostaríamos de fazer neste escrito

---

[221] James Cook (1728-1779), explorador, navegador e cartógrafo inglês.

e que outros, espera-se, farão ainda melhor: em todo caso, acredito que essas observações acabarão com exclamações como: "Quão belos eles são! Não vejo entre eles figuras distorcidas e desperdiçadas, nenhum semblante sacerdotal, nenhum abatido eremita do deserto, nenhum fanático embelezador das coisas contemporâneas, nenhum falsificador teológico, nenhum pálido e oprimido estudante; também não vejo entre eles quem considere importante a 'salvação da alma' ou perguntas como 'o que é a felicidade?' e que se esquecem do mundo e das outras pessoas". — Quem pudesse descobrir de novo essas *"possibilidades da vida"*! Poeta e historiador deveriam apascentar essa tarefa: tais pessoas são raras demais para que se as deixe desaparecer. Seria preciso evitar toda a tranquilidade antes que tenha sido possível representar suas imagens e pintar cem vezes seus quadros na parede — e quão longe ainda estamos disso!, — sem se dar, enquanto isso, nenhuma tranquilidade. Pois ao nosso tempo tão inventor ainda falta essa invenção, que os filósofos antigos devem ter feito: do contrário, de onde teria vindo sua maravilhosa beleza? De onde nossa feiura? — Pois o que é beleza se não um reflexo diante de nós de uma extraordinária alegria na natureza, suscitada pela descoberta de uma nova e frutífera possibilidade da vida? E o que é feiura se não insatisfação consigo mesmo, a dúvida sobre ter realmente compreendido a arte de se deixar seduzir para a vida?

3. A filosofia grega parece começar com uma noção ilógica, com a proposição de que a água é a origem e o útero de todas as coisas; aqui alguém pode se perguntar se é realmente necessário parar aí e considerar isso seriamente? — Sim e por três razões: primeiro, porque a proposição expressa algo sobre a origem das coisas; segundo, porque faz isso sem imagens e fábulas míticas; e, finalmente, terceiro, porque em si, como no estágio de uma crisálida, está contido o pensamento: tudo é um. A primeira razão ainda deixa Tales na companhia de religiosos e supersticiosos; a segunda retira-o dessa companhia e mostra-o como um sério estudioso da natureza; a partir da terceira razão, Tales aparece como o primeiro filósofo grego. Em Tales, o ser humano científico vence pela

primeira vez o mítico e, novamente, o ser humano sábio sobre o científico.[222]

6 [49] Como foi possível que Tales abdicasse do mito? Tales como homem de Estado! Algo deve ter ocorrido aqui. A pólis era o ponto central da vontade helênica e se baseava no mito; logo, desistir do mito significa desistir da antiga concepção de pólis. Hoje sabemos que Tales propôs a fundação de uma federação de cidades, mas não teve sucesso: ele falhou por causa da antiga concepção mítica de pólis. Ao mesmo tempo, pressentia o imenso perigo para a Grécia enquanto esse poder isolante do mito mantivesse as cidades isoladas. Na verdade, se Tales tivesse tido sucesso com sua federação, a Grécia teria sido poupada das Guerras Pérsicas e, com isso, da vitória e da hegemonia de Atenas. Todos os filósofos antigos trabalharam pela transformação do conceito de pólis e pela produção de um sentimento pan-helênico. Heráclito parece até ter rompido as barreiras entre o bárbaro e o helênico a fim de produzir mais liberdade e expandir perspectivas estreitas. — A importância da água e do mar para os gregos.

6 [50] *Tales:* o que o impeliu para a ciência e a sabedoria? — Acima de tudo a luta contra o mito. Contra a pólis, fundada nele. Único meio de resguardar o elemento helênico; evitar as Guerras Pérsicas. Entre todos os filósofos, um objetivo pan-helênico.

Anaximandro. Luta contra o mito, enquanto algo que efemina e torna superficial, colocando os gregos em perigo.

Heráclito. Luta contra o mito, enquanto algo que isola os gregos e os opõe aos bárbaros. Ele concebe uma cosmovisão que é supra-helênica.

---

222 A longa reflexão de Nietzsche sobre as "possibilidades da vida" [*Möglichkeiten des Lebens*] nessa entrada 6[48] indica de que forma ele entende o potencial da Antiguidade no âmbito de um projeto voltado para problemas contemporâneos, como é o caso de suas *Considerações intempestivas*. Nesse sentido, não é descabido entender que o projeto filosófico de Nietzsche — levado a cabo a partir de *Humano, demasiado humano* (orig. 1878) — é um desenvolvimento natural dessa obra de transição, na qual suas reflexões filológicas de juventude se veem instadas a confrontar diversos aspectos do presente.

Parmênides. Menosprezo teorético do mundo como uma ilusão. Luta contra o fantástico e o mutável na concepção geral do mundo: quer oferecer às pessoas a tranquilidade em vez da paixão política. Legislador.

Anaxágoras. O mundo como irracional, mas também ordenado e belo: assim o ser humano deveria ser e assim ele o encontrou entre os antigos atenienses, Ésquilo etc. Sua filosofia como uma imagem espelhada da Atenas antiga: legislação para pessoas que não precisam de uma.

Empédocles. Reformador pan-helênico, vida pitagórica, cientificamente fundamentada. Nova mitologia. Compreensão da irracionalidade de ambos os impulsos, amor e ódio. Amor, democracia, comunidade de bens. Que se compare com a tragédia.

Demócrito: o mundo é irracional, nem ordenado nem belo, mas apenas necessário. Eliminação incondicional de todo o mítico. O mundo é compreensível. Quer a pólis (em vez do jardim epicúreo); constituía uma possibilidade da vida helênica.

Sócrates. A trágica agilidade dos gregos. Os filósofos mais antigos não o influenciaram. Os virtuoses da vida: os filósofos mais antigos pensam sempre *ao modo de Ícaro*.[223]

6 [51] Os gregos certamente jamais foram *superestimados,* pois assim teriam sido estimados como merecem; mas precisamente isso é impossível. Como poderíamos chegar a uma avaliação justa deles? Sempre os avaliamos *errado.*

---

223 A expressão de Nietzsche — *die älteren Philosophen denken immer ‚ikarisch'* — parece sugerir o aspecto ousado, e trágico, do pensamento dos mais antigos filósofos gregos. Segundo a versão do mito de Ícaro conservada pelo epítome da *Biblioteca* atribuída a Apolodoro (*Epítome* 1.7–15), depois que Dédalo compartilha com Ariadne o segredo para vencer o labirinto (construído pelo próprio Dédalo), permitindo assim que Teseu mate o Minotauro, escape do labirinto e fuja de Creta, o rei Minos decide punir Dédalo e seu filho Ícaro, condenando-os ao labirinto. O engenhoso Dédalo, no entanto, consegue construir asas, colando penas de aves com cera, e instrui seu filho a evitar tanto as alturas (por causa do calor do sol), quanto as partes mais baixas (por causa da umidade do mar). Ambos alçam voo e escapam do labirinto, mas Ícaro desobedece às instruções do pai e se ergue a alturas elevadas demais: os raios do sol acabam derretendo a cera das asas e ele morre, depois de cair no mar, que, em sua homenagem, passa a ser chamado de Mar Icário (em alemão: *Ikarisches Meer*).

[7 = Mp XIII 6a. 1875]

7 [1] A veneração da Antiguidade clássica, como os italianos mostraram, é a única forma séria, desinteressada e devotada de se venerar a Antiguidade que até hoje existiu. É um exemplo esplêndido de quixotismo: e algo assim é também a filologia, no melhor dos casos. O mesmo pode ser dito dos eruditos alexandrinos, de todos os sofistas dos séculos I e II, dos aticistas etc. Imita-se algo totalmente quimérico e persegue-se um mundo maravilhoso que nunca existiu. Um tal traço atravessa a própria Antiguidade: a forma como os heróis homéricos eram copiados, toda a preocupação com o mito, isso é uma mostra. Gradualmente, toda a Grecidade tornou-se um objeto de Dom Quixote. Não é possível compreender nosso mundo se não se leva em consideração a imensa influência da pura fantasia. Em contraste com isso: não é possível haver qualquer imitação. Toda imitação é apenas um fenômeno artístico e almeja apenas a aparência; qualquer coisa viva consegue assimilar trejeitos, pensamentos etc., mas não consegue *criar* nada. Uma cultura que copie a grega não consegue criar nada. De toda forma, a pessoa criativa toma de empréstimo e acaba por se nutrir. Então é apenas como pessoas criativas que conseguiremos algo dos gregos. Mas em que seriam criativos os filólogos? É necessário haver alguns negócios sujos, carniceiros; também revisores: devem os filólogos representar algo assim tão sujo?

7 [2] Origem do filólogo. Quando uma grande obra de arte faz sua aparição, sempre vai ao encontro daquele espectador que não apenas sente seu efeito, mas deseja imortalizá-la. O mesmo se dá com um grande Estado e, em resumo, com tudo o que eleva o ser humano. Assim desejam os filólogos imortalizar a Antiguidade: mas isso eles só conseguem fazer como *artistas imitadores*. Não como continuadores.

7 [3] Origem da filologia. (A Antiguidade precisava de uma classe de advogados?).
  Origem moderna do filólogo.
  Sua relação com os gregos.
  Sua influência sobre os não filólogos.

Os filólogos do futuro — haverá algum?

7 [4] Deusa Amizade, escuta benfazeja a canção
que agora cantamos à Amizade!
Onde quer que encare o olhar de amigos
enche-se de alegria a Amizade:
prestativa, achega-te a nós
com a aurora no rosto e o estandarte
da eterna juventude na sagrada destra.

7 [5] Num enquadramento da história da filologia, impressiona quão poucas pessoas realmente bem-dotadas participaram dela. Entre os mais famosos, estão alguns que arruinaram seu entendimento por causa do excesso de saber e, entre os mais entendidos deles, alguns que não sabiam empregar seu entendimento para algo diverso de minúcias. É uma história triste, creio, porque nenhuma ciência é tão pobre de talentos. São os aleijados de espírito que encontram seu passatempo nessas picuinhas verbais.

Prefiro escrever algo que será digno de ser lido como os filólogos leem seus autores, em vez de ficar agachado em cima de um autor. E principalmente — mesmo a mais limitada criação é superior a um discurso sobre a criatividade.

7 [6] Que haja eruditos ocupados exclusivamente com o estudo da Antiguidade grega e romana é algo que se pode considerar razoável, louvável e, acima de tudo, compreensível, ainda mais por parte de quem aprova o estudo do passado; mas que os mesmos eruditos sejam os educadores da nobre juventude, das classes ricas, não é algo tão facilmente compreensível: aqui jaz o problema. Por que precisamente *eles*? Isso não é compreensível por si mesmo, como o caso do professor de medicina que também é médico. Se os casos fossem iguais, o estudo da Antiguidade grega e romana seria igual à "ciência da educação". Em suma: a relação da teoria e da prática no filólogo não é tão rapidamente perceptível. Como ele chega a reivindicar ser professor no sentido mais elevado e educar não apenas todas as pessoas de ciência, mas todas as pessoas cultivadas? — Esse poder educativo precisa ser tomado de empréstimo

pelo filólogo à Antiguidade; aqui é preciso se perguntar com admiração: como chegamos ao ponto de atribuir valor a um passado distante cujo conhecimento constituiria ajuda imprescindível para nos formarmos? — Na verdade, ninguém se pergunta isso ou apenas muito raramente: o mais comum é que o domínio da filologia sobre a educação se mantenha inquestionável e que a Antiguidade *tenha* esse valor. Nesse sentido, a posição do filólogo é mais confortável do que a de qualquer outro jovem praticante da ciência: não há uma grande quantidade de gente que precisa dele; do médico, p. ex., há muito mais. Mas ele tem pessoas seletas e mesmo jovens de uma idade em que tudo floresce; esses podem gastar tempo e dinheiro com um desenvolvimento superior. Onde quer que atualmente a formação europeia alcance, fundaram-se ginásios em bases greco-latinas, como seu primeiro e mais elevado meio. Com isso, a filologia encontrou a melhor e mais certa oportunidade para se espalhar e despertar respeito: nisso, nenhuma outra ciência é tão favorizada. De modo geral, todos que passaram por esses estabelecimentos defendem a excelência de seus expedientes; eles são conspiradores inconscientes em prol da filologia; caso alguém que não tenha seguido esse mesmo caminho profira uma palavra contrária a isso, segue-se um repúdio tão unânime e silencioso que é como se a formação clássica fosse um tipo de mágica, capaz de abençoar com uma bênção que une todos os seus indivíduos; não se polemiza de todo, "experiencia-se".

Agora, há tantas coisas com que o ser humano se habitua que passa a considerá-las úteis; pois a familiaridade mistura em todas as coisas doçura e as pessoas estimam a correção de algo a partir de seu próprio prazer. *O prazer com a Antiguidade clássica*, como agora é experimentado, deveria ser examinado e analisado para descobrir quanto de prazer se encontra na familiaridade e quanto de prazer no infamiliar (quero dizer com isso o prazer interno, ativo, novo e jovem, como aquele que é diariamente despertado por uma convicção frutífera, o prazer num objetivo superior, que também se torna meio para tal objetivo: por meio do qual, passo a passo, é possível avançar, de algo infamiliar para algo infamiliar, como um alpinista).

Em que se baseia a grande estima pela Antiguidade no presente, isto é, o fato de que toda a formação moderna se constrói sobre ela? Onde se encontra a origem desse prazer? Dessa preferência pela Antiguidade?

Nesse estudo, acredito ter descoberto que toda a filologia (isto é, toda a sua existência presente e seu poder) tem seu fundamento naquilo que também fundamenta a reputação da Antiguidade como um meio educacional importante. A filologia [*Philologenthum*] como magistério [*Lehrerthum*] é a expressão precisa de uma visão dominante sobre o valor da Antiguidade e o melhor método de educação. Duas proposições estão contidas nesse pensamento; primeiro: toda educação superior precisa ser histórica; segundo: a história grega e romana é diferente de todas as outras, na medida em que é *clássica*. Assim o estudioso dessa história torna-se professor. Não vamos investigar aqui a primeira proposição, se uma educação superior precisa ser histórica, mas sim a segunda: *quão clássica?*

Com relação a isso, há alguns preconceitos bem disseminados.

Primeiro, o preconceito que jaz na expressão sinônima de "Humanidades": a Antiguidade é clássica porque é a escola do humanismo.

Segundo: "A Antiguidade é clássica porque é *esclarecida*".

7 [7] *Il faut dire la vérité et s'immoler* [É preciso dizer a verdade e imolar-se]. Voltaire.[224]

Imaginemos que houvesse espíritos livres e superiores insatisfeitos com a formação atualmente em voga e que a conduzissem a seu tribunal: como a acusada se pronunciaria? Antes de tudo, com algo como: "Se há razão ou não na acusação, em todo caso, não olhem para mim, mas para meus formadores; eles têm o dever de respon-

---

224 A frase completa de Voltaire originalmente é: *Il faut avoir raison, dire la vérité, et s'immoler*. Ou seja: "É preciso ter razão, dizer a verdade e imolar-se". O trecho é extraído de uma carta endereçada a M. Kœnig em 1753, numerada como carta 2565 de sua correspondência na edição de suas obras completas (Voltaire 1883: 35–39).

der por mim e eu tenho o direito de ficar em silêncio: eu não sou nada mais do que um produto deles". Os formadores seriam convocados então: no meio deles apareceria toda uma profissão, a dos *filólogos*. Essa profissão consiste na atividade de pessoas que empregam seu conhecimento da Antiguidade grega e romana para educar jovens entre 13–20 anos e também na de quem tem a tarefa de educar de modo sempre renovado esses professores; ou seja, de ser educadores de educadores. Os filólogos do primeiro tipo são professores de ginásio, os do segundo são professores de universidades. Aos cuidados do primeiro, encontra-se uma juventude seleta, na qual talento e nobres pensamentos vez por outra se mostram, e por cuja educação os pais podem gastar consideráveis quantidades de tempo e dinheiro; caso apareça alguém diferente, que não dispõe dessas três condições, cabe ao professor dispensá-lo. O segundo tipo, consistindo em filólogos das universidades, aceita homens jovens que se sentem ligados à mais elevada e exigente profissão, a de ser professor e formador da espécie humana; mais uma vez, cabe a ele eliminar os falsos e os intrusos. Se condenamos a formação dessa época, os filólogos recebem golpes pesados: pois ou eles realmente querem essa má formação e, enganados por seus próprios sentidos, consideram que ela seja um bem; ou eles não a desejam, mas são fracos demais para levar adiante a outra melhor, que eles conhecem. Sua culpa jaz ou em sua falta de visão, ou na fraqueza de sua vontade. No primeiro caso, poderiam dizer que não conheciam nada melhor; no segundo, que não conseguiam fazer nada melhor. Mas como os filólogos educam principalmente com a ajuda da Antiguidade grega e romana, então a falta de visão apresentada por eles se mostraria numa das duas opções: ou porque *não compreendem* a Antiguidade; ou porque a Antiguidade é erroneamente apresentada no presente como o mais importante meio de apoio para a educação, embora simplesmente não eduque ou já não eduque mais. Se a crítica se volta contra a fraqueza de sua vontade, teriam então total razão em atribuir à Antiguidade um significado e uma força educacionais, mas não seriam eles as ferramentas apropriadas para fazer a Antiguidade exprimir sua capacidade. Isto é, eles seriam professores sem direito e viveriam numa posição errada. Mas como eles vieram a dar nisso? Através de um engano acerca de si mesmos e de sua vocação. A fim de atribuir ao filólogo sua parcela de culpa pela péssima formação moderna, seria possível reunir as várias possibilidades nesta proposição: *O filólogo precisa compreender três coisas, se quiser provar sua inocência: a Antiguidade, o presente e a si mesmo; sua culpa jaz no fato de que ele não entende a Antiguidade, nem o presente, nem sequer a si mesmo. Primeira pergunta: o filólogo entende a Antiguidade?* — — —

[8 = U I 6b. Verão 1875]

8 [1] *Livros para 8 anos.*
Schopenhauer.
Dühring.[225]
Aristóteles.

---

225 Eugen Dühring (1833-1921), nascido em Berlim, filósofo e economista. Atua como professor de Filosofia na Universidade de Berlim, destacando-se por obras filosóficas nas quais se notam as influências de Kant e, principalmente, Schopenhauer. Em suas doutrinas sociais (de viés socialista, mas antimarxista), revela-se um pensador positivista, crítico ferrenho da religião, além de antissemita declarado. Embora haja eventuais coincidências de posicionamento entre eles, Nietzsche demarca com clareza seus diferendos, como quando anota na seção catorze da terceira dissertação de *Genealogia da moral* (orig. 1887): "Olhe-se o interior de cada família, de cada corporação, de cada comunidade: em toda parte a luta dos enfermos contra os sãos — uma luta quase sempre silenciosa, com pequenos venenos, com agulhadas, com astuciosa mímica de mártir, por vezes também com esse farisaísmo de doente de gestos estrepitosos, que ama mais que tudo encenar a 'nobre indignação'. Até nos espaços consagrados da ciência gostaria de fazer-se ouvir esse rouco latido de indignação dos cães doentes, a mordaz fúria e falsidade de tais 'nobres' fariseus (— aos leitores que têm ouvidos torno a lembrar aquele apóstolo da vingança berlinense, Eugen Dühring, que na Alemanha de hoje faz o uso mais indecente e repugnante dos 'tambores' da moral: Dühring, o maior fanfarrão da moral que existe atualmente, mesmo entre seus iguais, os antissemitas). Estes são todos homens do ressentimento, estes fisiologicamente desgraçados e carcomidos, todo um mundo fremente de subterrânea vingança, inesgotável, insaciável em irrupções contra os felizes, e também em mascaramentos de vingança, em pretextos para vingança: quando alcançariam realmente o seu último, mais sutil, mais sublime triunfo da vingança?" (Nietzsche [1887] 2009b: 105, trad. Paulo César de Souza).

Goethe.
Platão.
8 [2] Contra a poesia lírica dos alemães. Eu leio aqui que *Mörike* deve ser considerado o maior dos líricos alemães![226] Não seria um crime se mostrar tão estúpido a ponto de *não* sentir ou querer sentir que Goethe é o maior? — Mas o que deve assombrar essas cabeças?, que conceito de lírica? Voltei-me para esse Mörike de novo e, com exceção de 4-5 coisas ao modo da canção popular, achei-o totalmente fraco e não poético. Acima de tudo, falta-lhe clareza de percepção. E o que as pessoas consideram musical nele também não é grande coisa: e nisso se revela *quão pouco* as pessoas sabem de música; o que ainda assim é *mais* do que esse doce e insípido tralalá e iê-iê-iê! — Ele não tem pensamentos de todo: e eu chego apenas a tolerar poetas que, entre outras coisas, têm pensamentos, como Píndaro e Leopardi. Mas o que pode significar, no longo termo, essa juvenil imprecisão de sentimento, tal como se expressa na canção popular alemã? Nesse sentido, louvo muito mais Horácio, ainda que seja bem preciso e coloque as palavrinhas e os pensamentinhos como num mosaico.[227]

---

226 Eduard Friedrich Mörike (1804-1875), nascido em Ludwigsburg, pastor luterano, professor de literatura e poeta romântico. Suas canções empregam estruturas tradicionais, incluindo hinos, odes, elegias e idílios de inspiração greco-romana, como aparecem num livro como Antologia clássica [*Klassische Blumenlese*] (orig. 1840). Mörike às vezes é comparado com Goethe, mas Nietzsche evidentemente se opõe a esse tipo de aproximação.

227 Chama atenção a raridade com que autores latinos são referidos nos escritos de Nietzsche (sobretudo em sua obra de juventude), na linha do que vem indicado pelo artigo de Richard Bett (2011). Em vista disso, a menção relativamente positiva a Horácio é digna de nota aqui. Sua intuição sobre a poética horaciana vem retomada e aprofundada na seção um do capítulo "O que devo aos antigos" do livro *Crepúsculo dos ídolos* (orig. 1889): "Até hoje não senti com outro poeta o arrebatamento artístico que uma ode de Horácio me proporcionou desde o início. Em algumas línguas, o que ali foi alcançado não pode nem ser desejado. Aquele mosaico de palavras, em que cada palavra, como som, como lugar, como conceito, irradia sua força para a direita, para a esquerda e sobre o conjunto, aquele mínimo em extensão e número de signos, e o máximo que obtém na energia dos signos — tudo isso é romano e, se acreditarem em mim, nobre por excelência. Todo o restante da poesia se torna popular demais em comparação — apenas tagarelice sentimental..". (Nietzsche [1889] 2006a: 101-102,

8 [3] *Em ordem:*
Dühring, *Valor da vida*.
Dühring, *Curso de filosofia*.
Reis, *Matemática*.[228]
Física etc.
Biblioteca de ciências naturais.
Economia política.
Princípios de higiene.
História.
As primeiras horas do dia devotadas ao aprendizado.
Então trabalho nas palestras.
No seminário: Prometeu?
                      Coéforas?
                      Alceste?

8 [4] Planos de todos os tipos:
1) um ciclo de palestras sobre a natureza grega.
2) coleção de uma imensa quantidade de materiais empíricos do conhecimento humano. Para isso, ler muitas obras mais antigas de história, romances etc., e cartas.
3) estudar a fundo Dühring, como tentativa de ultrapassar Schopenhauer, e ver o que retenho de Schopenhauer e o que não. Depois disso, ler Schopenhauer mais uma vez.
4) produção gradual de minhas *Considerações intempestivas*. Em seguida, "Richard Wagner em Bayreuth", "Os filólogos", "Sobre religião".
5) completar meus trabalhos filológicos, a fim de que não saiam totalmente da minha lembrança. Publicar o primeiro volume de uma coleção de trabalhos filológicos contendo: "As *Coéforas*

---

trad. Paulo César de Souza). A tese que Guilherme Gontijo Flores dedica à poética de Horácio investiga essa intuição de Nietzsche e a coloca em prática no âmbito de um arrojado projeto de tradução poética. Seu título faz ecoar a formulação nietzschiana: *Uma poesia de mosaicos nas Odes de Horácio* (Flores 2014).
228 A referência pode ser a Paul Reis (1828–1895), nascido em Kostheim, matemático, físico e professor, autor do livro *Manual de Física* [*Lehrbuch der Physik*] (orig. 1872).

de Ésquilo", "Sobre ritmo", "A disputa entre Hesíodo e Homero", "*Diádocos* dos filósofos".

6) com meus alunos Baumgartner e Brenner, os estudos preparatórios para uma teoria do estilo.

7) na escola: Platão, a *Ilíada*, teoria dos modos, o *Agamêmnon* de Ésquilo.

8 [5] Goethe é antes de tudo um *épico*, muito mais do que lírico. Totalmente errado ver nele o *maior* dos líricos.

8 [6] Ésquilo é, como todos os poetas, irreligioso.

8 [7] Um dos livros mais perniciosos é *Dom Quixote*.

8 [8] De modo algum a natureza precisa de "tempo bom" para parecer bela. Certas naturezas *exigem* tempo ruim para isso.

Posfácio[*]

Pascale Catherine Hummel-Israel
(Éditions Philologicum)

No ano de 1874, o Brasil vê a chegada a suas terras do geólogo francês Claude-Henri Gorceix, fundador de uma escola das minas no estado de Minas Gerais, em Ouro Preto (onde seu busto de bronze fica, em frente ao Palácio dos Governadores), a inauguração de um cabo telegráfico submarino entre o país e o continente europeu, e a abertura de relações postais com a França. Cento e cinquenta anos mais tarde (2024), um jovem filólogo brasileiro nos lembra de que, por volta dessa mesma época, Friedrich Nietzsche (nascido em 1844), nem bem entrado nos trinta anos de idade, trabalhava na redação descontínua de suas quatro *Considerações*. Se o filósofo, pouco inclinado à itinerância, jamais teve a ocasião de pisar o solo do Novo Mundo, por outro lado, sua irmã Elisabeth e o marido dela, Bernhard Förster, fortemente inspirados em seu projeto pelas ideias do compositor Richard Wagner, fundaram aí em 1887 a colônia ariana *Neu-Germanien* (hoje *Nueva Germania*) no Paraguai, pequeno país vizinho do Brasil, que Elisabeth deixou em 1893, alguns anos após o suicídio de seu esposo na cidade de San Bernardino.

Na Escola Prof. Jonathas Pontes Athias, da pequena cidade mineradora de Porto Trombetas (Pará), Rafael Guimarães Tavares da Silva (nascido em Santa Bárbara, no estado de Minas Gerais,

---

[*] Texto redigido originalmente em francês e traduzido por Rafael G. T. da Silva para o português.

onde ele fez em seguida o essencial de seus estudos superiores na Universidade Federal de Minas Gerais), preparava-se para o vestibular (exame ao fim do ensino médio, equivalente ao *baccalauréat* francês) ao longo do ano de 2006, pouco após minha própria participação no X Congresso da Federação Internacional dos Estudos Clássicos (2004), em Ouro Preto. Nada de acidental nem de fortuito nesses ecos cronológicos, mas antes o ciframento discreto de uma necessidade secreta espertamente urdida pelos habitantes do Olimpo.

Se Nietzsche jamais conheceu fisicamente o Novo Mundo, que fascinou sua irmã e alguns outros aventureiros, ele teve, enquanto homem-deus estrangeiro à materialidade do tempo humano, a preocupação, por assim dizer profética e messiânica, do porvir/devir [*a(d)-venir*], no sentido de um surgimento schopenhaueriano do ser na existência.

> "Todas as coisas eternamente retornam, e nós mesmos com elas, e eternas vezes já estivemos aqui, juntamente com todas as coisas." (Nietzsche [1883-1885] 2018: 211, trad. Paulo César de Souza).[1]

Para além do espaço e do tempo, a filologia se concebe apenas como universal, eterna e plural: (para o melhor) comunitária e (para o pior) sectária: *Wir Philologen*, um opúsculo inacabado para todos e para ninguém, uma coletânea sentenciosa de acentos teognídeos, um pensamento fragmentário com ares de esboço ou de ruínas.

Toda a história — do mundo, das línguas e das ideias — ressoa neste mil-folhas linguístico, no qual a estratificação sutil dos idiomas (grego, latim, alemão, inglês, francês, português) permite que o jovem universitário brasileiro, aqui ladeado por dois veteranos, lance uma ponte entre o Antigo e o Novo Mundo, cento e cinquenta anos após a redação das linhas componentes de uma das quatro partes dessas memoráveis *Considerações*. A miríade de significantes que a pluralidade das vozes filológicas acrescenta ao objeto pri-

---

[1] Trecho de *Assim falou Zaratustra*. No original (*KSA* 4: 276): [...] *alle Dinge ewig wiederkehren und wir selber mit, und dass wir schon ewige Male dagewesen sind, und alle Dinge mit uns.*

meiro com o qual elas se ligam nunca altera a significação original de um texto intrinsecamente polissêmico: a tradução (do alemão de Nietzsche, do inglês americano do prefaciador e do francês da posfaciadora) para o português, longe de transpor para outra coisa ou de transportar alhures, contribui antes para revelar a complexidade semiológica de um pensamento em movimento, impossível de fixar na imobilidade da univocidade. O leitor lusófono (cerca de trezentos milhões de falantes no mundo) tem acesso assim à linguagem veicular das ideias através de uma forma vernacular pela primeira vez aplicada a esse pequeno texto de Nietzsche. Todos os outros, lusófonos por necessidade ou por adoção, encontrarão aí a ocasião de experimentar uma estrangeiridade perturbadora ao ler o pensador alemão numa língua diferente da sua e de todas aquelas que praticam para fins circunstanciais e variados. Essa tradução em português revela-se então eminentemente filológica, tanto pelo fundo quanto pela forma, numa empreitada que não teria recebido desaprovação do próprio filósofo, cujo pensamento, rebelde a qualquer possibilidade de preensão conceitual tranquilizadora, escapa continuamente a uma interpretação certa, uma vez que transborda largamente os limites do envelope carnal da língua que a manifesta. Insuficientemente ancorada na concretude referencial da objetalidade fenomenal e conscientemente descarregada de toda ganga institucional, a prosa poética de Nietzsche, mais próxima da opacidade etérea de Hölderlin e do hermetismo diáfano de Valéry, move-se na virtualidade fluente da abstração. Nenhum cascalho retórico, nenhuma concessão ao inessencial vem para sobrecarregar o impulso meta-físico de uma mente que evita a um só tempo tanto a gravidade acadêmica quanto o peso guilhermino.

Clássico antes mesmo de ser histórico, Nietzsche atravessa o tempo sem jamais se demorar nele. Se os filólogos de sua época (aos quais desde o título ele próprio reconhece explicitamente pertencer: "Nós, filólogos") são efetivamente seres reais de carne e sangue, o objeto sobre o qual incide sua prática os inscreve de pronto na perspectiva longa de uma atividade perene dedicada à não-finitude. Acrônica por vocação e anacrônica pelos fatos, a filologia — assim deplora o filósofo — é excessivamente amiúde praticada por indivíduos parcamente capazes de servir sua grandeza milenar. Jovem e já velho, sem idade e de todas as idades, nem bem entrado na trintena (nomeado em 1869, com a idade de vinte e quatro anos, titular da cadeira de filologia clássica na Universidade da Basileia), o autor de *Wir Philologen* (em geral traduzido em francês pela fórmula contrastiva e categorial *nous autres*, circunstancialmente ausente tanto do inglês quanto do português) expõe suas reflexões acerca do trabalho de filólogo no contexto particular do último quarto do século XIX a partir de uma controvérsia epistemológica com alguns de seus pares da mesma disciplina.

Esboço constituído de notas preparatórias (verossimilmente extraídas de um plano de curso ou de um seminário), destinadas à forma de livro, o texto tecido por esses parágrafos de conteúdo errático (às vezes mesmo aforístico) compõe um conjunto incoativo cujo caráter descontínuo trai a intranquilidade de um pensamento paradoxal que jamais permite ao leitor repousar na menor certeza. Os fragmentos do quebra-cabeça (dionisíaco em busca do apolíneo) requerem, para serem reunidos, a empatia de um espírito disposto a se deixar perturbar pelas contradições aparentes de um propósito poligonal dotado de contornos incertos de mosaico (o termo figura no texto). A verdade — cambiante, inapreensível e lábil — jaz na lógica secreta de um perspectivismo orgânico. O *leitmotiv* quase musical do homeoteleuto (na ocorrência, o sufixo *-thum*) atravessa subterraneamente esse caleidoscópio de tesselas que irisam um pensamento em devir: *Philologenthum*, *Lehrerthum*, *Alterthum*, *Griechenthum*, *Römerthum*, *Christenthum*. No cruzamento da filosofia, da filologia e da pedagogia, a sequência heurística de peças traça a estrutura invisível de um sistema formado por componentes indivisíveis.

À filologia, a antiguidade clássica confere uma existência; ao filólogo, uma posição. A historiografia que se emprega a constituí-la em objeto de saber (universal) faz dela a condição de possibilidade de todo e qualquer acesso ao conhecimento do passado.

O filólogo revela-se, assim, um elo essencial da transmissão, que reveste, no fim do século XIX, as formas complexas de uma institucionalização estratificada. Se a função (ou mesmo a missão) do filólogo permanece, por assim dizer, ontologicamente inalterada, os trabalhos ou as atividades que ele exerce são tantos avatares (filólogo-poeta, filólogo-erudito, filólogo-professor) de uma essência estável esposando as vicissitudes da História. Veiculada por instituições (escolares e universitárias) participando estritamente da medida histórica do tempo, a cultura das humanidades garante a continuidade do intemporal, enquanto se contrapõe à fugacidade insignificante do contemporâneo. Do ponto de vista atemporal da axiologia humanista, o presente *a cada vez* nada mais é do que a atualização repetida de valores inatuais (cada um desses adjetivos representando uma tradução possível do alemão *unzeitgemäß*).

Ao transcender as clivagens introduzidas por séculos de pensamento linear e binário, o filósofo alemão arranca o filólogo da historicidade do contingente, atribuindo-lhe a nobre tarefa de recompor a cadeia ininterrupta do sentido reversivelmente clássico (dentro da modernidade) e moderno (em razão mesmo de seu classicismo).

Referência bibliográficas

ARROWSMITH, W. "Nietzsche on Classics and Classicists". *Arion*, v. 2, n. 1, 1963a, p. 5-18.
ARROWSMITH, W. "Nietzsche on Classics and Classicists (Part II)". *Arion*, v. 2, n. 2, 1963b, p. 5-27.
ARROWSMITH, W. "Nietzsche on Classics and Classicists (Part III)". *Arion*, v. 2, n. 4, 1963c, p. 5-31.
ARROWSMITH, W. "Introduction and Commentaries on Nietzsche's We Classicists". In: NIETZSCHE, F. *Unmodern Observations*. Ed. William Arrowsmith. New Haven; London: Yale University Press, 1990, p. 305-387.
ASSUNÇÃO, T. R. "Juventude e velhice: Mimnermo". *Kleos*, v. 3, n. 3, 2000, p. 158-171.
ASSUNÇÃO, T. R.; BRANDÃO, J. L. "Semônides de Amorgos e Mimnermo (Fragmentos)". *Ensaios de Literatura e Filologia*, v. 4, 1983, p. 209-235.
BABICH, B. "Nietzsche's Philology and Nietzsche's Science: On the "Problem of Science" and "fröhliche Wissenschaft"". In: HUMMEL, P. (ed.). *Metaphilology: Histories and Languages of Philology*. Paris: Philologicum, 2009, p. 155-201.
BARNES, J. "Nietzsche and Diogenes Laertius". In: JENSEN, A. K.; HEIT, H. (ed.). *Nietzsche as a Scholar of Antiquity*. London; New York: Bloomsbury, 2014, p. 115-137.
BENNE, C. *Nietzsche und die historisch-kritische Philologie*. Berlin; New York: Walter de Gruyter, 2005.
BETT, R. "Nietzsche and the Romans". *Journal of Nietzsche Studies*, v. 42, n. 1, 2011, p. 7-31.
BISHOP, P. (ed.). *Nietzsche and Antiquity: His reaction and response to the Classical Tradition*. Londres: Camden House, 2004.

BOECKH, A. *Encyklopädie und Methodologie der philologischen Wissenschaften*. Ed. E. Bratuscheck. Leipzig: B. G. Teubner, 1877.

BROWN, G. "Commentaries on Nietzsche's *History in the Service and Disservice of Life*". In: NIETZSCHE, F. *Unmodern Observations*. Ed. William Arrowsmith. New Haven; London: Yale University Press, 1990, p. 87–145.

BRUHNS, H. "Grecs, Romains et Germains au XIXe siècle: quelle Antiquité pour l'État national allemand". *Anabases*, v. 1, 2005, p. 17–43.

BURCKHARDT, J. *Die Kultur der Renaissance in Italien: Ein Versuch*. Basel: Schweighauser'schen Verlagsbuchhandlung, 1860.

BURCKHARDT, J. *Griechische Kulturgeschichte*. 2 v. Ed. Jakob Oeri. 5. ed. Berlin; Stuttgart: Verlag von W. Spemann, 1908.

BUSELLATO, S. "Nas origens da vontade de potência: Anaxágoras". Trad. Anna Maria Lorenzoni. *Cadernos Nietzsche*, v. 42, n. 2, 2021, p. 105–124.

CALDER, W. M., III. "The Wilamowitz-Nietzsche struggle: New documents and a reappraisal". *Nietzsche Studien*, v. 12, 1983, p. 214–254.

CANCIK, H.; CANCIK-LINDEMAIER, H. "The Religion of the "Older Greeks" in Nietzsche's "Notes to We Philologists"". In: JENSEN, A. K.; HEIT, H. (ed.). *Nietzsche as a Scholar of Antiquity*. London; New York: Bloomsbury, 2014, p. 263–279.

CANFORA, L. *Ideologie del Classicismo*. Torino, Einaudi.

CORRÊA, P. C. *Armas e varões: A guerra na lírica de Arquíloco*. 2. ed. rev. e ampl. São Paulo: Unesp, 2009.

COSTA, L. L. *Heróis antigos e modernos: A falsificação para se pensar a História*. Belo Horizonte: Fino Traço Editora, 2018.

COZZO, A. "F. A. Wolf, la Scienza dell'Antichità e noi: Come possiamo uscire dal XIX secolo?". *Mètis*, v. 9, 2011, p. 339–364.

CREUZER, F. *Das akademische Studium des Alterthums, nebst einem Plane und des philologischen Seminarium auf der Universität zu Heidelberg*. Heidelberg: Mohr & Zimmer, 1807.

CHURCH, J. *Nietzsche's Unfashionable Observations: A Critical Introduction and Guide*. Edinburgh: Edinburgh University Press, 2019.

DEUSSEN, P. *Erinnerungen an Friedrich Nietzsche*. Leipzig: Brockhaus, 1901.

DIELS, H.; KRANZ, W. (ed.). *Die Fragmente der Vorsokratiker*. 3 v. Berlin: Weidmann, 1960.

DODDS, E. R. *The Greeks and the Irrational*. Berkeley; Los Angeles; London: University of California Press, 1951.

DUARTE, A. S. *Cenas de reconhecimento na poesia grega*. Campinas: Editora da Unicamp, 2012.

EMERSON, R. W. *Essays: First and Second Series*. Two volumes in one. Boston; New York: Houghton Mifflin Company, 1883.

FOWLER, R. L. "Blood for the ghosts: Wilamowitz in Oxford". *Syllecta Classica*, v. 20, 2009, p. 171–213.

FLORES, G. G. *Uma poesia de mosaico nas Odes de Horácio: Comentário e tradução poética*. 2014. Tese (Doutorado em Letras Clássicas). Faculdade de Filosofia, Letras e Ciências Humanas, Universidade de São Paulo, São Paulo, 2014.

FREUD, S. *O infamiliar [Das Unheimliche]*. Edição bilíngue. Trad. Ernani Chaves e Paulo Heliodoro Tavares. Belo Horizonte: Autêntica, [1919] 2019.

FRIES, A. "Martin Litchfield West (1937-2015)". *Studia Metrica et Poetica*, v. 2, n. 2, 2015, p. 152–158.

GOETHE, J. W. *Winckelmann und sein Jahrhundert: In Briefen und Aufsätzen*. Tübingen: Cotta, 1805.

GRAFTON, A. "Wilhelm von Humboldt". *The Phi Beta Kappa Society*, v. 50, n. 3, 1981, p. 371–381.

GRAFTON, A.; MOST, G.; ZETZEL, J. "Introduction". In: WOLF, F. A. *Prolegomena to Homer: 1795*. Translated with Introduction and Notes by Anthony Grafton, Glenn Most and James Zetzel. New Jersey: Princeton University Press, 1985, p. 1–35.

GRAY, R. T. "Translator's Afterword". In: NIETZSCHE, F. *Unfashionable Observations*. Translated by Richard T. Gray. Stanford: Stanford University Press, 1995.

HALLETT, J.; NORTWICK, T. (eds.). *Compromising Traditions: The personal voice in classical scholarship*. London; New York: Routledge, 1997.

HARTOG, F. "O confronto com os antigos". In: _____. *Os antigos, o passado e o presente*. Org. José Otávio Guimarães; trad. Sonia Lacerda, Marcos Veneu e José Otávio Guimarães. Brasília: Editora Universidade de Brasília, 2003, p. 113-154.

HARTUNG, J. A. *Die griechischen Lyriker*. 5 v. Leipzig: Engelmann, 1856.

HOLUB, R. C. *Nietzsche's Jewish Problem: Between Anti-Semitism and Anti-Judaism*. Princeton: Princeton University Press, 2016.

HÜBSCHER, B. *Werner Jaeger e o "Terceiro Humanismo": O ideal político antigo na Alemanha, 1914-1936*. 2016. Tese (Doutorado em História Social). Faculdade de Filosofia, Letras e Ciências Humanas, Universidade de São Paulo, São Paulo, 2016.

HUMMEL, P. *Histoire de l'histoire de la philologie: Étude d'un genre épistémologique et bibliographique*. Genève: Librairie Droz, 2000.

IRWIN, E. *Solon and Early Greek Poetry: The Politics of Exhortation*. Cambridge: Cambridge University Press, 2005.

JAHN, O. "Bedeutung und Stellung der Alterthumsstudien in Deutschland". In: _____. *Aus der Alterthumswissenschaft: Populäre Aufsätze*. Bonn: Adolph Marcus, 1868, p. 2-50.

JANAWAY, C. (ed.). *Willing and Nothingness*: Schopenhauer as Nietzsche's Educator. Oxford: Clarendon Press, 1999.

JENSEN, A. K. "Friedrich Ritschl, Otto Jahn, Friedrich Nietzsche". *German Studies Review*, v. 37, n. 3, 2014a, p. 529-547.

JENSEN, A. K. "Nietzsche's Valediction and First Article: The *Theognidea*". In: _____; HEIT, H. (ed.). *Nietzsche as a Scholar of Antiquity*. London; New York: Bloomsbury, 2014b, p. 99-114.

JENSEN, A. K.; HEIT, H. (ed.). *Nietzsche as a Scholar of Antiquity*. London; New York; Bloomsbury, 2014.

KLINGER, F. M. *Betrachtungen und Gedanken über verschiedene Gegenstände der Welt und der Literatur*. Köln: Peter Hammer, 1809.

KÖLLIGAN, D. "Apresentação". In: WILAMOWITZ-MOELLENDORFF, U. *História da Filologia*. Trad. e notas de Thiago Mendes Venturott. Araçoiaba da Serra, SP: Editora Mnēma, 2023, p. 11-23.

KÖRTE, W. *Leben und Studien Friedr. Aug. Wolf's, des Philologen*. 2 v. Essen: G. D. Bädeker, 1833.

KROLL, W. *Geschichte der klassischen Philologie*. Berlin; Leipzig: Walter de Gruyter, [1908] 1919.

LAKS, A. *Introdução à "filosofia pré-socrática"*. Trad. Miriam Campolina Diniz Peixoto. São Paulo: Paulus, 2013.

LATACZ, J. "On Nietzsche's Philological Bennings". In: JENSEN, A. K.; HEIT, H. (ed.). *Nietzsche as a Scholar of Antiquity*. London; New York: Bloomsbury, 2014, p. 3-26.

LEGHISSA, G. *Incorporare l'antico: Filologia classica e invenzione della modernità*. Udine: Mimesis Edizioni, 2007.

LICHTENBERG, G. C. *Vermischte Schriften*. 4 v. Göttingen: Verlag der Dieterichschen Buchhandlung, 1844.

MACHADO, R. "Introdução: Arte, ciência, filosofia". In: _____. (org.). *Nietzsche e a polêmica sobre 'O nascimento da tragédia'*. Texto de Rohde, Wagner e Wilamowitz-Möllendorf. Trad. Pedro Süssekind. Rio de Janeiro: Jorge Zahar, 2005, p. 7-34.

MALTA, A. *A Musa difusa: visões da oralidade nos poemas homéricos*. São Paulo: Anna Blume Clássica, 2015.

MANSFELD, J. "The Wilamowitz-Nietzsche struggle: Another new document and some further comments". *Nietzsche Studien*, v. 15, n. 1, 1986, p. 41-58.

MARTIN, N. *Nietzsche and Schiller: Untimely Aesthetics*. New York: Oxford University Press, 1996.

MOURA, G. H. C. "A vida como jogo e a arte como ofício em Simônides e Nietzsche: a existência do risco na aparência". *O que nos faz pensar*, v. 30, n. 50, 2022, p. 38-66.

NEGRI, A. *Friedrich Nietzsche: Teognide di Megara*. Roma; Bari: Biblioteca Universale, 1985.

NIEBUHR, B. G. "Die Sikeler in der Odyssee". In: _____. *Kleine historische und philologische Schriften*. 2. Sammlung. Bonn: Eduard Weber, [1827] 1843, p. 224-227.

NIETZSCHE, F. *Philologische Schriften (1867-1873)*. In: COLLI, G.; MONTINARI, M. (ed.). *Nietzsche Werke: Kritische Gesamtausgabe*. Zweite Abteilung. Erster Band. Fritz Bornmann und Mario Carpitella. Berlin; New York: Walter de Gruyter, [1867-73] 1982.

NIETZSCHE, F. *Über die Zukunft unserer Bildungs-Anstalten* (1872). In: COLLI, G.; MONTINARI, M. (ed.). *Nietzsche Werke: Kritische*

Studienausgabe. Erster Band. Giorgio Colli und Mazzino Montinari. Berlin; New York: Walter de Gruyter, [1872] 1988, p. 641–751.

NIETZSCHE, F. *Unmodern Observations*. Ed. William Arrowsmith. New Haven; London: Yale University Press, [1873-76] 1990.

NIETZSCHE, F. *Introduction aux Études de Philologie Classique*. Trad. Françoise Dastur et Michel Haar. Paris: Encre Marine, [1871] 1994.

NIETZSCHE, F. "Sobre o futuro dos nossos estabelecimentos de ensino". In: _____. *Escritos sobre educação*. Trad. Noéli Correia de Melo Sobrinho. Rio de Janeiro: Ed. PUC-Rio; São Paulo: Loyola, [1872] 2003, p. 41–136.

NIETZSCHE, F. *Humano, demasiado humano*. Trad. Paulo César de Souza. São Paulo: Companhia das Letras, [1878] 2005.

NIETZSCHE, F. *Crepúsculo dos ídolos, ou Como se filosofa com o martelo*. Trad. Paulo César de Souza. São Paulo: Companhia das Letras, [1889] 2006a.

NIETZSCHE, F. "Homero e a filologia clássica". Trad. Juan A. Bonaccini. *Princípios*, vol. 13, n. 19–20, [1869] 2006b, p. 169–199.

NIETZSCHE, F. *O Nascimento da tragédia. Ou Helenismo e Pessimismo*. Trad. J. Guinsburg. São Paulo: Companhia das Letras, [1872] 2007.

NIETZSCHE, F. *Ecce homo: Como alguém se torna o que é*. Tradução, notas e posfácio Paulo César de Souza. São Paulo: Companhia das Letras, [1908] 2008a.

NIETZSCHE, F. *A filosofia na era trágica dos gregos*. Trad. Fernando R. de Moraes Barros. São Paulo: Hedra, [1873] 2008b.

NIETZSCHE, F. *Digitale Faksimile-Gesamtausgabe*. Ed. Paolo D'Iorio. Nietzsche Source. Paris, 2009a. Disponível em: www.nietzschesource.org/DFGA. Acesso em: 28 dez. 2023.

NIETZSCHE, F. *Genealogia da moral: Uma polêmica*. Trad. Paulo César de Souza. São Paulo: Companhia das Letras, [1887] 2009b.

NIETZSCHE, F. *A gaia ciência*. Trad. Paulo César de Souza. São Paulo: Companhia das Letras, [1882] 2012.

NIETZSCHE, F. *Cinco prefácios para cinco livros não escritos*. Trad. Pedro Süssekind. 4. ed. Rio de Janeiro: 7 Letras, [1872] 2013.

NIETZSCHE, F. *Aurora: Reflexões sobre os preconceitos morais*. Trad. Paulo César de Souza. São Paulo: Companhia de Bolso, [1881] 2016a.

NIETZSCHE, F. *O caso Wagner: um problema para músicos; Nietzsche contra Wagner: dossiê de um psicólogo*. Trad. Paulo César de Souza. São Paulo: Companhia de Bolso, [1888] 2016b.

NIETZSCHE, F. *Humano, demasiado humano II*. Trad. Paulo César de Souza. São Paulo: Companhia das Letras, [1896] 2017a.

NIETZSCHE, F. *Sobre a utilidade e a desvantagem da história para a vida: Segunda consideração extemporânea*. Trad. André Itaparica. São Paulo: Hedra, [1874] 2017b.

NIETZSCHE, F. *Assim falou Zaratustra: Um livro para todos e para ninguém*. Trad. Paulo César de Souza. São Paulo: Companhia de Bolso, [1883-85] 2018.

NIETZSCHE, F. *David Strauss, o confessor e o escritor: Considerações extemporâneas I*. Trad. Antonio Edmilson Paschoal. São Paulo: WMF Martins Fontes, [1873] 2020a.

NIETZSCHE, F. *Schopenhauer como educador*. Trad. Clademir Luís Araldi. São Paulo: WMF Martins Fontes, [1874] 2020b.

NIETZSCHE, F. *Histoire de la littérature grecque*. Trad. Marc de Launay, du texte établi d'après les manuscrits par Carlotta Santini. Paris: Les Belles Lettres, [1874-76] 2021.

NIMIS, S. "Fussnoten: Das Fundament der Wissenschaft". *Arethusa*, v. 17, n. 2, 1984, p. 105–134.

NORTON, R. "Wilamowitz at War". *International Journal of the Classical Tradition*, v. 15, n. 1, 2008, p. 74–97.

NOUSSIA-FANTUZZI, M. (ed.). *Solon the Athenian, the Poetic Fragments*. Leiden; Boston: Brill, 2010.

PECK, H. T. *A History of Classical Philology: From the Seventh Century B.C. to the Twentieth Century A.D.* New York: The MacMillan Company, 1911.

PFEIFFER, R. *History of Classical Scholarship: From the beginnings to the end of the Hellenistic age*. Oxford: Clarendon Press, 1968.

PFEIFFER, R. *History of Classical Scholarship: From 1300 to 1850*. Oxford: Clarendon Press, 1976.

PORTER, J. I. *Nietzsche and the Philology of the Future*. Stanford: Stanford University Press, 2000.

PORTER, J. I. "Don't Quote Me on That !". *Journal of Nietzsche Studies*, v. 42, n. 1, 2011, p. 73-99.

PORTER, J. I. "Nietzsche's Untimely Antiquity". In: STERN, T. (ed.). *The New Cambridge Companion to Nietzsche*. Cambridge: Cambridge University Press, 2019, p. 49-71.

PÖSCHL, V. "Nietzsche und die klassische Philologie". In: FLASHAR, H.; GRÜNDER, K.; HORSTMANN, A. (eds.). *Philologie und Hermeneutik im 19. Jahrhundert: Zur Geschichte und Methodologie der Geisteswissenschaften*. Göttingen: Vandenhoeck & Ruprecht, 1979, p. 141-155.

READINGS, B. *University in ruins*. Cambridge; London: Harvard University Press, 1996.

REICH, H. *Rezensionen und Reaktionen zu Nietzsches Werken: 1872-1889*. Berlin: Walter de Gruyter, 2012.

RIGHI, G. *Breve storia della Filologia Classica*. Roma: G. C. Sansoni Editore, 1962.

RINGER, F. *Declínio dos Mandarins Alemães: A Comunidade Acadêmica Alemã, 1890-1933*. Trad. Dinah de Abreu Azevedo. São Paulo: Edusp, 2001.

ROHDE, E. *Psyche: Seelencult und Unsterblichkeitsglaube der Griechen*. Freiburg im Breisgau: Mohr, 1890-1894.

ROHDE, E. "Filologia retrógrada [*Afterphilologie*]". In: MACHADO, R. (org.). *Nietzsche e a polêmica sobre 'O nascimento da tragédia'*. Texto de Rohde, Wagner e Wilamowitz-Möllendorf. Trad. Pedro Süssekind. Rio de Janeiro: Jorge Zahar Ed., [1872] 2005a, p. 87-128.

ROHDE, E. "Resenha publicada no *Nordeutsche Allgemeine Zeitung* de 26 de maio de 1872". In: MACHADO, R. (org.). *Nietzsche e a polêmica sobre 'O nascimento da tragédia'*. Texto de Rohde, Wagner e Wilamowitz-Möllendorf. Trad. Pedro Süssekind. Rio de Janeiro: Jorge Zahar Ed., [1872] 2005b, p. 43-54.

ROSE, V. (ed.). *Aristoteles Pseudepigraphus*. Lipsiae: Teubner, 1863.

SANDYS, J. E. *A History of Classical Scholarship*. 3 v. Cambridge: University Press, 1903-1908.

SANTINI, C. "The History of Literature as an Issue: Nietzsche's Attempt to Represent Antiquity". In: JENSEN, A. K.; HEIT, H. (ed.). *Nietzsche as a Scholar of Antiquity*. London; New York: Bloomsbury, 2014, p. 159-179.

SCHABERG, W. *The Nietzsche Canon: A Publication History and Bibliography*. Chicago: University of Chicago Press, 1995.

SCHLEGEL, F. *Fragmentos sobre poesia e literatura (1797-1803): seguido de Conversa sobre poesia*. Tradução e notas Constantino Luz de Medeiros e Márcio Suzuki. 1. ed. São Paulo: Editora Unesp, [1797-1803] 2016.

SCHOPENHAUER, A. *Parerga und Paralipomena: Kleine philosophische Schriften*. 2. ed. Ed. Julius Frauenstädt. Berlin: Hayn, [1851] 1862.

SCHOPENHAUER, A. *O mundo como vontade e como representação*. Tomo 2. Trad. Jair Barboza. São Paulo: Editora Unesp, [1818] 2015.

SCHRÖDER, E. "Philologiae studiosus". *Neue Jahrbücher für das klassische Altertum*, v. 32, 1913, p. 168-170.

SILK, M. S.; STERN, J. P. *Nietzsche on tragedy*. Cambridge: Cambridge University Press, 1981.

SILVA, R. G. T. *Arqueologias do drama: Uma arqueologia dramática*. 2018. Dissertação (Mestrado em Letras: Estudos Literários). Faculdade de Letras, Universidade Federal de Minas Gerais, Belo Horizonte, 2018.

SILVA, R. G. T. *O Evangelho de Homero: Por uma outra história dos Estudos Clássicos*. 2022. Tese (Doutorado em Letras: Estudos Literários). Faculdade de Letras, Universidade Federal de Minas Gerais. Belo Horizonte. 2022a.

SILVA, R. G. T. *Origens do drama clássico na Grécia Antiga*. São Paulo: Edições Loyola, 2022b.

SILVA, R. G. T. "Além da Literatura, além da Filosofia: Sobre as origens helênico-germânicas do pensamento moderno". In: CORREIA, A.; RENAN, R.; RENNYER, W. (org.). *Filosofia & Literatura: Entre o alvorecer antigo e o crepúsculo moderno*. Cachoeirinha: Fi, 2023, v. 5, p. 260-290.

SILVA, R. G. T; ASSUNÇÃO, T. R. "Por uma filologia do futuro: O que resta da polêmica entre Wilamowitz e o círculo de Nietzsche para os Estudos Clássicos hoje?". *Aletria*, v. 32. n. 3, 2022, p. 36-57.

STRAUSS, D. F. *Ausgewählte Briefe von David Friedrich Strauss*. 2 v. Ed. Eduard Zeller. Bonn: Emil Strauss Verlag, 1895.

TURNER, J. *Philology: The Forgotten Origins of the Modern Humanities*. Princeton; Oxford: Princeton University Press, 2014.

USENER, H. "Philologie und Geschichtswissenschaft 1882". In: _____. *Vorträge und Aufsätze*. Leipzig; Berlin: B. G. Teubner, 1907 [1882], p. 1-36.

VIVARELLI, V. "Greek Audience: Performance and Effect of the Different Literary Genres in Nietzsche's *Philologica*". In: JENSEN, A. K.; HEIT, H. (ed.). *Nietzsche as a Scholar of Antiquity*. London; New York: Bloomsbury, 2014, p. 181-196.

VOGT, E. "Nietzsche und der Wettkampf Homers". *Antike und Abendland*, v. 11, 1962, 103-113.

VOLTAIRE. *Œuvres complètes de Voltaire*. Tomo 38: Correspondance de Voltaire, 1753. Texte établi par Louis Moland. Paris: Garnier, 1883.

WAGNER, R. "Carta aberta a Friedrich Nietzsche, publicada no *Norddeutsche Allgemeine Zeitung* de 23 de junho de 1872". In: MACHADO, R. (org.). *Nietzsche e a polêmica sobre 'O nascimento da tragédia'*. Texto de Rohde, Wagner e Wilamowitz-Möllendorff. Trad. Pedro Süssekind. Rio de Janeiro: Jorge Zahar Ed., [1872] 2005, p. 79-86.

WEST, M. L. (ed.). *Iambi et elegi graeci ante Alexandrum cantati*. 2 v. Oxford: Clarendon Press, 1971.

WILAMOWITZ-MOELLENDORFF, U. "Filologia do futuro! Primeira Parte. Berlim, 1872". In: MACHADO, R. (org.). *Nietzsche e a polêmica sobre 'O nascimento da tragédia'*. Texto de Rohde, Wagner e Wilamowitz-Möllendorff. Trad. Pedro Süssekind. Rio de Janeiro: Jorge Zahar Ed., [1872] 2005, p. 55-78.

WILAMOWITZ-MOELLENDORFF, U. *Geschichte der Philologie*. Mit einem Nachwort und Register von Albert-Henrichs. 3. Auflage. Stuttgart; Leipzig: Springer Fachmedien Wiesbaden GmbH, [1921] 1998.

WILAMOWITZ-MOELLENDORFF, U. *Greek Historical Writing and Apollo.* Two lectures delivered before the University of Oxford, June 3 and 4, 1908. Trad. Gilbert Murray. Oxford: Clarendon Press, 1908.

WILAMOWITZ-MOELLENDORFF, U. *História da Filologia.* Tradução e notas de Thiago Mendes Venturott. Araçoiaba da Serra, SP: Editora Mnēma, 2023.

WINCKELMANN, J. J. *Gedanken über die Nachahmung der Griechischen Werke in der Malerey und Bildhauerkunst.* Zweyte vermehrte Auflage. Dresden; Leipzig: Verlag der Maltherischen Handlung, 1756.

WOLF, F. A. "Darstellung der Alterthums-Wissenschaft". In: _____; BUTTMANN, P. (ed.). *Museum der Alterthums-Wissenschaft.* 1. ed. Berlin: Realschulbuchhandlung, 1807, p. 1–145. Disponível em: https://digi.ub.uni-heidelberg.de/diglit/museum-alterthumswissenschaft. Acesso em: 03 abr. 2021.

WOLF, F. A. *Kleine Schriften in lateinischer und deutscher Sprache.* Ed. G. Bernhardy. Halle: Waisenhaus, 1869.

WOLF, F. A. *Prolegomena ad Homerum.* Halle, 1795.

YOUNG, J. *Friedrich Nietzsche: A Philosophical Biography.* Cambridge: Cambridge University Press, 2010.

ZHAVORONKOV, A. "Nietzsche's Influence on Homeric Scholarship". In: JENSEN, A. K.; HEIT, H. (ed.). *Nietzsche as a Scholar of Antiquity.* London; New York: Bloomsbury, 2014, p. 139–155.

ÍNDICE

Adivinhação 76
Advogado(s) 27
A filosofia na era trágica dos gregos 156-9, 164, 165
Afrodite 99, 106, 113, 114
A gaia ciência 53, 55, 61, 65, 73, 84, 97, 126, 144, 150, 157
Água 88, 105, 176, 177
Alemanha 111, 120, 129, 184
Além do bem e do mal 80, 87, 104, 113, 140
Alexandria 24, 25, 135
Alexandrino(s) 108, 135, 179
Alívio 131, 136-8, 143
Alma 51, 82, 88, 93, 96, 147, 154, 165, 176
Alteridade 54
Altertumswissenschaft 19, 23, 25, 27-8, 32, 53
Ambição 152
Amor 67, 82, 100-1, 105, 144-5, 147, 155, 157, 163-4, 172, 178
Anacreonte 74, 157
Analistas 28
Anaxágoras 157-8, 164, 173-4, 178
Anaximandro 159, 164, 167, 171, 177
Animal(ais) 65, 115

Antiguidade 11-4, 16-7, 19-33, 44-5, 48-9, 52, 54, 62-71, 74, 75, 77-8, 79, 80-2, 84-5, 87, 88-91, 94, 96, 98-9, 102, 103-10, 112-3, 119, 122-5, 129, 131-2, 134, 136-7, 140-1, 144-7, 152-3, 157, 160, 163, 165, 167, 169, 177, 179-84
Antiguidade tardia 22
Antiquária (história) 38, 100
Antissemita 184
Antropológico 44, 48, 69
Aparência 39, 61, 92, 169, 179
Apatia 148
Apolíneo 192
Apolo 128, 161
Aquiles 81, 160
Arendt, Hannah 163
Ariadne 178
Aríon 161, 167
Aristocracia 126, 138, 155
Aristófanes 74
Aristóteles 21, 76, 94, 97-8, 136-7, 155, 163, 166, 173, 184
Arqueologia 25, 104
Arquíloco 156
Arquitetura 28
Arrowsmith, William 16, 34, 40, 61, 67, 72-4, 76, 78, 79,

ÍNDICE

83, 90, 95, 99, 104, 107, 115, 120, 129, 130, 136, 142, 151

Arte 12, 28, 37, 41, 44, 49-50, 67, 69, 70, 76, 79, 83, 89-90, 95, 98, 100, 108, 123-4, 126, 127-8, 130, 133, 138-43, 146, 149, 153, 156, 161-2, 16-6, 169, 173, 176, 179

Arte(s) plástica(s) 67, 130, 156, 161, 165

Artista(s) 32, 65, 70, 80, 81, 84-6, 91, 95, 163, 167-8, 179

Asceta(s) 102

Ásia 67, 145

Asiático 162

Assim falou Zaratustra 74, 84, 88, 190

Atena 99, 115

Atenas 78, 88, 90, 97, 99, 115, 119, 125-7, 133-4, 137, 155, 157, 160, 162, 166-9, 177, 178

Ateniense. Ver Ático(s)

Ático(s) 67, 98, 115, 119, 133-4, 152, 155, 160, 166, 168-71, 174, 178

Aufklärung 66, 128, 131, 143

Aurora 48, 74, 105, 144

Banquete(s) 156, 164

Bárbaro(s) 115, 121, 177

Basileia 14, 17, 18, 21, 23, 66, 74, 77, 90, 95, 120, 125, 131, 136, 145, 151, 192

Baumgartner (Adolf) 95, 120, 187

Beleza 21, 45, 68, 112, 142, 157, 176

Belles lettres 66

Bem-estar 149

Benne (Christian) 17

Bentley (Richard) 67, 68, 75, 82, 118, 124

Bergk (Theodor) 74, 75

Bernard de Chartres 82

Bernays (Jakob) 136-7

Bíblia 68, 94, 135. *Ver também* Novo Testamento

Bildung 26-7, 39, 40, 65, 70-1, 77, 87, 141

Bishop (Paul) 17

Bismarck (Otto von) 124, 128

Boeckh (August) 27, 104, 122, 129

Böhtlingk (Otto) 61

Brahms (Johannes) 130

Burckhardt (Jacob Christoph) 95, 99, 104, 110, 114, 115, 119, 121, 126, 128-30, 136

Burkert (Walter) 55

Canção 180, 185

Cânone 19, 147

Caráter 80, 92, 117, 123, 130, 147, 150

Cardano (Girolamo) 94

Caricatura 78, 97, 115, 139, 151

Carson (Anne) 55

Casamento(s) 71, 102, 108

Cassandra 128

Catulo 76

Chinês(es) 65

Cícero 63, 121

Cidade-Estado 93, 174

Cidade(s) 93, 119, 139, 166, 171-2, 174, 177, 189

Ciência(s) 12-3, 19, 23-5, 30-2,
  37-8, 47-8, 50-3, 55, 58, 61-2,
  64-5, 67-8, 70, 72-3, 80-1, 84,
  89, 92, 94, 97, 99, 100, 103,
  107, 109-11, 118, 123, 126,
  128-9, 131, 141, 144, 146-7,
  150, 152-4, 157, 159, 166,
  172, 177, 180-1, 184, 186
Ciência da Antiguidade
  19, 23-4, 48
Ciências naturais 94,
  103, 111, 118, 186
Cínico(s) 97
Civilização 25, 64, 67, 83
Civilizado(s) 141.
  Ver incivilizado(s)
Classicidade 73
Classicista(s) 15-6, 49, 55
Clássico(a) 11-5, 17-9, 21,
  23-5, 28-9, 31, 33, 40, 52, 54,
  68, 76-8, 80-2, 84, 89, 95,
  97, 99, 104, 107, 108, 120,
  124-6, 128-31, 139, 141, 151,
  153, 179, 181-2, 185, 192-3.
  Ver Estudos Clássicos
Colli (Giorgio) 18
Colonialismo 17
Colônia(s) 171, 189
Comédia 68, 86
Competição 105, 146, 161
Comunidade 69, 73, 178, 184
Conforto 51, 67, 86,
  131, 142, 159
Conhecimento 12, 21-2, 27,
  30-1, 39, 43, 52, 62, 65, 68,
  71-2, 79, 83-4, 87-8, 90, 92,
  99-101, 103, 109, 123-4, 136,
  145, 147, 153, 154-5, 158, 170,
  172, 175, 181, 183, 186, 193

Consciência 32, 41, 62, 72,
  80, 91, 111, 118, 119, 131,
  138, 145-6, 151, 165
Considerações intempestivas 11,
  33-4, 36-7, 39-42, 46, 52, 57,
  64-5, 78, 81, 84, 86, 89, 90, 94,
  95, 97, 100-1, 107, 111, 119,
  120-1, 124, 151, 161, 177, 186
Contemporâneo(a) 12, 14,
  19, 22, 25-6, 28, 31, 33-7, 39,
  45-7, 49, 55, 74, 78, 81, 88-9,
  113, 162, 171, 176-7, 193
Cook (James) 175
Coração 32, 50, 149, 150
Corinto 161, 167, 169
Cornford (Francis) 16, 54
Corpo 45, 93, 96, 112, 119
Corpus Iuris 68
Cosmovisão 20, 23, 43,
  70, 80, 164, 171, 177
Crença(s) 13, 32, 46, 47, 52,
  96, 101, 106, 155, 165
Crepúsculo 152
Crepúsculo dos ídolos 48, 185
Creuzer (Georg Friedrich) 27
Criança(s) 89, 142, 147
Criatividade 47, 180
Crime 122, 137, 185
Cristandade 43, 46, 62,
  69, 96, 98-9, 102, 106,
  109, 118, 119, 121-3, 128,
  137-8, 140, 144-5, 161
Cristianismo 22, 46, 63,
  79, 99, 102, 113, 119,
  122-3, 131, 144-5, 162
Crítica 15-7, 19, 20, 22-3,
  25-6, 28-9, 36, 37-8, 40, 42,
  45, 46, 48, 62, 66, 68, 74, 76,
  82, 86-8, 99, 100, 102, 104,

105, 114, 120, 124, 140-1,
149, 151, 156, 158, 161, 183
Culpa 19, 80, 111, 120,
137, 144, 164, 183, 184
Culto(s) 46, 115, 130, 136,
138-40, 143, 152, 157, 169
Cultura 11-2, 14, 17, 20-1, 25,
33, 34, 35, 36, 38, 39-41, 45-8,
52-3, 55, 62, 65, 67-8, 71,
77-80, 83, 86-9, 91, 93, 95-9,
102, 105-8, 110-5, 118-24, 126,
128, 129, 132, 134-6, 139-42,
144-5, 148, 150, 152-3, 158-9,
161, 163, 168-70, 174, 179, 193

Daemon 105, 173

Danaides 88

Dânao 88

Darstellung der Alterthums-Wissenschaft 23, 32, 62, 67

David Strauss, o confessor e o escritor 36, 86, 111

Decadente(s) 40, 158

Dédalo 178

Degeneração 133-4

Democracia 78, 87, 167, 178

Demócrito 157, 159,
163-4, 166, 175, 178

Demóstenes 90, 156, 172

Destino 55, 72, 169, 170-1, 173

Desumanidade 44, 69, 133

Detienne (Marcel) 55

Deus(es) 51, 82, 92, 97-9, 101-2,
114-5, 121-2, 125-8, 131,
138, 143, 145, 151-3, 156,
161, 164, 168-9, 173, 190

Diels (Hermann) 105,
156-7, 159, 163-4, 173-4

Dio Crisóstomo 99

Diógenes Laércio 16

Dionisíaco 192

Dioniso 161, 167, 168

Disputa(s) 18, 47, 104, 117,
119, 121-2, 129, 135, 137,
139, 150, 153, 159

Ditirambo 161-2, 167

Dodds (Eric R.) 55, 80

Dor 127, 142-3

Dórico(s) 152

Dühring (Eugen) 184, 186

Ecce homo 35, 42, 55, 121, 158

Economia 28, 103, 186

Educação 17, 25-7, 43, 44, 62,
65, 69-71, 73-4, 80, 91, 93, 95,
97, 100, 103, 104, 106, 110, 113,
118, 124, 131, 141, 148-9, 180-3

Educacional(ais) 22, 26-7,
109, 122, 128, 182, 183

Educador(es) 39, 40, 64, 84-5,
89, 95, 101, 103-4, 110, 128,
131, 137, 141, 180, 183

Egano(s) 114

Egípcio(s) 25, 67, 114, 117, 128

Egoísmo 153

Elevação 117, 148, 172

Élio Aristides 99

Embriaguez 135, 149

Emerson (Ralph Waldo) 62

Empédocles 105, 124,
136, 144, 155-6, 159,
163-4, 166-7, 172, 178

Emulação 80, 146, 150

Energia 94, 116, 144,
148-51, 170, 185

Engano(s) 30, 65, 106,
145, 159, 184

Ensino 19, 22, 26-8, 44, 49,
    50, 69, 85-6, 100, 103
Épica 160, 173, 187
Epicurista(s) 166
Epigrafia 25, 104
Erro(s) 43, 53, 72, 91,
    93-4, 96, 106-7
Erudição 15, 23, 66, 79,
    81, 106, 138, 146, 149
Erudito(a) 19, 23, 26, 29, 66-7,
    72, 75, 85, 87-8, 99, 124-5,
    144, 149, 179, 180, 193
Erziehung 65, 70
Esclarecimento 12, 67,
    92, 128, 133, 143, 153
Esclarecimento 91, 131
Escravidão 53, 102
Escravo(s) 45, 72, 112, 139, 152
Escrever 23, 33, 47, 49,
    61-2, 74, 77, 79, 95, 103,
    105, 118, 120, 170, 180
Escrita 63, 79, 125, 133
Escrituras 122, 165, 170
Esparta 118, 125, 127,
    134, 152, 167-9
Espectro(s) 51, 137
Espírito 20, 25-6, 28, 47, 69,
    70, 76, 78, 80, 83, 86, 89, 93,
    97, 107, 111, 121, 130, 142,
    144, 148-9, 155, 163, 165,
    167-8, 172-5, 180, 192
Ésquilo 22, 115, 124, 128,
    133-4, 171-2, 178, 187
Estado 22, 26, 45, 83, 93, 96,
    111-2, 114-5, 126, 128, 136,
    141, 143, 145, 147-50, 160,
    163, 171, 174, 177, 179
Estética 29, 30, 41, 70, 98, 111

Estilo(s) 36, 76, 78, 87,
    90, 97, 107, 187
Estoico(s) 166
Estranheza 53, 54
Estudos Clássicos 16, 20, 23-9,
    40, 42, 49, 55, 62, 80, 104,
    107, 114, 123, 126, 149, 163
Estudos da Antiguidade
    25, 26, 52, 54
Estupidez 100
Ética(s) 77, 101, 137,
    154, 157, 162, 166
Etnocêntrico(s) 104, 114
Eurípides 67, 134, 157, 173
Eurocêntrico(a) 17, 26
Europa 24, 25, 68, 122, 144-5
Europeu(s) 11, 23, 24, 98, 189
Exemplar 36, 74, 146-7
Ex machina 173
Experiência(s) 17, 30,
    41, 61, 84, 94, 96
Fábula(s) 126, 176
Falar 77, 103-5, 118
Falha(s) 13, 96, 116
Falsificação 73, 139
Falso(s) 65, 102, 129,
    133, 154, 162, 183
Fantasia 127, 130, 158, 179
Fantasma(s) 140, 155
Felicidade 78, 97, 127, 160,
    161-2, 169, 174, 176
Feminilidade 74
Feminino 159
Festival 41, 115, 169
Fichte (Johann Gottlieb) 27

Filisteu(s) 36, 40, 45,
    86-7, 112, 124
Filistinismo 35, 45
Filo-helenismo 68, 118
Filologia 14, 18-21, 23-4,
    28-33, 37, 40, 43-4, 46-9,
    52, 62, 64-6, 69, 73, 76-7,
    81-2, 84-5, 89, 94-5, 104,
    108-10, 120, 122, 128-9,
    131, 133, 138, 141, 146-7,
    151, 153, 179-82, 190, 192
Filólogo(s) 11-2, 14-5, 17-22,
    24-5, 27-9, 31-3, 40, 43, 45-9,
    55, 61-8, 70-5, 77, 80-2, 84-5,
    89, 93, 96-9, 102-4, 106-7,
    109-10, 112, 117-8, 122-5,
    128-33, 139, 141, 146, 153, 179,
    180-1, 183-4, 186, 189, 191-3
Filosofia 15, 20, 28, 37, 46,
    48, 68-70, 74, 83, 88-9, 101,
    106, 108, 111, 114, 123, 126,
    137, 141, 154-62, 164-6,
    176, 178, 184, 186, 192
Filósofo(s) 12, 14, 15, 17, 19,
    41, 51, 53, 84-5, 88-9, 94, 99,
    101, 105, 111, 117, 126, 133,
    154, 155, 157-63, 167, 171-2,
    176-8, 184, 187, 189, 191-3
Filóstrato 99
Formação 12, 17, 22, 39,
    40, 41, 44-5, 47, 53, 64-5,
    67-8, 71, 77, 86-7, 91, 93, 97,
    124-5, 129-31, 133, 137, 139,
    141, 149, 150, 152, 181-4
Formal 64, 103, 104, 105
França 23, 36, 119, 124, 189
Freud (Sigmund) 54
Freytag (Gustav) 78, 107
Frühromantiker 70, 146

Futuro 28, 30, 33, 41, 43,
    47-8, 63, 86, 90-1, 98, 110,
    126, 128, 141, 148, 180
Genealogia da moral 80, 140, 184
Gênio 82, 87, 100, 114-8,
    121, 130, 133, 148, 149,
    151, 162, 165, 171-3
Geografia 103, 136
Gersdorff (Carl von) 61, 95, 120
Gesner (Johann Mathias) 68
Gibbon (Edward) 50
Ginásio 27, 32, 107, 181, 183
Goethe (Johann W. v.) 39,
    64-5, 70-1, 79, 89, 99,
    107-9, 111, 124, 131, 133,
    142, 146-7, 185, 187
Górgias 99, 169
Göttingen 62, 64, 68, 125
Gramática 25, 28, 104
Grécia 14, 63, 78, 105, 115, 118,
    135, 148, 160, 172, 174-5, 177
Grecidade 46, 70, 97, 140,
    146, 153, 158-9, 161-2, 179
Greco-romano(s) 14,
    17, 62, 66-7, 94, 125,
    128, 145, 161, 185
Grego(s) 18-20, 22, 25, 40, 43-6,
    50, 53-5, 62-3, 66-70, 72-4,
    77-8, 80-3, 85-6, 90, 92-3,
    96-8, 101-2, 105, 107-10, 112-9,
    121, 125-33, 135-6, 138-41,
    143, 151-2, 154-67, 171-9, 190
Guerra Franco-Prussiana 36
Guerras Pérsicas 91, 134,
    160, 166-8, 171-3, 175, 177
Gymnasium 27
Hades 51, 81, 88, 112, 158, 173
Hanslick (Eduard) 130

Harrison (Jane Ellen) 16, 54
Hartmann (Eduard von) 101
Hebreus 25, 67, 114
Hegel (Georg Wilhelm Friedrich) 111, 120
Heit (Helmut) 17
Heitor 160
Hélade 115, 118, 134, 166
Helênico 70, 91, 102, 105, 108, 121, 124, 126-8, 130, 135, 141, 152, 156, 163-5, 167, 169, 171, 173, 177-8
Helenidade 70
Helenismo 68, 131
Heleno(s) 44, 69, 71, 112-3, 117, 130, 164, 171-2
Héracles 130, 163
Heráclito 156, 159, 163-6, 171, 173, 177
Herder (Johann Gottfried von) 65, 70
Hermann (Gottfried) 30, 52, 74, 104-5, 118, 122, 129, 156
Hermenêutica 25, 41
Heródoto 113, 127, 161, 167-8
Hesíodo 18, 105, 135, 163, 187
Heyne (Christian Gottlob) 62
Higiene 186
Hipócrates 136
História 18, 23-4, 26, 28-31, 37-8, 43-4, 46-7, 50-2, 54, 55, 62, 66-70, 74, 78, 81-2, 88, 90, 92, 94, 95-102, 104, 106, 108, 110-3, 115, 118, 123, 125-6, 128-9, 132-3, 136, 138, 140-1, 144-5, 147-8, 151-2, 154, 158, 160-2, 169, 172-3, 180, 182, 186, 190, 193

História da literatura grega 23, 66, 74, 115
Historiador(es) 38, 50, 77, 93, 95-7, 110, 112, 124, 126, 129, 133, 176
Historicismo 31, 52
Historicista(s) 19, 20, 27-9, 31, 38, 50, 53, 149
Historie 99
Historiografia 50, 99, 192
Homem(ns) 22, 38, 50, 54-5, 68, 75, 78, 81-2, 84, 86-7, 94, 109, 122, 132, 144, 146, 158, 160, 161, 171, 177, 183-4, 190
Homérico(s) 51-2, 62, 68, 80, 104, 122, 126, 140, 143, 179
Homero 18-9, 22-3, 25, 48, 61, 77, 79-82, 107, 121, 123, 125-7, 135-6, 143, 151, 163, 187
Horácio 68, 73, 75, 76, 90, 185, 186
Humanidade 32, 39, 44, 53, 65-6, 69, 84, 92, 107, 108, 118-9, 121, 137, 142, 145, 147-9, 151, 169
Humanismo 104, 112, 122, 149, 182
Humanista(s) 19, 27-9, 31, 44, 53-4, 65, 69, 104, 108, 169, 193
Humanität 65, 108
Humano, demasiado humano 34, 53, 79, 94, 105, 128, 132, 135, 138, 144, 148, 152, 155, 157, 170, 172, 177
Humano, demasiado humano II 51, 53-4, 62, 81, 108, 114
Humano(s) 44, 65, 69, 89, 91, 92, 98, 100, 109, 113, 115, 118-9, 122, 126, 128, 135, 147,

149-50, 154, 156, 163, 166, 169, 171-3, 176-9, 181, 186
Humboldt (Wilhelm v.) 26, 31
Hummel (Pascale) 3, 17, 27, 189
Ícaro 178
Idade Média 22, 92, 144, 165
Idealização 17, 21, 25, 43, 45, 65, 68, 81
Ideia(s) 37, 40, 46, 61, 145, 170, 189, 190-1
Ignorância 65, 92
Igreja 65, 122-4
Igualdade 27, 78
Ilíada 73, 76-7, 122, 187
Iluminismo 13, 66, 79, 92, 112
Ilusão 12, 36, 86, 96, 101, 128, 145, 152, 178
Imitação 70, 72, 77, 90, 98, 133-4, 147, 153, 179
Imitador(es) 79, 157, 179
Imperialismo 17
Império Alemão 36, 50, 124, 129
Imperium 69
Impulso(s) 97, 111, 118, 131, 135, 139, 143, 148, 152, 153, 158, 166, 175, 178, 191
Incivilizado(s) 141, 161
Independência 145, 155
Indiano(s) 61, 65, 101
Indiferente(s) 134, 148, 151
Individual(ais) 44, 69, 92, 122
Individualidade 80, 96
Indivíduo(s) 21, 36, 38-9, 67, 72-3, 80, 83, 85, 87, 91-2, 96-8, 106, 114, 116, 136, 139, 144, 147, 149, 152-4, 159-62, 166-7, 170-2, 181, 192
Infamiliar 54, 181-2
Infância 149
Instinto(s) 119, 153, 164
Intelecto 116, 148-50, 173, 174
Inteligência 131, 144, 148-50
Intempestividade 34, 55, 84, 172
Intempestivo(s) 74, 103, 110, 119
Inveja 105-6, 114, 119, 127, 129, 135, 144, 162
Ipseidade 54
Ira 170
Irracional 13, 100, 178
Irracionalidade 164, 166, 178
Itálico(s) 152
Jahn (Otto) 129
Jensen (Anthony K.) 17, 18, 129
Jesus Cristo 120, 140, 144, 150
John de Salisbury 82
Jornalismo 37
Jovem(ns) 19, 72, 77, 78, 132, 147, 181, 183
Judaísmo 144-5
Judeu(s) 138, 144-5
Juízo 34, 65, 70-1, 74, 83, 92, 105, 107, 148, 150, 155, 166
Jurista(s) 133
Juventude 18, 25-6, 29, 34, 44, 67, 69, 82-3, 85, 102-3, 106, 109, 132, 133, 141, 146-7, 149, 151, 157, 177, 180, 183, 185
Kant (Immanuel) 27, 65, 71, 111, 124, 184
Kátharsis 136

Kelterborn (Louis) 95, 129, 136
Klinger (Friedrich M. v.) 64, 79
Köchly (Hermann) 104
Kroll (Wilhelm) 24
Kultur 36, 39, 40, 65, 70, 87
*Kultur*kampf 124, 128
Labirinto 155, 178
Lachmann (Karl) 31, 76, 129
Laocoonte 68
Latino(s) 68, 185
Leghissa (Giovanni) 17, 26
Lei(s) 44, 52, 69, 96, 97, 113, 144, 146, 155, 172
Leitura 49, 63, 74, 83, 124, 132-3, 136-7, 141
Leopardi (Giacomo) 73, 90, 99, 110, 185
Liberdade 27, 38, 39, 41, 54, 92, 97, 101, 108, 136, 139, 147, 150-1, 162, 165, 177
Lichtenberg (Georg C.) 118, 175
Língua 17, 26, 28, 63, 70, 104
Linguagem 32, 37, 77, 95, 131, 135, 172, 191
Linguística 66, 74
Lírica 156, 160, 185
Liszt (Franz) 130
Literatura 23, 28, 63, 66, 74, 94, 114-5, 138-9, 141, 146, 185
Livre(s) 64, 72
Loraux (Nicole) 55
Luciano de Samósata 71
Lucrécio 76
Luta 49, 97, 99, 106, 109, 137, 145, 147, 151, 159, 162-3, 171, 175, 177-8, 184

Lutero (Martinho) 170
Magna Grécia 105, 135
Maomé 82
Markland (Jeremiah) 67
Material 25, 103-4, 173
Mau 70, 80, 102, 151
Medicina 142, 180
Médico(s) 76, 95, 141, 145, 180, 181
Medo 101, 119, 136, 143, 154, 169
Memória 38, 74, 112, 127
Menschheit 39, 65, 66, 107
Mentira 37, 101, 126-7, 149, 159
Mercado 22, 68
Metafísico(s) 30, 72, 89, 142
Método 24, 30, 39, 48, 50, 62-3, 76, 93, 124-5, 131, 182
Michaelis (Johann David) 62
Mileto 157, 159, 160, 164, 167, 168
Militarismo 37
Mimético 162
Mimnermo 164
Minos 178
Minotauro 178
Mitologia 88, 122, 125, 128, 139, 140, 178
Mito(s) 88, 114-5, 130, 143, 149, 152, 154, 159, 160-1, 163-4, 166, 171-2, 177-9
Modelo(s) 13, 21-2, 25-7, 31, 55, 64, 83, 104, 131-3, 140, 146-7, 151, 157
Modernidade 11-3, 17, 22, 29, 31, 40, 62, 64, 81, 102, 141, 161

Moderno(a) 12-4, 17, 21-4, 27, 29, 31, 35-6, 39, 41, 43, 46, 50, 52, 54, 62, 66-7, 69, 71, 73-4, 76-7, 80-1, 83, 87, 89, 92-3, 98, 104, 108-9, 123, 128, 132, 146, 170, 179, 182, 184, 193

Mommsen (Theodor) 50

Mongólico(a) 152

Montinari (Mazzino) 18

Monumental (história) 38, 100

Moral 80, 96, 101, 121, 140-2, 144, 153, 161, 171, 184

Moralidade 78, 80, 92, 136, 140-1, 170

Mörike (Eduard Friedrich) 185

Mosaico 185, 192

Mulher(es) 82, 92, 129, 146, 160, 167-8

Murray (Gilbert) 16, 50, 54

Musa(s) 86, 99, 105

Museu(s) 77

Música 61, 80, 89, 95, 105-6, 129-30, 134, 156, 160-1, 170, 185, 192

Nação 23, 26, 27, 63, 67, 119, 144

Nacionalismo 37, 78, 89, 90, 144

Napoleão 26

Natureza 46, 83, 95, 97, 112, 113-5, 123, 126, 133, 136, 140, 143, 148, 151, 156-8, 163-4, 167, 170-1, 173, 176, 186-7

Necessidade(s) 19, 25, 30-1, 37-8, 47, 51, 67, 76, 81, 83, 85-6, 96, 100, 109, 111, 121, 133, 136, 145, 150, 190-1

Neo-humanismo 68

Neoplatonismo 99

Newton (Isaac) 68, 83

Niebuhr (Barthold Georg) 25

Nietzsche contra Wagner 90, 166

Nobre(s) 33, 68, 101-3, 106, 109, 138-9, 142, 144, 153, 160-1, 167, 169, 180, 183-5, 193

Nobreza 27, 138

Nós, filólogos 11, 14, 16, 40-3, 46, 47, 61, 62, 69

Novo Testamento 68

Numismática 25, 104

O andarilho e sua sombra 53, 114

O Anticristo 48, 74, 102, 109, 145

Objetividade 76, 104, 124, 149

Objetivo(a) 39

O caso Wagner 72, 90, 134

Ocidente 52, 80, 145

Ócio 106, 153

Ódio 105, 107, 126, 144, 154, 164, 167, 178

Odisseia 51, 73, 77, 81

Odisseu 51, 81, 152

O mundo como vontade e representação 89, 115-7

O nascimento da tragédia 89, 124, 129, 134, 146, 156, 157

Opiniões e sentenças diversas 51, 54, 62, 81, 108

Orador(es) 78, 79, 90

Oriente 67

Origem 28, 30, 61, 86-7, 120, 128, 133, 152, 162, 176, 182

Origem 179

Otimista 43, 98, 152

Ovelha(s) 81, 88-9

Oxford 50-2

Países Baixos 23

Paixão 126, 164, 178
Pan-helênico(a) 105, 121, 126, 130, 135, 169, 177-8
Parerga e paralipômena 72, 101, 115
Parmênides 99, 105, 164, 167, 171, 178
Passado 12-4, 22-3, 31-2, 38-9, 51-3, 84, 87, 93, 100, 149, 180, 181, 129
Peck (Harry) 24
Pedagogia 147, 192
Pensador(es) 45, 112, 119, 124, 132, 144, 156-7, 159, 164, 174-5, 184, 191
Pensamento(s) 12, 14, 29, 39, 55, 57, 59, 64, 71, 75, 83, 85, 89, 100-1, 105, 136, 140, 145, 156, 159, 162, 164-5, 167, 170, 176, 178-9, 182-3, 185, 190-3
Pentesileia 160
Periandro 161, 167, 168
Péricles 78, 107, 152, 157
Período arcaico 105, 108, 121, 126, 163, 167
Período clássico 78, 99, 108, 121, 133, 158, 167
Período helenístico 22, 25, 108, 135
Período imperial romano 22
Persa(s) 25, 67, 114, 119, 121, 127, 160, 171
Personalidade(s) 59, 154, 158
Peschel (Oscar Ferdinand) 93
Pesquisa 18, 26-7, 76, 93, 149
Pessimismo 89, 146
Pessimista(s) 45, 89, 102, 105, 112, 153

Petrarca 169
Pfeiffer (Rudolf) 24, 64, 81
Píndaro 22, 105, 115, 117, 127, 157, 163-4, 166, 172, 185
Pisístrato 168
Pitágoras 131-2, 157-9, 163, 168
Pitagórico(s) 131
Planta(s) 38, 174
Platão 88, 94, 99, 108, 117, 136, 137, 151-2, 160, 162-7, 169, 185, 187
Plutarco 99
Poder 41, 100, 103, 105, 109, 110, 113-4, 116, 118-9, 128, 130, 153, 167-9, 172, 177, 180, 182
Poesia 52, 70, 73, 78, 89, 90, 99, 113, 128, 130, 135, 146, 149, 155-6, 170, 185-6
Poeta(s) 70, 73-5, 77-9, 99, 105, 123-8, 130, 134-6, 140, 142-3, 151, 155-8, 161, 164, 166-9, 176, 185, 187, 193
Poético 19, 66, 73, 79, 80, 90, 105, 114, 133, 135, 138, 153, 156, 169, 173, 185-6, 191
Pólis (πόλις) 113-5, 117, 121, 129, 148, 152, 168, 171, 177-8
Político 39, 79, 86, 90, 93, 117, 139, 148, 152, 157, 163, 167, 171
Popular 86, 123, 163, 168, 171, 174, 185
Porter (James) 11, 17, 26, 28, 31, 33, 44, 52, 157
Posidônio 50
Povo 36, 64, 67, 83, 87, 97, 101, 105, 113-4, 119,

126-8, 133, 139, 143-4, 152-3, 160, 170-2, 175

Prática 19, 20, 23, 26, 28, 33, 39, 40, 42, 45, 47, 55, 59, 62, 64, 74, 89, 97, 100, 104, 108, 116, 119, 161, 168, 180, 191

Prazer(es) 13, 32, 62, 78, 92, 116, 126, 134-6, 149, 151, 157, 165, 167-9, 172, 181, 182

Preconceito(s) 29, 65, 90, 98, 103, 107, 110, 118, 182

Preguiça 72

Presente 11-4, 17, 20, 22-3, 25, 27, 29, 30-1, 33-5, 38, 40-1, 45, 47-8, 51-5, 57-9, 69, 78, 84, 89, 91, 104, 105, 107, 110, 112, 117-8, 149, 177, 182-4, 193

Pré-socrático(s) 88, 94, 105, 156, 157, 159, 160, 164

Pressa 48, 49

Proclo 99, 118, 160

Professor(es) 14, 16-8, 32, 34, 48, 52, 68, 70, 72, 75-7, 83, 95, 104, 113, 120, 125, 129, 141, 147, 151, 170, 180, 182-6, 193

Profissão 11, 15-7, 19, 43-5, 47, 66-7, 71-2, 83-6, 103, 110, 130, 183

Progresso 13, 96, 97, 165

Prolegomena ad Homerum 26, 62

Prometeu 115, 130, 186

Prosa 66, 90, 107, 134, 191

Protágoras 99

Providência 72, 91-2, 98, 100-1, 121, 145

Qualidade 18, 96, 152

Querelle des Anciens et des Modernes 13

Quintiliano 68

Quinto de Esmirna 160

Quixote 179, 187

Raça 66, 106, 115, 144, 152

Ranke (Leopold von) 93

Razão 21, 27, 71, 91, 106, 107, 109-10, 118, 122, 124, 145, 155, 160, 164, 176

Recepção 41, 47

Reformador(es) 163, 164, 170, 173, 178

Reforma Protestante 25, 170

Religião 16, 28, 37, 72, 82, 92, 96, 99, 100-2, 105, 112, 119, 12-2, 125, 131, 138, 141-5, 172, 184, 186

Renascimento 22, 25, 70

Reprodução 150, 153

República 28, 78, 99

Retórica 33, 79, 114, 162

Revolução Francesa 78

Richard Wagner em Bayreuth 41, 90, 95, 98, 124, 186

Ridículo 15, 61, 66, 78

Righi (Gaetano) 24, 81

Ritmo 12

Ritschl (Friedrich W.) 18, 129

Ritualistas de Cambridge 16, 54

Rohde (Erwin) 21, 29, 30, 32-3, 37, 55, 74, 120

Roma 14, 134, 151

Romance(s) 77, 95, 186

Romanidade 65

Rousseau (Jean-Jacques) 39, 78

Rütimeyer (Karl Ludwig) 94

Sabedoria 71, 74, 101, 136, 153-4, 161, 177

Saber 21, 46, 49, 94, 153, 180, 192
Sábio(s) 136, 144, 150, 158, 166-7, 177
Sachphilologie 104, 122, 129
Safo 114
Sagrado 80
Salisbury, John de. *Ver* John de Salisbury
Sandys (John Edwin) 16, 24, 81
Sangue 50-1, 152, 170, 174, 191
Santo(s) 84, 85, 101-2, 148
Schelling (Friedrich W. J.) 27
Schiller (Friedrich) 32, 65, 70-1, 153
Schlegel (Friedrich) 146
Schopenhauer (Arthur) 64, 72, 84-5, 89, 93-4, 100-1, 106, 111, 115-7, 124, 129, 134, 151, 161, 166, 169, 184, 186
Schopenhauer como educador 39, 40, 64, 84, 85, 89, 151
Schumann (Robert A.) 130
Scott (Walter) 77, 148
Seita(s) 158, 163, 173, 175
Selvagem 141, 143, 150, 153
Semítico(s) 152
Sêneca 20
Servo(s) 138
Sexo 44, 105, 144, 156
Sícion 168, 169
Silêncio 16, 29, 82, 131, 183
Simbólico 45, 82, 106, 112, 149
Simônides 127, 128, 157, 166
Simpótico 156

Sobre a utilidade e a desvantagem da história para a vida 37, 94, 100, 101
Sobre o futuro de nossos estabelecimentos de ensino 21, 131
Sobre verdade e mentira no sentido extramoral 37
Socialista(s) 149, 184
Sociedade 19, 25, 38, 39, 40, 41, 44, 46, 69, 88, 98, 102, 105-6, 113, 119, 136, 140-1, 143, 148, 150
Sociologia 103
Sócrates 88, 94, 119, 126-7, 130, 137, 151, 153-4, 157-60, 162-6, 173, 175, 178
Socratismo 20, 134, 154
Sofista(s) 70, 99, 151, 179
Sofística 99
Sófocles 74, 108, 133, 134
Sofrimento 33, 86, 127-8, 142, 144, 164, 166
Sólon 155, 168
Spinoza (Baruch) 144
Strauss (David) 86, 111, 112, 120
Suicídio 105, 119, 189
Tácito 50, 134
Talento 39, 47, 76, 79, 80, 82, 85, 121-2, 127, 132, 134, 180, 183
Tales 159, 164, 167, 171, 175-7
Teócrito 135
Teógnis 18
Teologia 62, 120, 123, 165, 170
Teológico(s) 68, 157, 176
Teólogo(s) 68, 120, 132

Teoria 61, 96, 118, 134, 157, 161, 180, 187
Teorias 79, 157
Terêncio 68
Tersites 160
Teseu 178
Téspis 134
Tibulo 76
Tirânico(s) 126, 155, 166-7
Tirano(s) 97, 139, 155, 161, 167-8, 174
Tito Lívio 50
Trácio(s) 152
Tragédia 29, 30, 76, 89, 104, 108, 115, 124, 128, 134, 136-8, 142, 156, 161-6, 168-9, 173, 178
Transmissão 18, 25, 52, 62, 76, 80, 97, 193
Troia 128, 160
Tucídides 97, 126, 152, 156, 169-70, 172
Unheimlich 54
Universidade 16, 24, 26-7, 37, 74, 120, 183
Untimely Observations 11. Ver Considerações intempestivas
Unzeitgemässe Betrachtungen 11, 16, 33, 34, 42. Ver Considerações intempestivas
Usener (Hermann) 27, 52
Vaidade 73, 80
Valor(es) 12, 19, 21-2, 32, 37, 41, 65, 74, 75, 77, 80, 85, 89-90, 10-2, 105, 139, 149-50, 172, 181-2, 193
Velho(s) 54, 84, 105, 119, 192
Verdade 13, 16, 19, 30, 34, 37, 50, 72, 75, 79, 85, 87, 93, 94, 101-2, 104, 110, 112-3, 116, 120, 125, 128-9, 142, 148, 154-5, 159, 169, 170, 174, 177, 181-2, 192
Vergonha 80, 90, 100
Vergonhoso(s) 105, 126
Vernant (Jean-Pierre) 55
Vida 12, 19, 22, 29, 33-42, 50-3, 67, 70-2, 75, 77, 83-6, 88, 90, 92-4, 98, 100-1, 103, 105, 107, 111-2, 114, 116-7, 120, 126-7, 129, 132-4, 136-8, 143, 145, 147-50, 154, 157-65, 169-70, 172-8, 186
Vingança 135, 136, 144, 160, 184
Violência 53, 161
Violento(s) 96, 135, 150, 167
Virtude 27, 79, 117, 161
Vita activa 162
Vita contemplativa 173
Voltaire 79, 182
Vontade 91, 100, 116, 120, 144, 149, 177, 183
Vontade 89, 111
Voss (Johann Heinrich) 73
Wagner (Richard) 20, 30-7, 41-3, 61, 72, 89, 90, 93-5, 98, 106, 109, 120, 124, 129-31, 134, 144, 161, 186, 189
Wartenburg (Paul Y. v.) 137
Weimar (República de) 28
Wieland (Christoph Martin) 70
Wilamowitz-Moellendorff (Ulrich v.) 4, 15, 24, 30-2, 50-2, 55, 81, 89, 129
Winckelmann (Johann J.) 31, 67-8, 76, 79, 107, 131

Wir Philologen 11, 16, 40, 190, 192. Ver também *Nós, filólogos*
Wissenschaft 23, 26-7, 32, 53, 62, 67, 89
Wolf (Friedrich August) 23-7, 31-2, 43, 62-4, 66-8, 75-6, 79, 82-3, 89, 90, 104, 114, 119, 123, 124
Wortphilologie 104, 122, 129
Xenófanes 156-7, 167
Xenofonte 126, 151
Zaratustra 74, 84, 88-9

Sobre o tradutor

Rafael G. T. da Silva é Professor de Literatura na Universidade Estadual do Ceará (UECE), campus Aracati. Sua formação acadêmica consiste em bacharelado em Grego Antigo, licenciatura em Português-Francês, mestrado e doutorado em Estudos Literários, sempre pela Faculdade de Letras (UFMG), além de pós-doutorado em Literatura Brasileira (UERJ). Seus principais interesses são Literatura, Filosofia e História, assim como teoria e prática da Tradução, Teatro e Educação. Além de artigos e capítulos, tem livros sobre diversos temas dentro dessas áreas de interesse, com destaque para *Origens do drama clássico na Grécia Antiga* (Edições Loyola, 2022) e, em coautoria, *Ser Clássico no Brasil: Apropriações literárias no Modernismo e Pós* (Editora da Universidade de Coimbra, 2022). É também autor de um livro de poemas, publicado sob o heterônimo de "José g.", com o título *Poesia alguma* (Urutau, 2023).

MNEMA
www.editoramnema.com.br

Papéis: Chambril Avena 80g.
 cartão 250g.
Tipos: Bell MT, Gentium Plus e Goudy Old Style